Conheça o Saraiva Conecta

Uma plataforma que apoia o leitor em sua jornada de estudos e de atualização.

Estude *online* com conteúdos complementares ao livro e que ampliam a sua compreensão dos temas abordados nesta obra.

Tudo isso com a **qualidade Saraiva Educação** que você já conhece!

Veja como acessar

No seu computador
Acesse o *link*

https://somos.in/SJDCPG26

No seu celular ou tablet
Abra a câmera do seu celular ou aplicativo específico e aponte para o *QR Code* disponível no livro.

Faça seu cadastro

1. Clique em **"Novo por aqui? Criar conta".**

2. Preencha as informações – insira um *e-mail* que você costuma usar, ok?

3. Crie sua senha e clique no botão **"CRIAR CONTA".**

Pronto!
Agora é só aproveitar o conteúdo desta obra!*

Qualquer dúvida, entre em contato pelo *e-mail* **suportedigital@saraivaconecta.com.br**

Para consultar o conteúdo complementar, acesse: **https://somos.in/SJDCPG26**

* Sempre que quiser, acesse todos os conteúdos exclusivos pelo *link* ou pelo *QR Code* indicados. O seu acesso tem validade de 24 meses, a contar da data de fechamento desta edição.

Carlos Roberto Gonçalves

DIREITO CIVIL

26ª edição
2024

PARTE GERAL

Av. Paulista, 901, Edifício CYK, 4º andar
Bela Vista – São Paulo – SP – CEP 01310-100

SAC | sac.sets@saraivaeducacao.com.br

Diretoria executiva	Flávia Alves Bravin
Diretoria editorial	Ana Paula Santos Matos
Gerência de produção e projetos	Fernando Penteado
Gerência de conteúdo e aquisições	Thais Cassoli Reato Cézar
Gerência editorial	Livia Céspedes
Novos projetos	Aline Darcy Flôr de Souza
	Dalila Costa de Oliveira
Edição	Liana Ganiko Brito
Design e produção	Jeferson Costa da Silva (coord.)
	Verônica Pivisan Reis
	Guilherme Salvador
	Lais Soriano
	Rosana Peroni Fazolari
	Tiago Dela Rosa
Planejamento e projetos	Cintia Aparecida dos Santos
	Daniela Maria Chaves Carvalho
	Emily Larissa Ferreira da Silva
	Kelli Priscila Pinto
Diagramação	Fernanda Matajs
Revisão	Rita Sorrocha
Capa	Lais Soriano
Produção gráfica	Marli Rampim
	Sergio Luiz Pereira Lopes
Impressão e acabamento	Gráfica Paym

DADOS INTERNACIONAIS DE CATALOGAÇÃO NA PUBLICAÇÃO (CIP)
VAGNER RODOLFO DA SILVA – CRB-8/9410

G63s   Gonçalves, Carlos Roberto
         Sinopses jurídicas – Direito civil – parte geral / Carlos Roberto Gonçalves. – 26. ed. – São Paulo : SaraivaJur, 2024.
         152 p.

         ISBN: 978-85-5361-862-0 (impresso)

         1. Direito. 2. Direito Civil. I. Título.

2023-2843
CDD 347
CDU 347

Índices para catálogo sistemático:

1. Direito Civil   347
2. Direito Civil   347

Data de fechamento da edição: 16-11-2023

Dúvidas? Acesse www.saraivaeducacao.com.br

Nenhuma parte desta publicação poderá ser reproduzida por qualquer meio ou forma sem a prévia autorização da Saraiva Educação. A violação dos direitos autorais é crime estabelecido na Lei n. 9.610/98 e punido pelo art. 184 do Código Penal.

| CÓD. OBRA | 15891 | CL | 608515 | CAE | 723654 |

ABREVIATURAS

art. – artigo
CBA – Código Brasileiro de Aeronáutica
CC – Código Civil
CDC – Código de Defesa do Consumidor
cf. – conferir ou confronte
CF – Constituição Federal
CLT – Consolidação das Leis do Trabalho
CP – Código Penal
CPC – Código de Processo Civil
CTB – Código de Trânsito Brasileiro
Dec.-Lei – Decreto-Lei
DJU – *Diário da Justiça da União*
ECA – Estatuto da Criança e do Adolescente
ed. – edição
ENTA – Encontro Nacional de Tribunais de Alçada
Funai – Fundação Nacional do Índio
j. – julgado
JTA – *Julgados do Tribunal de Alçada*
JTJ – *Julgados do Tribunal de Justiça*
LD – Lei do Divórcio
LF – Lei de Falências
LINDB – Lei de Introdução às normas do Direito Brasileiro
LRP – Lei dos Registros Públicos
Min. – Ministro
MP – Ministério Público
n. – número
OEA – Organização dos Estados Americanos
ONU – Organização das Nações Unidas
p. – página
p. ex. – por exemplo
Rel. – Relator
REsp – Recurso Especial
RSTJ – *Revista do Superior Tribunal de Justiça*
RT – *Revista dos Tribunais*
RTJ – *Revista Trimestral de Jurisprudência*
s. – seguinte(s)
SERP – Sistema Eletrônico dos Registros Públicos
STF – Supremo Tribunal Federal
T. – Turma
v. – *vide*

ÍNDICE

Abreviaturas V

INTRODUÇÃO AO DIREITO CIVIL

Capítulo I – Conceito e divisão do direito 1
1. Conceito de direito. Distinção entre o direito e a moral 1
2. Direito positivo e direito natural 2
3. Direito objetivo e direito subjetivo 2
4. Direito público e direito privado 3
5. A unificação do direito privado 4

Capítulo II – Direito Civil 5
6. A codificação 5
7. O Código Civil brasileiro 5

LEI DE INTRODUÇÃO ÀS NORMAS DO DIREITO BRASILEIRO

1. Conteúdo e função 7
2. Fontes do direito 8
3. A lei e sua classificação 8
4. Vigência da lei 10
5. Obrigatoriedade das leis 12
6. A integração das normas jurídicas 12
7. Aplicação e interpretação das normas jurídicas 14
8. Conflito das leis no tempo 16
9. Eficácia da lei no espaço 17
10. Alterações introduzidas pela Lei n. 13.655, de 25 de abril de 2018 19

PARTE GERAL DO CÓDIGO CIVIL

LIVRO I — Das pessoas 21

TÍTULO I — Das pessoas naturais 21

Capítulo I – Da personalidade e da capacidade 21
1. Conceito de pessoa natural 21
2. Das incapacidades 22
    2.1. Incapacidade absoluta: os menores de dezesseis anos 22
    2.2. Incapacidade relativa 24
        2.2.1. Os maiores de dezesseis e menores de dezoito anos 24
        2.2.2. Os ébrios habituais e os viciados em tóxico 24

2.2.3. Os que, por causa transitória ou permanente, não puderem exprimir sua vontade 25

2.2.4. Os pródigos 25

2.2.5. Curatela de pessoas capazes (com deficiência) e incapazes 26

2.2.5.1. O procedimento da curatela 26

2.2.5.2. A tomada de decisão apoiada 26

2.2.6. Os índios 27

3. Cessação da incapacidade 27

4. Começo da personalidade natural 29

5. Extinção da personalidade natural 31

6. Individualização da pessoa natural 32

6.1. Nome 32

6.1.1. Conceito 32

6.1.2. Natureza jurídica 32

6.1.3. Elementos do nome completo 33

6.1.3.1. Prenome 33

6.1.3.2. Sobrenome 33

6.1.4. Alterações do nome 34

6.2. Estado 39

6.2.1. Aspectos 39

6.2.2. Caracteres 39

6.3. Domicílio 40

Capítulo II – Dos direitos da personalidade **41**

7. Conceito 41

8. Fundamentos e características 41

9. Disciplina no Código Civil 41

9.1. Os atos de disposição do próprio corpo 41

9.2. O tratamento médico de risco 42

9.3. O direito ao nome 42

9.4. A proteção à palavra e à imagem 42

9.5. A proteção à intimidade 43

Capítulo III – Da ausência **46**

10. Da curadoria dos bens do ausente 46

11. Da sucessão provisória 47

12. Da sucessão definitiva 47

TÍTULO II — Das pessoas jurídicas **49**

13. Conceito 49

14. Natureza jurídica 49

14.1. Teorias da ficção 49

14.2. Teorias da realidade 49

15. Requisitos para a constituição da pessoa jurídica 50

16. Classificação da pessoa jurídica 51

Direito Civil — Parte Geral

17. Desconsideração da personalidade jurídica 55
18. Responsabilidade civil das pessoas jurídicas 56
19. Extinção da pessoa jurídica 58

TÍTULO III — Do domicílio **59**
20. Domicílio da pessoa natural 59
    20.1. Conceito 59
    20.2. Espécies 59
21. Domicílio da pessoa jurídica 60

LIVRO II — Dos bens **61**

22. Noções introdutórias 61
23. Classificação 62
    23.1. Bens considerados em si mesmos 62
        23.1.1. Bens imóveis e bens móveis 62
            23.1.1.1. Bens imóveis 62
            23.1.1.2. Bens móveis 63
        23.1.2. Bens fungíveis e infungíveis 64
        23.1.3. Bens consumíveis e inconsumíveis 64
        23.1.4. Bens divisíveis e indivisíveis 65
        23.1.5. Bens singulares e coletivos 65
    23.2. Bens reciprocamente considerados 66
    23.3. Bens quanto ao titular do domínio 68
    23.4. Bens quanto à possibilidade de serem ou não comercializados 70

LIVRO III — Dos fatos jurídicos **72**

TÍTULO I — Do negócio jurídico **72**

Capítulo I – Disposições gerais **72**
24. Conceito 72
25. Classificação dos negócios jurídicos 74
    25.1. Unilaterais, bilaterais e plurilaterais 74
    25.2. Gratuitos e onerosos, neutros e bifrontes 74
    25.3. *Inter vivos* e *mortis causa* 75
    25.4. Principais e acessórios 75
    25.5. Solenes (formais) e não solenes (de forma livre) 75
    25.6. Simples, complexos e coligados 75
    25.7. Fiduciários e simulados 76
26. Interpretação do negócio jurídico 76
27. Elementos do negócio jurídico 78
28. Reserva mental 81

Capítulo II – Da representação **83**
29. Introdução 83
30. Contrato consigo mesmo (autocontrato) 83

SINOPSES JURÍDICAS

Capítulo III – Da condição, do termo e do encargo **84**

31. Introdução 84

32. Condição 84

33. Termo 87

34. Encargo ou modo 89

Capítulo IV – Dos defeitos do negócio jurídico **90**

35. Introdução 90

36. Erro ou ignorância 90

37. Dolo 93

38. Coação 95

39. Estado de perigo 97

40. Lesão 98

41. Fraude contra credores 100

    41.1. Hipóteses legais 100

    41.2. Ação pauliana 101

    41.3. Fraude contra credores e fraude à execução. Principais diferenças 102

Capítulo V – Da invalidade do negócio jurídico **105**

42. Introdução 105

43. Ato inexistente, nulo e anulável 105

44. Diferenças entre nulidade e anulabilidade 106

45. Disposições especiais 108

46. Simulação 109

TÍTULO II — Dos atos jurídicos lícitos **112**

TÍTULO III — Dos atos jurídicos ilícitos **113**

47. Conceito 113

48. Responsabilidade contratual e extracontratual 113

49. Responsabilidade civil e penal 114

50. Responsabilidade subjetiva e objetiva 115

51. Imputabilidade e responsabilidade 116

    51.1. A responsabilidade dos privados de discernimento 116

    51.2. A responsabilidade dos menores 117

52. Pressupostos da responsabilidade extracontratual 118

    52.1. Ação ou omissão 118

    52.2. Culpa ou dolo do agente 118

    52.3. Relação de causalidade 119

    52.4. Dano 119

53. Atos lesivos não considerados ilícitos 120

    53.1. A legítima defesa 126

    53.2. O exercício regular e o abuso de direito 121

    53.3. O estado de necessidade 121

Direito Civil — Parte Geral

TÍTULO IV — Da prescrição e da decadência **123**

Capítulo I – Da prescrição **123**

54. Introdução 123
55. Conceito e requisitos 123
56. Pretensões imprescritíveis 124
57. Prescrição e institutos afins (preclusão, perempção e decadência) 125
58. Disposições legais sobre a prescrição 126
59. Das causas que impedem ou suspendem a prescrição 128
60. Das causas que interrompem a prescrição 129

Capítulo II – Da decadência **133**

61. Conceito e características 133
62. Disposições legais sobre a decadência 134

TÍTULO V — Da prova **135**

63. Introdução 135
64. Meios de prova 136

Introdução ao Direito Civil

Capítulo I
CONCEITO E DIVISÃO DO DIREITO

1 CONCEITO DE DIREITO. DISTINÇÃO ENTRE O DIREITO E A MORAL

Não há um consenso sobre o conceito do direito. Pode ser mencionado, dentre vários, o de Radbruch: "o conjunto das normas gerais e positivas, que regulam a vida social" (*Introducción a la filosofía del derecho*, p. 47). Origina-se a palavra "direito" do latim *directum*, significando aquilo que é reto, que está de acordo com a lei. Nasceu junto com o homem, que é um ser eminentemente social. Destina-se a regular as relações humanas. As normas de direito asseguram as condições de equilíbrio da coexistência dos seres humanos, da vida em sociedade.

Há marcante diferença entre o "ser" do mundo da natureza e o "dever ser" do mundo jurídico. Os fenômenos da natureza, sujeitos às leis físicas, são imutáveis, enquanto o mundo jurídico, o do "dever ser", caracteriza-se pela liberdade na escolha da conduta. Direito, portanto, é a ciência do "dever ser".

A vida em sociedade exige a observância de outras normas, além das jurídicas, como as religiosas, morais, de urbanidade etc. As jurídicas e morais têm em comum o fato de constituírem normas de comportamento. No entanto, distinguem-se precipuamente pela sanção (que no direito é imposta pelo Poder Público para constranger os indivíduos à observância da norma, e na moral somente pela consciência do homem, traduzida pelo remorso, pelo arrependimento, porém sem coerção) e pelo campo de ação, que na moral é mais amplo. É célebre, nesse aspecto, a comparação de Bentham, utilizando-se de dois círculos concêntricos, dos quais a circunferência representativa do campo da moral se mostra mais ampla. Algumas vezes tem acontecido de o direito trazer para sua esfera de atuação preceitos da moral, considerados merecedores de sanção mais eficaz.

Círculos Concêntricos de Bentham

SINOPSES JURÍDICAS

Quadro sinótico

Conceito de direito	Segundo Radbruch, é o conjunto das normas gerais e positivas que regulam a vida social. Origina-se a palavra "direito" do latim *directum*, significando aquilo que é reto, que está de acordo com a lei.
Distinção entre o direito e a moral	As normas jurídicas e as morais têm em comum o fato de constituírem normas de comportamento. No entanto, distinguem-se precipuamente pela sanção (que no direito é imposta pelo Poder Público para constranger os indivíduos à observância da norma e na moral somente pela consciência do homem, sem coerção) e pelo campo de ação, que na moral é mais amplo.

2 DIREITO POSITIVO E DIREITO NATURAL

Direito positivo é o ordenamento jurídico em vigor em determinado país e em determinada época. É o direito posto.

Direito natural é a ideia abstrata do direito, o ordenamento ideal, correspondente a uma justiça superior.

O jusnaturalismo foi defendido por Santo Agostinho e São Tomás de Aquino, bem como pelos doutores da Igreja e pensadores dos séculos XVII e XVIII. Hugo Grócio, já no século XVI, defendia a existência de um direito ideal e eterno, ao lado do direito positivo, sendo considerado o fundador da nova Escola de Direito Natural. A Escola Histórica e a Escola Positivista, entretanto, refutam o jusnaturalismo, atendo-se à realidade concreta do direito positivo. No século passado, renasceu e predominou a ideia jusnaturalista, especialmente em razão do movimento neotomista e da ideia neokantiana. É, realmente, inegável a existência de leis anteriores e inspiradoras do direito positivo, as quais, mesmo não escritas, encontram-se na consciência dos povos.

Para o direito positivo não é exigível o pagamento de dívida prescrita e de dívida de jogo. Mas para o direito natural esse pagamento é obrigatório.

Quadro sinótico

Direito positivo	É o ordenamento jurídico em vigor em determinado país e em determinada época. É o direito posto.
Direito natural	É a ideia abstrata do direito, o ordenamento ideal, correspondente a uma justiça superior.

3 DIREITO OBJETIVO E DIREITO SUBJETIVO

Direito objetivo é o conjunto de normas impostas pelo Estado, de caráter geral, a cuja observância os indivíduos podem ser compelidos mediante coerção. Esse conjunto de regras jurídicas comportamentais (*norma agendi*) gera para os indivíduos a faculdade de satisfazer determinadas pretensões e de praticar os atos destinados a alcançar tais objetivos (*facultas agendi*). Encarado sob esse aspecto, denomina-se direito subjetivo, que nada mais é do que a faculdade individual de agir de acordo com o direito objetivo, de invocar a sua proteção.

Direito subjetivo é, portanto, o meio de satisfazer interesses humanos e deriva do direito objetivo, nascendo com ele. Se o direito objetivo é modificado, altera-se o direito subjetivo.

Direito Civil — Parte Geral

As teorias de Duguit e de Kelsen (Teoria Pura do Direito) integram as doutrinas negativistas, que não admitem a existência do direito subjetivo. Para Kelsen, a obrigação jurídica não é senão a própria norma jurídica. Sendo assim, o direito subjetivo não é senão o direito objetivo. Predominam, no entanto, as doutrinas afirmativas, que se desdobram em: **a)** teoria da vontade; **b)** teoria do interesse; e **c)** teoria mista. Para a primeira, o direito subjetivo constitui um poder da vontade (Windscheid). Para a segunda, direito subjetivo é o interesse juridicamente protegido (Ihering). A teoria mista conjuga o elemento vontade com o elemento interesse. Jellinek o define como o interesse protegido que a vontade tem o poder de realizar.

Na realidade, direito subjetivo e direito objetivo são aspectos da mesma realidade, que pode ser encarada de uma ou de outra forma. Direito subjetivo é a expressão da vontade individual, e direito objetivo é a expressão da vontade geral. Não somente a vontade, ou apenas o interesse, configura o direito subjetivo. Trata-se de um poder atribuído à vontade do indivíduo, para a satisfação dos seus próprios interesses protegidos pela lei, ou seja, pelo direito objetivo.

Quadro sinótico

Direito objetivo	É o conjunto de normas impostas pelo Estado, de caráter geral, a cuja observância os indivíduos podem ser compelidos mediante coerção (*norma agendi*).
Direito subjetivo	É a faculdade individual de agir de acordo com o direito objetivo, de invocar a sua proteção (*facultas agendi*).

4 DIREITO PÚBLICO E DIREITO PRIVADO

Embora a divisão do direito objetivo em público e privado remonte ao direito romano, até hoje não há consenso sobre os seus traços diferenciadores. Vários critérios foram propostos, com base no interesse, na utilidade, no sujeito, na finalidade da norma, na sanção, sem que todos eles estejam imunes a críticas. Na realidade, o direito deve ser visto como um todo, sendo dividido em direito público e privado somente por motivos didáticos. A interpenetração de suas normas é comum, encontrando-se com frequência nos diplomas reguladores dos direitos privados as atinentes ao direito público, e vice-versa.

Costuma-se dizer, sempre, que direito público é o destinado a disciplinar os interesses gerais da coletividade, enquanto o direito privado contém preceitos reguladores das relações dos indivíduos entre si. Mais correto, no entanto, é afirmar que **público** é o direito que regula as relações do Estado com outro Estado, ou as do Estado com os cidadãos, e **privado** é o que disciplina as relações entre os indivíduos como tais, nas quais predomina imediatamente o interesse de ordem particular.

Do direito civil, que é o cerne do direito privado, destacaram-se outros ramos, especialmente o direito empresarial, o direito do trabalho, o direito do consumidor e o direito agrário. Integram, hoje, o direito privado: o direito civil, o direito empresarial, o direito agrário, o direito marítimo, bem como o direito do trabalho, o direito do consumidor e o direito aeronáutico. Os demais ramos pertencem ao direito público, havendo, entretanto, divergência no tocante ao direito do trabalho, que alguns colocam no elenco do direito privado e outros o consideram integrante também do direito público.

Normas de ordem pública são as cogentes, de aplicação obrigatória. Normas de ordem privada ou dispositivas são as que vigoram enquanto a vontade dos interessados não convencionar de forma diversa, tendo, pois, caráter supletivo. No direito civil predominam as normas de ordem privada, malgrado existam também normas cogentes, de ordem pública, como a maioria das que integram o direito de família.

Quadro sinótico

Direito público e direito privado	Público é o direito que regula as relações do Estado com outro Estado, ou as do Estado com os cidadãos. Privado é o que disciplina as relações entre os indivíduos como tais, nas quais predomina imediatamente o interesse de ordem particular. O direito civil, o direito empresarial, o direito agrário, o direito marítimo, bem como o direito do trabalho, o direito do consumidor e o direito aeronáutico integram o direito privado. Há divergência no tocante ao direito do trabalho, que alguns colocam no elenco do direito público. Os demais ramos pertencem ao direito público.

5 A UNIFICAÇÃO DO DIREITO PRIVADO

Desde o final do século XIX se observa uma tendência para unificar o direito privado e, assim, disciplinar conjunta e uniformemente o direito civil e o direito empresarial. Não se justifica, efetivamente, que um mesmo fenômeno jurídico, como a compra e venda e a prescrição, para citar apenas alguns, submeta-se a regras diferentes, de natureza civil e comercial.

A melhor solução, todavia, não parece ser a unificação do direito privado, mas sim a do direito obrigacional, mantendo-se os institutos característicos do direito comercial (empresarial), como fez o Código Civil de 2002, que unificou as obrigações civis e mercantis, trazendo para o seu bojo a matéria constante da primeira parte do Código Comercial (CC, art. 2.045), procedendo, desse modo, a uma unificação parcial do direito privado.

Capítulo II
DIREITO CIVIL

6 A CODIFICAÇÃO

No período colonial vigoravam no Brasil as Ordenações Filipinas. Com a Independência, ocorrida em 1822, a legislação portuguesa continuou sendo aplicada entre nós, mas com a ressalva de que vigoraria até que se elaborasse o Código Civil. A Constituição de 1824 referiu-se à organização de um Código Civil, na qual em 1865 essa tarefa foi confiada a Teixeira de Freitas, que já havia apresentado, em 1858, um trabalho de consolidação das leis civis. O projeto então elaborado, denominado "Esboço", continha cinco mil artigos e acabou não sendo acolhido, após sofrer críticas da comissão revisora. Influenciou, no entanto, o Código Civil argentino, do qual constitui a base.

Várias outras tentativas foram feitas, mas somente após a Proclamação da República, com a indicação de Clóvis Beviláqua, foi o Projeto de Código Civil por ele elaborado, depois de revisto, encaminhado ao Presidente da República, que o remeteu ao Congresso Nacional, em 1900. Na Câmara dos Deputados sofreu algumas alterações determinadas por uma comissão especialmente nomeada para examiná-lo, merecendo, no Senado, longo parecer de Rui Barbosa. Aprovado em janeiro de 1916, entrou em vigor em 1º de janeiro de 1917.

Quadro sinótico

Codificação	No período colonial vigoravam no Brasil as Ordenações Filipinas. Com a Independência, em 1822, a legislação portuguesa continuou sendo aplicada entre nós, mas com a ressalva de que vigoraria até que se elaborasse o Código Civil. Várias tentativas foram feitas, mas somente após a Proclamação da República, com a indicação de Clóvis Beviláqua, foi o Projeto de Código Civil, por ele confeccionado, encaminhado ao Congresso Nacional, em 1900, sendo aprovado em janeiro de 1916 e entrando em vigor em 1º de janeiro de 1917.

---

7 O CÓDIGO CIVIL BRASILEIRO

O Código Civil de 1916 continha 1.807 artigos e era antecedido pela Lei de Introdução às normas do Direito Brasileiro. Os Códigos francês (1804) e alemão (1896) exerceram influência em sua elaboração, tendo sido adotadas várias de suas concepções.

Continha uma Parte Geral, da qual constavam conceitos, categorias e princípios básicos, aplicáveis a todos os livros da Parte Especial, e que produziam reflexos em todo o ordenamento jurídico. Tratava das pessoas (naturais e jurídicas), como sujeitos de direito; dos bens, como objeto do direito; e dos fatos jurídicos, disciplinando a forma de criar, modificar e extinguir direitos, tornando possível a aplicação da Parte Especial. Esta era dividida em quatro livros, com os seguintes títulos: Direito de Família, Direito das Coisas, Direito das Obrigações e Direito das Sucessões.

Elogiado pela clareza e precisão dos conceitos, bem como por sua brevidade e técnica jurídica, o referido Código refletia as concepções predominantes em fins do século XIX e no início do século XX, em grande parte ultrapassadas, baseadas no individualismo então reinante, especialmente ao tratar do direito de propriedade e da liberdade de contratar. Por essa razão, algumas tentativas para modificá-lo foram realizadas, tendo sido apresentados projetos por grandes juristas como Orozimbo Nonato, Philadelpho Azevedo e Hahnemann Guimarães (Anteprojeto de Código de Obrigações), Orlando Gomes, Caio Mário da Silva Pereira (Código das Obrigações).

Muitas leis trouxeram modificações ao Código Civil de 1916, sendo o ramo do direito de família o mais afetado. Basta lembrar a Lei n. 4.121/62 (Estatuto da Mulher Casada), a Lei n. 6.515/77 (Lei do Divórcio) e as leis que reconheceram direitos aos companheiros e conviventes (Leis n. 8.971/94 e 9.278/96). A própria Constituição Federal de 1988 trouxe importantes inovações ao direito de família, especialmente no tocante à filiação, bem como ao direito das coisas, ao reconhecer a função social da propriedade. A Lei dos Registros Públicos (Lei n. 6.015/73), as diversas leis de locação, o Código de Defesa do Consumidor, o Código de Águas, o Código de Minas e outros diplomas revogaram vários dispositivos e capítulos do Código Civil, em uma tentativa de atualizar a nossa legislação civil, até que se ultimasse a reforma do Código.

Finalmente, no limiar deste novo século, o Congresso Nacional aprovou o atual Código Civil brasileiro, que resultou do Projeto de Lei n. 634/75, elaborado por uma comissão de juristas sob a supervisão de Miguel Reale, que unificou, parcialmente, o direito privado, trazendo para o bojo do Código Civil a matéria constante da primeira parte do Código Comercial. Contém 2.046 artigos e divide-se em: Parte Geral, que trata das pessoas, dos bens e dos fatos jurídicos, e Parte Especial, dividida em cinco livros, com os seguintes títulos, nesta ordem: Direito das Obrigações, Direito de Empresa, Direito das Coisas, Direito de Família e Direito das Sucessões.

O atual Código manteve a estrutura do Código Civil de 1916, unificando as obrigações civis e mercantis. Procurou atualizar a técnica deste último, que em muitos pontos foi superado pelos progressos da Ciência Jurídica, bem como afastar-se das concepções individualistas que nortearam esse diploma para seguir orientação compatível com a socialização do direito contemporâneo. Contudo, a demorada tramitação legislativa fez com que fosse atropelado por leis especiais modernas e pela própria Constituição Federal, especialmente no âmbito do direito de família, já estando a merecer, por isso, uma reestruturação.

Quadro sinótico

O Código Civil brasileiro	O Código Civil de 2002 resultou do Projeto de Lei n. 634/75, elaborado por uma comissão de juristas, sob a supervisão de Miguel Reale, que unificou, parcialmente, o direito privado. Contém 2.046 artigos e divide-se em: Parte Geral, que trata das pessoas, dos bens e dos fatos jurídicos, e Parte Especial, dividida em cinco livros, com os seguintes títulos, nesta ordem: Direito das Obrigações, Direito de Empresa, Direito das Coisas, Direito de Família e Direito das Sucessões. O atual Código manteve a estrutura do Código Civil de 1916, afastando-se, porém, das concepções individualistas que o nortearam, para seguir orientação compatível com a socialização do direito contemporâneo.

Lei de Introdução às Normas do Direito Brasileiro

1 CONTEÚDO E FUNÇÃO

A vigente Lei de Introdução ao Código Civil (Dec.-Lei n. 4.657, de 4-9-1942), atualmente denominada "Lei de Introdução às normas do Direito Brasileiro" (Lei n. 12.376, de 30-12-2010), revogou a antiga, promulgada simultaneamente com o Código Civil, substituindo-a em todo o seu conteúdo. Contém trinta artigos, enquanto a primitiva continha vinte e um. Trata-se de legislação anexa ao Código Civil, mas autônoma, dele não fazendo parte. Embora se destine a facilitar a sua aplicação, tem caráter universal, aplicando-se a todos os ramos do direito. Acompanha o Código Civil simplesmente porque se trata do diploma considerado de maior importância. Na realidade, constitui um repositório de normas preliminar à totalidade do ordenamento jurídico nacional.

É um conjunto de normas sobre normas. Enquanto o objeto das leis em geral é o comportamento humano, o da Lei de Introdução às normas do Direito Brasileiro é a própria norma, pois disciplina a sua elaboração e vigência, a sua aplicação no tempo e no espaço, as suas fontes etc. Contém normas de direito, podendo ser considerada um Código de Normas, por ter a lei como tema central. Dirige-se a todos os ramos do direito, salvo naquilo que for regulado de forma diferente na legislação específica. Assim, o dispositivo que manda aplicar a analogia, os costumes e os princípios gerais de direito aos casos omissos (art. 4º) aplica-se a todo o ordenamento jurídico, exceto ao direito penal e ao direito tributário, que contêm normas específicas a esse respeito. O direito penal admite a analogia somente *in bonam partem*. E o Código Tributário Nacional admite a analogia como critério de hermenêutica, com a ressalva de que não poderá resultar na exigência de tributo não previsto em lei (art. 108, § 1º). Quando o art. 3º da Lei de Introdução prescreve que ninguém se escusa de cumprir a lei alegando que não a conhece, está se referindo à lei em geral. Tal regra aplica-se a todo o ordenamento.

Tem por funções regulamentar: **a)** o início da obrigatoriedade da lei (art. 1º); **b)** o tempo de obrigatoriedade da lei (art. 2º); **c)** a eficácia global da ordem jurídica, não admitindo a ignorância da lei vigente, que a comprometeria (art. 3º); **d)** os mecanismos de integração das normas, quando houver lacunas (art. 4º); **e)** os critérios de hermenêutica jurídica (art. 5º); **f)** o direito intertemporal, para assegurar a estabilidade do ordenamento jurídico-positivo, preservando as situações consolidadas (art. 6º); **g)** o direito internacional privado brasileiro (arts. 7º a 17); **h)** os atos civis praticados, no estrangeiro, pelas autoridades consulares brasileiras (arts. 18 a 19); **i)** a segurança jurídica (arts. 20 a 30).

Quadro sinótico

Conteúdo	Contém normas que tratam de normas em geral. Enquanto o objeto das leis em geral é o comportamento humano, o da LINDB é a própria norma, pois disciplina a sua elaboração e vigência, a sua aplicação no tempo e no espaço, as suas fontes etc. Dirige-se a todos os ramos do direito, salvo naquilo que for regulado de forma diferente na legislação específica.

	A LINDB tem por funções regulamentar:
Funções	a) o início da obrigatoriedade da lei; b) o tempo de obrigatoriedade da lei; c) a eficácia global da ordem jurídica, não admitindo a ignorância da lei vigente; d) os mecanismos de integração das normas, quando houver lacunas; e) os critérios de hermenêutica jurídica; f) o direito intertemporal; g) o direito internacional privado brasileiro; h) os atos civis praticados, no estrangeiro, pelas autoridades consulares brasileiras.

2 FONTES DO DIREITO

A lei é o objeto da Lei de Introdução e a principal fonte do direito. A expressão "fontes do direito" tem várias acepções. Podemos considerá-la o meio técnico de realização do direito objetivo. A autoridade encarregada de aplicar o direito e também aqueles que devem obedecer aos seus ditames precisam conhecer as suas fontes, que são de várias espécies. **Fontes históricas** são aquelas das quais se socorrem os estudiosos, quando querem investigar a origem histórica de um instituto jurídico ou de um sistema, como o Digesto, as Institutas, as Ordenações do Reino etc. **Atuais** são as fontes às quais se reporta o indivíduo para afirmar o seu direito, e o juiz, para fundamentar a sentença.

São consideradas **fontes formais** do direito a lei, a analogia, o costume e os princípios gerais de direito (arts. 4º da LINDB e 140 do CPC); e **não formais** a doutrina e a jurisprudência. Dentre as formais, a lei é a **fonte principal**, e as demais são **fontes acessórias**. Costuma-se, também, dividir as fontes do direito em **diretas** (ou imediatas) e **indiretas** (ou mediatas). As primeiras são a lei e o costume, que por si sós geram a regra jurídica; as segundas são a doutrina e a jurisprudência, que contribuem para que a norma seja elaborada.

Quadro sinótico

	A lei é o objeto da LINDB e a principal fonte do direito. São considerados fontes
Fontes do direito	formais do direito a lei, a analogia, o costume e os princípios gerais de direito; e não formais a doutrina e a jurisprudência. Dentre as formais, a lei é a fonte principal, e as demais são fontes acessórias.

3 A LEI E SUA CLASSIFICAÇÃO

A exigência de maior certeza e segurança para as relações jurídicas vem provocando, hodiernamente, a supremacia da lei, da norma escrita, sobre as demais fontes, sendo mesmo considerada a fonte primacial do direito. Dentre as suas várias características, destacam-se as seguintes: **a) generalidade**: dirige-se a todos os cidadãos, indistintamente. O seu comando é abstrato; **b) imperatividade**: impõe um dever, uma conduta. Essa característica inclui a lei entre as normas que regulam o comportamento humano, como a norma moral, a religiosa etc. Todas são normas éticas, providas de sanção. A imperatividade (imposição de um dever de conduta, obrigatório) distingue a norma das leis físicas. Mas não é suficiente para distingui-la das demais leis éticas; **c) autorizamento**: é o fato de ser autorizante, segundo Goffredo da Silva Telles, que distingue a lei das demais normas éticas. A norma jurídica autoriza que o lesado pela violação exija o cumprimento dela ou a reparação pelo mal causado. É ela, portanto, que autoriza e legitima o uso da faculdade de coagir; **d) permanência**: a lei não se exaure numa só aplicação, pois deve perdurar até ser revogada por outra lei. Algumas nor-

Direito Civil — Parte Geral

mas, entretanto, são temporárias, destinadas a viger apenas durante certo período, como as que constam das disposições transitórias e as leis orçamentárias; e) **emanação de autoridade competente**, de acordo com as competências legislativas previstas na Constituição Federal.

Há várias classificações das leis. Quanto à imperatividade ou força obrigatória elas se dividem em **cogentes** (de imperatividade absoluta ou de ordem pública) e **dispositivas** (ou supletivas). As primeiras são as que ordenam ou proíbem determinada conduta de forma absoluta, não podendo ser derrogadas pela vontade dos interessados. As normas que compõem o direito de família revestem-se dessa característica. Não pode a vontade dos interessados alterar, por exemplo, os impedimentos matrimoniais do art. 1.521, nem dispensar um dos cônjuges dos deveres que a lei impõe a ambos no art. 1.566. Normas dispositivas em geral são permissivas, como a que permite às partes estipular, antes de celebrado o casamento, quanto aos bens, o que lhes aprouver (art. 1.639), ou supletivas, quando suprem a falta de manifestação de vontade das partes. Nesse último caso, costumam vir acompanhadas de expressões como "salvo estipulação em contrário" ou "salvo se as partes convencionarem diversamente" (ex.: art. 327).

Quanto ao autorizamento (ou encaradas sob o prisma da sanção), podem classificar-se em mais que perfeitas, perfeitas, menos que perfeitas e imperfeitas. **Mais que perfeitas** são as que autorizam a aplicação de duas sanções, na hipótese de serem violadas (pena de prisão para o devedor de alimentos e ainda a obrigação de pagar as prestações vencidas e vincendas, p. ex.). São **perfeitas** as que impõem a nulidade do ato, como punição ao infrator, como a que considera nulo o ato praticado por absolutamente incapaz. Leis **menos que perfeitas** são as que não acarretam a nulidade ou anulação do ato, em caso de violação, somente impondo ao violador uma sanção, como no caso do viúvo que se casa antes de fazer inventário e dar partilha dos bens aos herdeiros do cônjuge falecido (art. 1.523, I). E **imperfeitas** são as leis cuja violação não acarreta nenhuma consequência, como as obrigações decorrentes de dívidas de jogo e de dívidas prescritas.

Segundo a sua **natureza**, as leis são **substantivas** ou **adjetivas**. As primeiras são de fundo, também chamadas de materiais, porque tratam do direito material. As segundas, também chamadas de processuais ou formais, traçam os meios de realização dos direitos. Quanto à sua **hierarquia**, as normas classificam-se em: **a)** normas **constitucionais**: são as constantes da Constituição, às quais as demais devem amoldar-se; **b)** leis **complementares**: as que se situam entre a norma constitucional e a lei ordinária, porque tratam de matérias especiais, que não podem ser deliberadas em lei ordinária e cuja aprovação exige *quorum* especial; **c)** leis **ordinárias**: as elaboradas pelo Poder Legislativo; **d)** leis **delegadas**: elaboradas pelo Executivo, por autorização expressa do Legislativo, tendo a mesma posição hierárquica das ordinárias.

Quadro sinótico

Características da lei	a) Generalidade: dirige-se, abstratamente, a todos.
	b) Imperatividade: impõe um dever, uma conduta. É a que distingue a norma das leis físicas.
	c) Autorizamento: autoriza que o lesado pela violação exija o cumprimento dela ou a reparação pelo mal causado.
	d) Permanência: perdura até ser revogada por outra lei. Algumas normas, entretanto, são temporárias, como as que constam das disposições transitórias e as leis orçamentárias.
	e) Emanação de autoridade competente.

	a) Quanto à imperatividade, dividem-se em cogentes e dispositivas. As primeiras são as que ordenam ou proíbem determinada conduta de forma absoluta, não podendo ser derrogadas pela vontade dos interessados. Normas dispositivas em geral são permissivas ou supletivas e costumam conter a expressão "salvo estipulação em contrário".
Classificação das leis	b) Sob o prisma da sanção, dividem-se em mais que perfeitas, perfeitas, menos que perfeitas e imperfeitas. Mais que perfeitas são as que impõem a aplicação de duas sanções (prisão e obrigação de pagar as prestações alimentícias, p. ex.). São perfeitas as que preveem a nulidade do ato, como punição ao infrator. Leis menos que perfeitas são as que não acarretam a nulidade ou anulação do ato, somente impondo ao violador uma sanção. E imperfeitas são as leis cuja violação não acarreta nenhuma consequência, como as obrigações decorrentes de dívidas de jogo e de dívidas prescritas.
	c) Segundo a sua natureza, as leis são substantivas ou adjetivas. As primeiras são também chamadas de materiais, porque tratam do direito material. As segundas, também chamadas de processuais, traçam os meios de realização dos direitos.
	d) Quanto à sua hierarquia, as normas classificam-se em: constitucionais (constantes da Constituição, às quais as demais devem amoldar-se), complementares (as que se situam entre a norma constitucional e a lei ordinária), ordinárias (as elaboradas pelo Poder Legislativo) e delegadas (as elaboradas pelo Executivo, por autorização expressa do Legislativo).

4 VIGÊNCIA DA LEI

A lei passa por três fases: a da elaboração, a da promulgação e a da publicação. Embora nasça com a promulgação, só começa a vigorar com sua publicação no *Diário Oficial*. A vigência da lei compreende três momentos: o início, a continuidade e a cessação. Com a publicação, tem-se o início da vigência, tornando-se obrigatória, pois ninguém pode escusar-se de cumpri-la alegando que não a conhece (art. 3º).

Segundo dispõe o art. 1º da Lei de Introdução, a lei começa a vigorar em todo o país quarenta e cinco dias depois de oficialmente publicada, salvo disposição em contrário. Portanto, a sua obrigatoriedade não se inicia no dia da publicação, salvo se ela própria assim o determinar. Pode, assim, entrar em vigor na data de sua publicação ou em outra mais remota, conforme constar expressamente de seu texto. Se nada dispuser a esse respeito, aplica-se a regra do art. 1º supramencionado. O intervalo entre a data de sua publicação e a sua entrada em vigor chama-se *vacatio legis*. Em matéria de duração do referido intervalo, foi adotado o critério do prazo único, porque a lei entra em vigor na mesma data, em todo o país, sendo simultânea a sua obrigatoriedade. A anterior Lei de Introdução prescrevia que a lei entrava em vigor em prazos diversos, ou seja, menores no Distrito Federal e Estados próximos, e maiores nos Estados mais distantes da Capital e nos territórios. Seguia, assim, o critério do prazo progressivo.

Quando a lei brasileira é admitida no exterior (em geral quando cuida de atribuições de ministros, embaixadores, cônsules, convenções de direito internacional etc.), a sua obrigatoriedade inicia-se três meses depois de oficialmente publicada. Se durante a *vacatio legis* ocorrer nova publicação de seu texto, para correção de erros materiais ou falha de ortografia, o prazo da obrigatoriedade começará a correr da nova publicação (LINDB, art. 1º, § 3º). Se a lei já entrou em vigor, tais correções são consideradas lei nova, tornando-se obrigatória após o decurso da *vacatio legis* (art. 1º, § 4º). Os direitos adquiridos na vigência da lei emendada são resguardados. Admite-se que o juiz, ao aplicar a lei, possa corrigir os erros materiais evidentes, especialmente os de ortografia, mas não os erros substanciais, que podem alterar o sentido do dispositivo legal, sendo imprescindível, nesse caso, nova publicação. A contagem do prazo para entrada em vigor das leis que estabeleçam período de vacância far-se-á com a inclusão da data da publicação e do último dia do prazo, entrando em vigor no dia

Direito Civil — Parte Geral

subsequente à sua consumação integral (art. 8º, § 1º, da Lei Complementar n. 95/98, com redação da Lei Complementar n. 107/2001). O prazo de quarenta e cinco dias não se aplica aos decretos e regulamentos, cuja obrigatoriedade determina-se pela publicação oficial. Tornam-se, assim, obrigatórios desde a data de sua publicação, salvo se dispuserem em contrário, não alterando a data da vigência da lei a que se referem. A falta de norma regulamentadora é, hoje, suprida pelo mandado de injunção.

Salvo alguns casos especiais, a lei tem caráter permanente, permanecendo em vigor até ser revogada por outra lei. Nisso consiste o **princípio da continuidade**. Em um regime que se assenta na supremacia da lei escrita, como o do direito brasileiro, o costume não tem força para revogar a lei, nem esta perde a sua eficácia pelo não uso. **Revogação** é a supressão da força obrigatória da lei, retirando-lhe a eficácia – o que só pode ser feito por outra lei. Pode ser total (**ab-rogação**) ou parcial (**derrogação**). Se em seu texto, porém, constar o próprio termo, perde a eficácia, independentemente de outra lei. A perda da eficácia pode decorrer, também, da decretação de sua inconstitucionalidade pelo Supremo Tribunal Federal, cabendo ao Senado suspender-lhe a execução.

A revogação pode ser expressa ou tácita. **Expressa**, quando a lei nova declara que a lei anterior, ou parte dela, fica revogada. **Tácita**, quando não traz declaração nesse sentido, mas mostra-se incompatível com a lei antiga ou regula inteiramente a matéria de que tratava a lei anterior (art. 2º, § 1º). Desse modo, se toda uma matéria é submetida a nova regulamentação, desaparece inteiramente a lei anterior que tratava do mesmo assunto, como aconteceu com a anterior Lei de Introdução, substituída pela atual. Ocorre, também, a revogação tácita de uma lei quando se mostra incompatível com a mudança havida na Constituição, em face da supremacia desta sobre as demais leis. A lei nova, que estabeleça disposições gerais ou especiais a par das já existentes, não revoga nem modifica a lei anterior (art. 2º, § 2º). Podem, portanto, coexistir. É possível, no entanto, que haja incompatibilidade entre a lei geral e a especial. A existência de incompatibilidade conduz à possível revogação da lei geral pela especial, ou da lei especial pela geral.

Preceitua o § 3º do art. 2º da Lei de Introdução às normas do Direito Brasileiro que a lei revogada não se restaura por ter a lei revogadora perdido a vigência, salvo disposição em contrário. Não há, portanto, o **efeito repristinatório**, restaurador, da primeira lei revogada, salvo quando houver pronunciamento expresso do legislador nesse sentido. Assim, por exemplo, revogada a Lei n. 1 pela Lei n. 2, e posteriormente revogada a lei revogadora (n. 2) pela Lei n. 3, não se restabelece a vigência da Lei n. 1, salvo se a n. 3, ao revogar a revogadora (n. 2), determinar a repristinação da n. 1.

Quadro sinótico

Vigência da lei	Início de sua vigência	A lei só começa a vigorar com sua publicação no *Diário Oficial*, quando então se torna obrigatória. A sua obrigatoriedade não se inicia no dia da publicação (LINDB, art. 1º), salvo se ela própria assim o determinar. O intervalo entre a data de sua publicação e a sua entrada em vigor denomina-se *vacatio legis*.
	Duração da *vacatio legis*	Foi adotado o critério do prazo único, porque a lei entra em vigor na mesma data, em todo o país, sendo simultânea a sua obrigatoriedade. A anterior LICC prescrevia que a lei entrava em vigor em prazos diversos nos Estados, conforme a distância da Capital. Seguia, assim, o critério do prazo progressivo.

		Hipóteses	Em regra, a lei permanece em vigor até ser revogada por outra lei (princípio da continuidade). Pode ter vigência temporária, quando o legislador fixa o tempo de sua duração.
Vigência da lei	Cessação da vigência	Revogação	Conceito: é a supressão da força obrigatória da lei, retirando-lhe a eficácia – o que só pode ser feito por outra lei. Espécies: a) ab-rogação (supressão total da norma anterior); b) derrogação (supressão parcial); c) expressa (quando a lei nova declara que a lei anterior fica revogada); d) tácita (quando houver incompatibilidade entre a lei velha e a nova (LINDB, art. 2º, § 1º).

5 OBRIGATORIEDADE DAS LEIS

Sendo a lei uma ordem dirigida à vontade geral, uma vez em vigor torna-se obrigatória para todos. Segundo o art. 3º da Lei de Introdução às normas do Direito Brasileiro, ninguém se escusa de cumpri-la, alegando que não a conhece (*ignorantia legis neminem excusat*). Tal dispositivo visa a garantir a eficácia global da ordem jurídica, que estaria comprometida se se admitisse a alegação de ignorância de lei vigente. Como consequência, não se faz necessário provar em juízo a existência da norma jurídica invocada, pois se parte do pressuposto de que o juiz conhece o direito (*iura novit curia*). Esse princípio não se aplica ao direito municipal, estadual, estrangeiro ou consuetudinário (CPC, art. 376).

Três teorias procuram justificar o preceito: a da presunção legal, a da ficção e a da necessidade social. A primeira presume que a lei, uma vez publicada, torna-se conhecida de todos. É criticada por basear-se em uma inverdade. A da ficção pressupõe que a lei publicada torna-se conhecida de todos, muito embora em verdade tal não ocorra. A teoria da necessidade social é a mais aceita, porque sustenta que a lei é obrigatória e deve ser cumprida por todos, não por motivo de um conhecimento presumido ou ficto, mas por elevadas razões de interesse público, ou seja, para que seja possível a convivência social. O preceito de que ninguém pode escusar-se de cumprir a lei, alegando que não a conhece, seria uma regra ditada por uma razão de ordem social e jurídica, de necessidade social: garantir a eficácia global do ordenamento jurídico, que ficaria comprometido caso tal alegação pudesse ser aceita.

O erro de direito (alegação de ignorância da lei) só pode ser invocado quando não houver o objetivo de furtar-se o agente ao cumprimento da lei. Serve para justificar, por exemplo, a boa-fé em caso de inadimplemento contratual, sem a intenção de descumprir a lei. A Lei das Contravenções Penais, por exceção, admite a alegação de erro de direito (art. 8º) como justificativa pelo descumprimento da lei. No direito mexicano tal alegação é admitida em várias hipóteses, tendo em vista que a população daquele país é constituída, em grande parte, de indígenas.

6 A INTEGRAÇÃO DAS NORMAS JURÍDICAS

O legislador não consegue prever todas as situações para o presente e para o futuro. Como o juiz não pode eximir-se de proferir decisão sob o pretexto de que a lei é omissa, deve valer-se dos mecanismos legais destinados a suprir as lacunas da lei, que são: a analogia, os costumes e os princípios gerais de direito (LINDB, art. 4º; CPC, art. 140).

Verifica-se, portanto, que o próprio sistema apresenta solução para qualquer caso *sub judice*. Sob o ponto de vista dinâmico, o da aplicação da lei, pode ela ser lacunosa, mas o

Direito Civil — Parte Geral

sistema não. Isso porque o juiz, utilizando-se dos aludidos mecanismos, promove a integração das normas jurídicas, não deixando nenhum caso sem solução (plenitude lógica do sistema). O direito estaticamente considerado pode conter lacunas. Sob o aspecto dinâmico, entretanto, não, pois ele próprio prevê os meios para suprir-se os espaços vazios e promover a integração do sistema. Por essa razão é que se diz que os mencionados mecanismos constituem modos de explicitação da integridade, da plenitude do sistema jurídico.

Há uma hierarquia na utilização desses mecanismos, figurando a **analogia** em primeiro lugar. Somente podem ser utilizados os demais se a analogia não puder ser aplicada. Isso porque o direito brasileiro consagra a supremacia da lei escrita. Quando o juiz se utiliza da analogia para solucionar determinado caso concreto, não está apartando-se da lei, mas aplicando à hipótese não prevista em lei um dispositivo legal relativo a caso semelhante. Nisso consiste o emprego da analogia. O seu fundamento encontra-se no adágio romano *ubi eadem ratio, ibi idem jus* (ou *dispositio*). Com essa expressão pretende-se dizer que a situações semelhantes deve-se aplicar a mesma regra de direito. Costuma-se distinguir a *analogia legis* da *analogia juris*. A primeira consiste na aplicação de uma norma existente, destinada a reger caso semelhante ao previsto. A segunda baseia-se em um conjunto de normas, para obter elementos que permitam a sua aplicabilidade ao caso concreto não previsto, mas similar.

A Lei n. 2.681, de 1912, é sempre mencionada como interessante exemplo de aplicação da analogia. Destinada a regulamentar a responsabilidade das companhias de estradas de ferro por danos causados a passageiros e a bagagens, passou a ser aplicada, por analogia, a todas as espécies de transportes terrestres (bonde, metrô, ônibus e até em acidentes ocorridos em elevadores), à falta de legislação específica.

O **costume** é, também, fonte supletiva em nosso sistema jurídico, porém está colocado em plano secundário, em relação à lei. O juiz só pode recorrer a ele depois de esgotadas as possibilidades de suprir a lacuna pelo emprego da analogia. Diz-se que o costume é composto de dois elementos: o uso (elemento externo) e a convicção jurídica (elemento interno). Em consequência, é conceituado como a prática uniforme, constante, pública e geral de determinado ato, com a convicção de sua necessidade.

Em relação à lei, três são as espécies de costume: **a)** o *secundum legem*, quando sua eficácia obrigatória é reconhecida pela lei, como nos casos mencionados, dentre outros, nos arts. 1.297, § 1º, 596 e 615 do Código Civil; **b)** o *praeter legem*, quando se destina a suprir a lei, nos casos omissos (LINDB, art. 4º; CPC, art. 140). Como exemplo, pode ser mencionado o costume de efetuar-se pagamentos com cheque pré-datado, e não como ordem de pagamento à vista, afastando a existência de crime; **c)** o *contra legem*, que se opõe à lei. Em regra, o costume não pode contrariar a lei, pois esta só se revoga, ou se modifica, por outra lei.

Não encontrando solução na analogia, nem nos costumes, para preenchimento da lacuna, o juiz deve buscá-la nos princípios gerais de direito. São estes constituídos de regras que se encontram na consciência dos povos e são universalmente aceitas, mesmo não escritas. Tais regras, de caráter genérico, orientam a compreensão do sistema jurídico, em sua aplicação e integração, estejam ou não incluídas no direito positivo. Muitas delas passaram a integrar o nosso direito positivo, como a de que "ninguém pode lesar a outrem" (art. 186), a que veda o enriquecimento sem causa (arts. 1.216, 1.220, 1.255, 876 etc.), a que não admite escusa de não cumprimento da lei por não a conhecer (LINDB, art. 3º). Em sua maioria, no entanto, os princípios gerais de direito estão implícitos no sistema jurídico civil, como o de que "ninguém pode valer-se da própria torpeza", o de que "a boa-fé se presume", o de que "ninguém pode transferir mais direitos do que tem", o de que "se deve favorecer mais aquele que procura evitar um dano do que aquele que busca realizar um ganho" etc.

A **equidade** não constitui meio supletivo de lacuna da lei, sendo mero recurso auxiliar da aplicação desta. Não considerada em sua acepção lata, quando se confunde com o ideal

SINOPSES JURÍDICAS

de justiça, mas em sentido estrito, é empregada quando a própria lei cria espaços ou lacunas para o juiz formular a norma mais adequada ao caso. É utilizada quando a lei expressamente o permite. Prescreve o parágrafo único do art. 140 do Código de Processo Civil que o "juiz só decidirá por equidade nos casos previstos em lei". Isso ocorre geralmente nos casos de conceitos vagos ou quando a lei formula várias alternativas e deixa a escolha a critério do juiz. Como exemplos podem ser citados o art. 1.586 do Código Civil, que autoriza o juiz a regular por maneira diferente dos critérios legais, se houver motivos graves e a bem do menor; e o art. 1.740, II, que permite ao tutor reclamar do juiz que providencie, "como houver por bem", quando o menor tutelado haja mister correção, dentre outros.

Quadro sinótico

Integração das normas jurídicas	**Conceito:** é o preenchimento de lacunas, mediante aplicação e criação de normas individuais, atendendo ao espírito do sistema jurídico. **Meios de integração:** a) **Analogia:** Figura em primeiro lugar na hierarquia do art. 4º da LINDB. Consiste na aplicação da hipótese não prevista em lei de dispositivo legal relativo a caso semelhante. A analogia *legis* consiste na aplicação de uma norma existente, destinada a reger caso semelhante ao previsto. A analogia *juris* baseia-se em um conjunto de normas, para obter elementos que permitam a sua aplicação ao caso concreto não previsto, mas similar. b) **Costume:** é a prática uniforme, constante, pública e geral de determinado ato, com a convicção de sua necessidade. Em relação à lei, três são as espécies de costume: o *secundum legem*, quando sua eficácia obrigatória é reconhecida pela lei; o *praeter legem*, quando se destina a suprir a lei, nos casos omissos; e o *contra legem*, que se opõe à lei. c) **Princípios gerais de direito:** são regras que se encontram na consciência dos povos e são universalmente aceitas, mesmo não escritas. Orientam a compreensão do sistema jurídico, em sua aplicação e integração, estejam ou não incluídas no direito positivo. A equidade não constitui meio supletivo de lacuna da lei, sendo mero auxiliar da aplicação desta.

7 APLICAÇÃO E INTERPRETAÇÃO DAS NORMAS JURÍDICAS

As normas são genéricas e contêm um comando abstrato, não se referindo especificamente a casos concretos. O magistrado é o intermediário entre a norma e o fato. Quando este se enquadra na norma, dá-se o fenômeno da subsunção. Há casos, no entanto, em que tal enquadramento não ocorre, não encontrando o juiz nenhuma norma aplicável à hipótese *sub judice*. Deve, então, proceder à integração normativa, mediante o emprego da analogia, dos costumes e dos princípios gerais do direito. Para verificar se a norma é aplicável ao caso em julgamento (subsunção) ou se deve proceder à integração normativa, o juiz procura descobrir o sentido da norma, interpretando-a.

Interpretar é descobrir o sentido e o alcance da norma jurídica. Toda lei está sujeita a interpretação, não apenas as obscuras e ambíguas. O brocardo romano *in claris cessat interpretatio* não é, hoje, acolhido, pois até para afirmar-se que a lei é clara é preciso interpretá-la. Há, na verdade, interpretações mais simples, quando a lei é clara, e complexas, quando o preceito é de difícil entendimento. A hermenêutica é a ciência da interpretação das leis. Como toda ciência, tem os seus métodos. Quanto às fontes ou origem, os métodos de inter-

Direito Civil — Parte Geral

pretação classificam-se em: autêntico, jurisprudencial e doutrinário. **Interpretação autêntica** é a feita pelo próprio legislador, por outro ato. Este, reconhecendo a ambiguidade da norma, vota uma nova lei, destinada a esclarecer a sua intenção. Nesse caso, a lei interpretativa é considerada a própria lei interpretada. **Interpretação jurisprudencial** é a fixada pelos tribunais. Embora não tenha força impositiva, salvo a hipótese de Súmula vinculante, influencia grandemente os julgamentos nas instâncias inferiores. A **doutrinária** é a feita pelos estudiosos e comentaristas do direito.

Quanto aos meios, a interpretação pode ser feita pelos métodos gramatical (ou literal), lógico, sistemático, histórico e sociológico (ou teleológico). A interpretação **gramatical** é também chamada de literal, porque consiste em exame do texto normativo sob o ponto de vista linguístico, analisando a pontuação, a colocação das palavras na frase, a sua origem etimológica etc. Na interpretação **lógica** procura-se apurar o sentido e o alcance da norma, a intenção do legislador, por meio de raciocínios lógicos, com abandono dos elementos puramente verbais. A interpretação **sistemática** parte do pressuposto de que uma lei não existe isoladamente e deve ser interpretada em conjunto com outras pertencentes à mesma província do direito. Assim, uma norma tributária deve ser interpretada de acordo com os princípios que regem o sistema tributário. Em determinado momento histórico, predominava o princípio da autonomia da vontade. Com o surgimento do intervencionismo na economia contratual, a interpretação sistemática conduziu à proteção do contratante mais fraco. A interpretação **histórica** baseia-se na investigação dos antecedentes da norma, do processo legislativo, a fim de descobrir o seu exato significado. É o melhor método para apurar a vontade do legislador e os objetivos a que visava atingir (*ratio legis*). A interpretação **sociológica** (ou teleológica) tem por objetivo adaptar o sentido ou finalidade da norma às novas exigências sociais, com abandono do individualismo que preponderou no período anterior à edição da Lei de Introdução às normas do Direito Brasileiro. Tal recomendação é endereçada ao magistrado no art. 5º da referida lei, que assim dispõe: "Na aplicação da lei, o juiz atenderá aos fins sociais a que ela se destina e às exigências do bem comum".

Os diversos métodos de interpretação não operam isoladamente, não se repelem reciprocamente, mas se completam.

Quadro sinótico

Interpretação das normas jurídicas	Interpretar é descobrir o sentido e o alcance da norma. A hermenêutica é a ciência da interpretação das leis. Como toda ciência, tem os seus métodos, a saber: a) quanto à origem, classifica-se em autêntica, jurisprudencial e doutrinária. Interpretação autêntica é a feita pelo próprio legislador, por outro ato; jurisprudencial é a fixada pelos tribunais; e doutrinária é a realizada pelos estudiosos e comentaristas do direito; b) quanto aos meios, a interpretação pode ser feita pelos métodos: – gramatical ou literal, consistente no exame do texto normativo sob o ponto de vista linguístico, analisando-se a pontuação, a ordem das palavras na frase etc.; – lógico, identificado pelo emprego de raciocínios lógicos, com abandono dos elementos puramente verbais; – sistemático, que considera o sistema em que se insere a norma, não a analisando isoladamente; – histórico, que se baseia na investigação dos antecedentes da norma, do processo legislativo, a fim de descobrir o seu exato significado; – sociológico ou teleológico, que objetiva adaptar o sentido ou a finalidade da norma às novas exigências sociais.

SINOPSES JURÍDICAS

8 CONFLITO DAS LEIS NO TEMPO

As leis são feitas para, em geral, valer para o futuro. Quando a lei é modificada por outra e já haviam se formado relações jurídicas na vigência da lei anterior, pode instaurar-se o conflito das leis no tempo. A dúvida dirá respeito à aplicação ou não da lei nova às situações anteriormente constituídas.

Para solucionar tal questão, são utilizados dois critérios: o das disposições transitórias e o da irretroatividade das normas. Disposições transitórias são elaboradas pelo legislador, no próprio texto normativo, destinadas a evitar e a solucionar conflitos que poderão emergir do confronto da nova lei com a antiga, tendo vigência temporária. Irretroativa é a lei que não se aplica às situações constituídas anteriormente. É um princípio que objetiva assegurar a certeza, a segurança e a estabilidade do ordenamento jurídico-positivo, preservando as situações consolidadas em que o interesse individual prevalece. Entretanto, não se tem dado a ele caráter absoluto, pois razões de política legislativa podem recomendar que, em determinada situação, a lei seja retroativa, atingindo os efeitos de atos jurídicos praticados sob o império da norma revogada.

A Constituição Federal de 1988 (art. 5º, XXXVI) e a Lei de Introdução, afinadas com a tendência contemporânea, adotaram o princípio da irretroatividade das leis como regra, e o da retroatividade como exceção. Acolheu-se a teoria de Gabba, de completo respeito ao ato jurídico perfeito, ao direito adquirido e à coisa julgada. Assim, como regra, aplica-se a lei nova aos casos pendentes e aos futuros, só podendo ser retroativa (atingir fatos pretéritos) quando: **a)** não ofender o ato jurídico perfeito, o direito adquirido e a coisa julgada; **b)** quando o legislador, expressamente, mandar aplicá-la a casos pretéritos, mesmo que a palavra "retroatividade" não seja usada. Na doutrina, diz-se que é justa a retroatividade quando não se depara, na sua aplicação, qualquer ofensa ao ato jurídico perfeito, ao direito adquirido e à coisa julgada; e injusta, quando ocorre tal ofensa.

Entre a retroatividade e a irretroatividade existe uma situação intermediária: a da aplicabilidade imediata da lei nova a relações que, nascidas embora sob a vigência da lei antiga, ainda não se aperfeiçoaram, não se consumaram. A imediata e geral aplicação deve também respeitar o ato jurídico perfeito, o direito adquirido e a coisa julgada. O art. 6º da Lei de Introdução às normas do Direito Brasileiro preceitua que a lei em vigor "terá efeito imediato e geral, respeitados o ato jurídico perfeito, o direito adquirido e a coisa julgada". Ato jurídico perfeito é o já consumado segundo a lei vigente ao tempo em que se efetuou (§ 1º). Direito adquirido é o que já se incorporou definitivamente ao patrimônio e à personalidade de seu titular. Coisa julgada é a imutabilidade dos efeitos da sentença, não mais sujeita a recursos.

Exemplo de efeito imediato das leis é o que se dá sobre a capacidade das pessoas, pois alcança todos aqueles por ela abrangidos. Se a lei reduzir o limite da maioridade civil para dezesseis anos, tornará automaticamente maiores todos os que já tenham atingido essa idade. Por outro lado, se a lei aumentar o limite para vinte e dois anos, *verbi gratia*, será respeitada a maioridade dos que já haviam completado dezoito anos na data da sua entrada em vigor. No entanto, os que ainda não haviam atingido a idade de dezoito anos terão de aguardar o momento em que completarem vinte e dois anos.

Direito Civil — Parte Geral

Quadro sinótico

Critérios para solucionar o conflito de leis no tempo	– o das disposições transitórias; – o dos princípios da retroatividade e irretroatividade da norma. É retroativa a norma que atinge efeitos de atos jurídicos praticados sob a égide da norma revogada. É irretroativa a que não se aplica às situações constituídas anteriormente. Não se pode aceitar esses princípios como absolutos, pois razões de ordem político-legislativa podem recomendar que, em determinada situação, a lei seja retroativa, respeitando o ato jurídico perfeito, o direito adquirido e a coisa julgada (LINDB, art. 6º, §§ 1º e 2º).

9 EFICÁCIA DA LEI NO ESPAÇO

Em razão da soberania estatal, a norma tem aplicação dentro do território delimitado pelas fronteiras do Estado. Esse princípio da **territorialidade**, entretanto, não é absoluto. A cada dia é mais acentuado o intercâmbio entre indivíduos pertencentes a Estados diferentes. Muitas vezes, dentro dos limites territoriais de um Estado, surge a necessidade de regular relações entre nacionais e estrangeiros. Essa realidade levou o Estado a permitir que a lei estrangeira tenha eficácia em seu território, sem comprometer a soberania nacional, admitindo assim o sistema da **extraterritorialidade**.

Pelo sistema da territorialidade, a norma jurídica aplica-se no território do Estado, estendendo-se às embaixadas, consulados, navios de guerra onde quer que se encontrem, navios mercantes em águas territoriais ou em alto-mar, navios estrangeiros (menos os de guerra) em águas territoriais, aeronaves no espaço aéreo do Estado e barcos de guerra onde quer que se encontrem.

O Brasil segue o sistema da **territorialidade moderada**, sujeita a regras especiais, que determinam quando e em que casos pode ser invocado o direito alienígena (LINDB, arts. 7º e s.). Pela extraterritorialidade, a norma é aplicada em território de outro Estado, segundo os princípios e convenções internacionais. Estabelece-se um privilégio pelo qual certas pessoas escapam à jurisdição do Estado em cujo território se achem, submetendo-se apenas à jurisdição do seu país. A norma estrangeira passa a integrar momentaneamente o direito nacional, para solucionar determinado caso submetido à apreciação judicial. Denomina-se **estatuto pessoal** a situação jurídica que rege o estrangeiro pelas leis de seu país de origem. Baseia-se ele na lei da nacionalidade ou na lei do domicílio. Dispõe, com efeito, o art. 7º da Lei de Introdução às normas do Direito Brasileiro que: "A lei do país em que for **domiciliada** a pessoa determina as regras sobre o começo e o fim da personalidade, o nome, a capacidade e os direitos de família".

Verifica-se que, pela atual Lei de Introdução, o estatuto pessoal funda-se na lei do **domicílio**, na lei do país onde a pessoa é domiciliada, ao contrário da anterior, que se baseava na nacionalidade. Em determinados casos, o juiz aplicará o direito alienígena, em vez do direito interno. Por exemplo, se uma brasileira e um estrangeiro residente em seu país pretenderem casar-se no Brasil, tendo ambos vinte e um anos de idade, e a lei do país de origem do noivo exigir o consentimento dos pais para o casamento de menores de vinte e dois anos, como acontece na Argentina, precisará ele exibir tal autorização, por aplicar-se no Brasil a lei de seu domicílio. No entanto, dispensável será tal autorização se o noivo estrangeiro aqui tiver domicílio. Aplicar-se-á a lei brasileira, porque o casamento realizar-se-á no Brasil e o estrangeiro encontra-se aqui domiciliado. O conceito de domicílio é dado pela *lex fori* (lei do foro competente, da jurisdição onde se deve processar a demanda). O juiz brasileiro ater-se-á à noção de domicílio assentada nos arts. 70 e s. do Código Civil.

O § 1º do art. 7º da Lei de Introdução prescreve: "Realizando-se o casamento no Brasil, será aplicada a lei brasileira quanto aos impedimentos dirimentes e às formalidades da celebração". Ainda que os nubentes sejam estrangeiros, a lei brasileira será aplicável (*lex loci atus*), inclusive no tocante aos impedimentos dirimentes, absolutos e relativos (CC, arts. 1.521 e 1.550). Não, porém, com relação aos impedimentos proibitivos ou meramente impedientes (art. 1.523), que não invalidam o casamento e são considerados apenas "causas suspensivas". O estrangeiro domiciliado fora do país que se casar no Brasil não estará sujeito a tais sanções se estas não forem previstas na sua lei pessoal.

De acordo com o § 2º do aludido art. 7º, "o casamento de estrangeiros pode celebrar-se perante as autoridades diplomáticas ou consulares do país de ambos os nubentes". Nesse caso, o casamento será celebrado segundo a lei do país do celebrante. Mas o cônsul estrangeiro só poderá realizar matrimônio quando ambos os contraentes forem conacionais. Cessa a sua competência se um deles for de nacionalidade diversa. Os estrangeiros domiciliados no Brasil terão de procurar a autoridade brasileira. O casamento de brasileiros no exterior pode ser celebrado perante a autoridade consular brasileira, desde que ambos os nubentes sejam brasileiros, mesmo que domiciliados fora do Brasil. Não poderá, portanto, ocorrer no consulado o casamento de brasileira com estrangeiro.

É também a lei do domicílio dos nubentes que disciplina o regime de bens no casamento (art. 7º, § 4º). Se os domicílios forem diversos, aplicar-se-á a lei do primeiro domicílio do casal. O divórcio obtido no estrangeiro será reconhecido no Brasil, se os cônjuges forem brasileiros (Lei n. 12.036, de 1º-10-2009), desde que observadas as normas do Código Civil brasileiro e homologada a sentença pelo Superior Tribunal de Justiça. Sem a observância de tais formalidades, subsiste o impedimento para novo casamento.

"As autoridades consulares brasileiras também poderão celebrar a separação consensual e o divórcio consensual de brasileiros, não havendo filhos menores ou incapazes do casal e observados os requisitos legais quanto aos prazos, devendo constar da respectiva escritura pública as disposições relativas à descrição e à partilha dos bens comuns e à pensão alimentícia e, ainda, ao acordo quanto à retomada pelo cônjuge de seu nome de solteiro ou à manutenção do nome adotado quando se deu o casamento" (art. 18, § 1º, da LINDB, introduzido pela Lei n. 12.874, de 29-10-2013).

Regem-se ainda pela lei do domicílio a sucessão *causa mortis* (art. 10) e a competência da autoridade judiciária (art. 12). Há, porém, um limite à extraterritorialidade da lei: as leis, os atos e as sentenças de outro país, bem como quaisquer declarações de vontade, não terão eficácia no Brasil, quando ofenderem a soberania nacional, a ordem pública e os bons costumes (art. 17). Segundo prescreve o art. 10 da Lei de Introdução às normas do Direito Brasileiro, a sucessão por morte ou por ausência obedece à lei do país em que era domiciliado o defunto ou o desaparecido, qualquer que seja a natureza e a situação dos bens. É a lei do domicílio do *de cujus*, portanto, que rege as condições de validade do testamento por ele deixado. Mas é a lei do domicílio do herdeiro ou legatário que regula a capacidade para suceder (art. 10, § 2º). A sucessão de bens de estrangeiros situados no País será regulada pela lei brasileira em benefício do cônjuge ou dos filhos brasileiros, ou de quem os represente, sempre que não lhes seja mais favorável a lei pessoal do *de cujus* (§ 1º, com a redação dada pela Lei n. 9.047, de 18-5-1995). O art. 12 resguarda a competência da justiça brasileira, quando o réu for domiciliado no Brasil ou aqui tiver de ser cumprida a obrigação, aduzindo no § 1º que só à autoridade brasileira compete conhecer das ações relativas a imóveis situados no Brasil.

As sentenças proferidas no estrangeiro dependem, para ser executadas no Brasil, do preenchimento dos requisitos mencionados no art. 15 da Lei de Introdução: **a)** haver sido proferida por juiz competente; **b)** terem sido as partes citadas ou haver-se legalmente verifi-

Direito Civil — Parte Geral

cado a revelia; **c)** ter passado em julgado e estar revestida das formalidades necessárias para a execução no lugar em que foi proferida; **d)** estar traduzida por intérprete autorizado; **e)** ter sido homologada pelo Superior Tribunal de Justiça.

O art. 515, VIII, do Código de Processo Civil inclui a sentença estrangeira "homologada pelo Superior Tribunal de Justiça" no rol dos "títulos executivos judiciais". E o art. 963 do referido diploma estabelece os requisitos indispensáveis à homologação dela.

A Emenda Constitucional n. 45, de 8 de dezembro de 2004, acrescentou, ao art. 105 da Constituição Federal, a alínea *i*, estabelecendo a competência do Superior Tribunal de Justiça para "a homologação de sentenças estrangeiras e a concessão de *exequatur* às cartas rogatórias".

Esse controle ou juízo de delibação visa somente ao exame formal do cumprimento daqueles requisitos e de inocorrência de ofensa à ordem pública e à soberania nacional, para se imprimir eficácia à decisão estrangeira no território brasileiro, sem que haja reexame do mérito da questão. Mas não é necessário o juízo de delibação para o cumprimento de carta rogatória estrangeira, porque não tem caráter executório, nem para a execução de título executivo extrajudicial oriundo de Estado estrangeiro (CPC, art. 784, IX, § 2º).

Como exceção à lei do domicílio, admite a Lei de Introdução a aplicação da *lex rei sitae* (lei da situação da coisa) para qualificar os bens e regular as relações a eles concernentes (art. 8º), embora determine que se aplique a lei do domicílio do proprietário, quanto aos móveis que trouxer ou se destinarem a transporte para outros lugares. Para qualificar e reger as obrigações, no entanto, aplicar-se-á a lei do país em que se constituírem, segundo dispõem o art. 9º e a regra *locus regit actum*. Também a prova dos fatos ocorridos em país estrangeiro rege-se pela lei que nele vigorar (art. 13).

O Código de Bustamante, que constitui uma sistematização das normas de direito internacional privado, foi ratificado no Brasil, com algumas ressalvas, e, na forma de seu art. 2º, integra o sistema jurídico nacional, no tocante aos chamados conflitos de lei no espaço, podendo ser invocado como direito positivo brasileiro somente quando tais conflitos envolverem um brasileiro e um nacional de Estado que tenha sido signatário da Convenção de Havana de 1928. Apesar de o Brasil tê-lo ratificado, a Lei de Introdução deixou de consagrar as regras fundamentais de sua orientação.

Quadro sinótico

Eficácia da lei no espaço	Em razão da soberania estatal, a norma tem aplicação dentro do território delimitado pelas fronteiras do Estado. Esse princípio da territorialidade, entretanto, não é absoluto. A necessidade de regular relações entre nacionais e estrangeiros levou o Estado a permitir que a lei estrangeira tenha eficácia em seu território, sem comprometer a soberania nacional, admitindo, assim, o sistema da extraterritorialidade. O Brasil segue o sistema da territorialidade moderada, sujeita a regras especiais, que determinam quando e em que casos pode ser invocado o direito alienígena (LINDB, arts. 7º e s.).

10 ALTERAÇÕES INTRODUZIDAS PELA LEI N. 13.655, DE 25 DE ABRIL DE 2018

A mencionada lei introduziu 10 (dez) artigos na LINDB, cujo objetivo principal é estabelecer que as esferas administrativas (órgãos da administração direta) e de controle (Tribunais de Contas, p. ex.), além do Judiciário, não decidam com base em "valores jurídicos abstratos", sem que as consequências práticas da decisão sejam consideradas.

Parte Geral do Código Civil

Livro I
DAS PESSOAS

Título I
DAS PESSOAS NATURAIS

Capítulo I
DA PERSONALIDADE E DA CAPACIDADE

1 CONCEITO DE PESSOA NATURAL

É o ser humano considerado sujeito de direitos e deveres (CC, art. 1º). Para ser pessoa, basta existir.

Toda pessoa é dotada de personalidade, isto é, tem capacidade para figurar em uma relação jurídica. Toda pessoa (não os animais, nem os seres inanimados) tem aptidão genérica para adquirir direitos e contrair obrigações (personalidade). O art. 1º, ao proclamar que toda "pessoa é capaz de direitos e deveres na ordem civil", entrosa o conceito de capacidade com o de personalidade.

Capacidade é a medida da personalidade. A que todos possuem (art. 1º) é a capacidade de direito (de **aquisição** ou de **gozo** de direitos). Mas nem todos possuem a capacidade de fato (de exercício do direito), que é a aptidão para exercer, por si só, os atos da vida civil, também chamada de "capacidade de ação". Os recém-nascidos e os amentais sob curatela têm somente a capacidade de direito (de aquisição de direitos), podendo, por exemplo, herdar. Mas não têm a capacidade de fato (de exercício). Para propor qualquer ação em defesa da herança recebida, precisam ser representados pelos pais e curadores.

Capacidade não se confunde com legitimação. Esta é a aptidão para a prática de determinados atos jurídicos. Assim, o ascendente é genericamente capaz, mas só estará legitimado a vender a um descendente se o seu cônjuge e os demais descendentes expressamente consentirem (CC, art. 496).

Quem tem as duas espécies de capacidade tem capacidade **plena**. Quem só tem a de direito tem capacidade **limitada** e necessita de outra pessoa que substitua ou complete a sua vontade. São, por isso, chamados de "incapazes".

Quadro sinótico

Conceito de pessoa natural	É o ser humano considerado sujeito de direitos e deveres (CC, art. 1º). Para ser pessoa, basta existir.

Capacidade	É a maior ou menor extensão dos direitos de uma pessoa. É, portanto, a medida da personalidade. Espécies: a) de direito ou de gozo, que é a aptidão que todos possuem (CC, art. 1º) de adquirir direitos; b) de fato ou de exercício, que é a aptidão para exercer, por si só, os atos da vida civil.

2 DAS INCAPACIDADES

No direito brasileiro não existe incapacidade de direito, porque todos se tornam, ao nascer, capazes de adquirir direitos (CC, art. 1º). Existe, portanto, somente incapacidade de fato ou de exercício. Incapacidade, portanto, é a restrição legal ao exercício de atos da vida civil. E pode ser de duas espécies: absoluta e relativa.

A absoluta (art. 3º) acarreta a proibição total do exercício, por si só, do direito. O ato somente poderá ser praticado pelo representante legal do absolutamente incapaz, sob pena de nulidade (CC, art. 166, I).

A relativa (art. 4º) permite que o incapaz pratique atos da vida civil, desde que assistido, sob pena de anulabilidade (CC, art. 171, I). Certos atos, porém, pode o incapaz praticar sem a assistência de seu representante legal, como ser testemunha (art. 228, I), aceitar mandato (art. 666), fazer testamento (art. 1.860, parágrafo único), exercer cargos públicos (art. 5º, parágrafo único, III), casar (art. 1.517), ser eleitor, celebrar contrato de trabalho etc.

As incapacidades, absoluta ou relativa, são supridas, pois, pela representação e pela assistência (art. 1.634, V, com redação dada pela Lei n. 13.058, de 22-12-2014). Na representação, o incapaz não participa do ato, que é praticado somente por seu representante. Na assistência, reconhece-se ao incapaz certo discernimento e, portanto, ele é quem pratica o ato, mas não sozinho, e sim acompanhado, isto é, assistido por seu representante. Se o ato consistir, por exemplo, na assinatura de um contrato, este deverá conter a assinatura de ambos. Na representação, somente o representante do incapaz assina o contrato.

O Código Civil contém um sistema de proteção aos incapazes. Em vários dispositivos constata-se a intenção do legislador em protegê-los, como nos capítulos referentes ao poder familiar, à tutela, à prescrição, às nulidades e outros. Entretanto, nesse sistema de proteção não está incluída a *restitutio in integrum* (benefício de restituição), que existia no direito romano e consistia na possibilidade de se anular o negócio válido, mas que se revelou prejudicial ao incapaz. Hoje, se o negócio foi validamente celebrado (observados os requisitos da representação e da assistência, e autorização judicial, quando necessária), não se poderá pretender anulá-lo se, posteriormente, mostrar-se prejudicial ao incapaz.

2.1. INCAPACIDADE ABSOLUTA: OS MENORES DE DEZESSEIS ANOS

O art. 3º do Código Civil considerava absolutamente incapazes: os menores de dezesseis anos; os que, por enfermidade ou deficiência mental, não tiverem o necessário discernimento para a prática dos atos da vida civil; e os que, mesmo por causa transitória, não puderem exprimir sua vontade.

A Lei n. 13.146, de 6 de julho de 2015, denominada "Estatuto da Pessoa com Deficiência", promoveu uma profunda mudança no sistema das incapacidades, alterando substancialmente a redação dos arts. 3º e 4º do Código Civil, que passou a ser a seguinte: "Art. 3º São absolutamente incapazes de exercer pessoalmente os atos da vida civil os menores de 16 (dezesseis) anos". "Art. 4º São incapazes, relativamente a certos atos ou à maneira de os exercer: I – os maiores de dezesseis e menores de dezoito anos; II – os ébrios habituais e os

Direito Civil — Parte Geral

viciados em tóxico; III – aqueles que, por causa transitória ou permanente, não puderem exprimir sua vontade; IV – os pródigos. Parágrafo único. A capacidade dos **indígenas** será regulada por legislação especial".

Observa-se que o art. 3º, que trata dos absolutamente incapazes, teve todos os seus incisos revogados, apontando no *caput*, como únicas pessoas com essa classificação, "**os menores de 16 (dezesseis) anos**".

Por sua vez, o art. 4º, que relaciona os relativamente incapazes, manteve, no inciso I, os "**maiores de dezesseis e menores de dezoito anos**", mas suprimiu, no inciso II, "os que, por deficiência mental, tenham o discernimento reduzido". Manteve apenas "**os ébrios habituais e os viciados em tóxico**". E, no inciso III, suprimiu "os excepcionais, sem desenvolvimento mental completo", substituindo-os pelos que, "**por causa transitória ou permanente, não puderem exprimir sua vontade**". Os **pródigos** permanecem no inciso IV como relativamente incapazes.

Destina-se a aludida Lei n. 13.146/2015, como proclama o art. 1º, "a assegurar e a promover, em condições de igualdade, o exercício dos direitos e das liberdades fundamentais por pessoa com deficiência, visando à sua inclusão social e cidadania". A consequência direta e imediata dessa alteração legislativa é que **a pessoa com deficiência agora é considerada plenamente capaz, salvo se não puder exprimir sua vontade – caso em que será considerada relativamente incapaz (art. 4º, III), podendo, quando necessário, ter um curador nomeado em processo judicial (Estatuto da Pessoa com Deficiência, art. 84)**. Observe-se que a incapacidade relativa não decorre propriamente da deficiência, mas da impossibilidade de exprimir a sua vontade. O art. 6º da referida lei declara que: "A deficiência não afeta a plena capacidade civil da pessoa". E o art. 84, *caput*, estatui categoricamente que: "A pessoa com deficiência tem assegurado o direito ao exercício de sua capacidade legal **em igualdade de condições com as demais pessoas**". Quando necessário, aduz o § 1º, "a pessoa com deficiência será submetida à **curatela**, conforme a lei".

Pretendeu o legislador, com essas inovações, impedir que a pessoa com deficiência seja considerada e tratada como incapaz, tendo em vista os princípios constitucionais da igualdade e da dignidade humana. O objetivo foi promover a autonomia da pessoa nas mais diversas esferas de atuação social, entre as quais o trabalho, o lazer, a cultura, a constituição de família e a administração de suas relações patrimoniais e negociais.

Permanecem, assim, como já dito, como *absolutamente incapazes* somente **os menores de 16 anos**. São os menores impúberes, que ainda não atingiram a maturidade suficiente para participar da atividade jurídica.

A 3ª Câmara de Direito Privado do Tribunal de Justiça de São Paulo, em acórdão relatado pelo Des. Donegá Morandini, deu provimento a recurso de apelação, reformando sentença que havia declarado absolutamente incapaz pessoa com doença psíquica irreversível, nomeando parente próximo como curador. Ressaltou o mencionado Relator que a incapacidade, nesses casos, é sempre relativa, uma vez que o reconhecimento da insuficiência mental absoluta está restrito às pessoas menores de 16 anos. E a curatela se limita a atos de natureza patrimonial e negocial.

A incapacidade abrange as pessoas dos dois sexos. O que se leva em conta, na fixação desse limite, que não é igual em todos os países, é o desenvolvimento mental do indivíduo. Alguns países não fazem distinção entre incapacidade absoluta e relativa. Outros, como a Argentina, consideram absolutamente incapazes somente os menores de quatorze anos. O Código Civil italiano, no entanto, faz cessar tal incapacidade aos dezoito anos, salvo casos especiais.

2.2. INCAPACIDADE RELATIVA

O art. 4º do Código Civil considerava incapazes, relativamente a certos atos ou à maneira de os exercer, os maiores de dezesseis e menores de dezoito anos; os ébrios habituais, os viciados em tóxicos e os que, por deficiência mental, tenham o discernimento reduzido; os excepcionais, sem desenvolvimento mental completo; e os pródigos. No parágrafo único declarava que a "capacidade dos índios será regulada por legislação especial" (*v. n. 2.2.5, infra*).

A Lei n. 13.146, de 6 de julho de 2015, denominada "Estatuto da Pessoa com Deficiência", por sua vez, conferiu nova redação ao aludido dispositivo, *verbis*: "Art. 4º São incapazes, relativamente a certos atos ou à maneira de os exercer: I – os maiores de dezesseis e menores de dezoito anos; II – os ébrios habituais e os viciados em tóxico; III – aqueles que, por causa transitória ou permanente, não puderem exprimir sua vontade; IV – os pródigos. Parágrafo único. A capacidade dos indígenas será regulada por legislação especial".

Como as pessoas supramencionadas têm algum discernimento, não ficam afastadas da atividade jurídica, podendo praticar determinados atos por si sós. Estes, porém, constituem exceções, pois elas devem estar assistidas por seus representantes, para a prática dos atos em geral, sob pena de anulabilidade. Estão em uma situação intermediária entre a capacidade plena e a incapacidade total.

2.2.1. OS MAIORES DE DEZESSEIS E MENORES DE DEZOITO ANOS

Os maiores de dezesseis e menores de dezoito anos são os menores púberes. Já vimos que podem praticar apenas determinados atos sem a assistência de seus representantes: aceitar mandato, ser testemunha, fazer testamento etc. Não se tratando desses casos especiais, necessitam da referida assistência, sob pena de anulabilidade do ato, se o lesado tomar providências nesse sentido e o vício não houver sido sanado.

Se, entretanto, dolosamente, ocultarem a sua idade ou espontaneamente declararem-se maiores, no ato de se obrigar, perderão a proteção que a lei confere aos incapazes e não poderão, assim, anular a obrigação ou eximir-se de cumpri-la (CC, art. 180). Exige-se, no entanto, que o erro da outra parte seja escusável. Se não houve malícia por parte do menor, anula-se o ato, para protegê-lo. Como ninguém pode locupletar-se à custa alheia, determina-se a restituição da importância paga ao menor se ficar provado que o pagamento nulo reverteu em proveito dele (CC, art. 181). O incapaz responde pelos prejuízos que causar, se as pessoas por ele responsáveis não tiverem obrigação de fazê-lo ou não dispuserem de meios suficientes (CC, art. 928). A indenização, "que deverá ser equitativa, não terá lugar se privar do necessário o incapaz ou as pessoas que dele dependem" (parágrafo único). Adotou-se, pois, o princípio da responsabilidade *subsidiária* e *mitigada* dos incapazes.

Os portadores de *deficiência*, considerados pessoas capazes pela Lei n. 13.146/2015, responderão, todavia, com seus próprios bens, pelos danos que causarem a terceiros, afastada a responsabilidade subsidiária criada pelo aludido art. 928 do Código Civil. São também responsáveis pela reparação civil "os pais, pelos filhos menores que estiverem sob sua autoridade e em sua companhia", bem como o tutor, pelos pupilos "que se acharem nas mesmas condições" (CC, art. 932, I e II).

2.2.2. OS ÉBRIOS HABITUAIS E OS VICIADOS EM TÓXICO

O atual Código Civil, valendo-se de subsídios da ciência médico-psiquiátrica, incluiu os ébrios habituais, os toxicômanos e os deficientes mentais de discernimento reduzido no rol dos *relativamente incapazes*. Esses últimos, todavia, foram excluídos do referido rol pela Lei n. 13.146, de 6-7-2015, que nele manteve apenas os dois primeiros.

Direito Civil — Parte Geral

Somente, porém, os alcoólatras ou dipsômanos (os que têm impulsão irresistível para beber) e os toxicômanos, isto é, os viciados no uso e dependentes de substâncias alcoólicas ou entorpecentes, enquadram-se no inciso II do art. 4º. Os usuários eventuais que, por efeito transitório dessas substâncias, ficarem impedidos de exprimir plenamente sua vontade ajustam-se no inciso III do aludido dispositivo.

Os viciados em tóxico que venham a sofrer redução da capacidade de entendimento, dependendo do grau de intoxicação e dependência, poderão ser, excepcionalmente, considerados com deficiência pelo juiz, que procederá à graduação da curatela, na sentença, conforme o nível de intoxicação e comprometimento mental (Lei n. 13.146/2015, art. 84 e parágrafos). Assim também procederá o juiz se a embriaguez houver evoluído para um quadro patológico, aniquilando a capacidade de autodeterminação do viciado.

Preceitua o art. 755, I e II, do Código de Processo Civil que, na sentença que decretar a interdição, o juiz nomeará curador, que poderá ser o requerente da interdição, e fixará os limites da curatela, segundo o estado e o desenvolvimento mental do interdito e considerará as características pessoais do interdito, observando suas potencialidades, habilidades, vontades e preferências.

2.2.3. OS QUE, POR CAUSA TRANSITÓRIA OU PERMANENTE, NÃO PUDEREM EXPRIMIR SUA VONTADE

A expressão, também genérica, não abrange as pessoas portadoras de doença ou deficiência mental permanentes referidas no revogado inciso II do art. 3º do Código Civil, ou seja, os amentais, hoje considerados plenamente capazes, salvo se não puderem exprimir sua vontade. Estes, bem como as demais pessoas que também não puderem, serão tratados como relativamente incapazes (CC, art. 4º, III), seja a causa permanente (doença mental), seja transitória (em virtude de alguma patologia, por exemplo, arteriosclerose, excessiva pressão arterial, paralisia, embriaguez não habitual, uso eventual e excessivo de entorpecentes ou de substâncias alucinógenas, hipnose ou outras causas semelhantes, mesmo não permanentes).

É anulável, assim, o ato jurídico exercido pela pessoa de condição psíquica normal, mas que se encontrava completamente embriagada no momento em que o praticou e que, em virtude dessa situação transitória, não se encontrava em perfeitas condições de exprimir a sua vontade.

O atual Código, diversamente do diploma de 1916, não inseriu os *ausentes* no rol das pessoas absolutamente incapazes, dedicando-lhes capítulo próprio (arts. 22 a 39).

A surdo-mudez deixou também de ser causa autônoma de incapacidade. Os *surdos-mudos*, mesmo com deficiência, são considerados pessoas plenamente capazes (Lei n. 13.146/2015, arts. 6º e 84).

2.2.4. OS PRÓDIGOS

Pródigo é o indivíduo que dissipa o seu patrimônio desvairadamente. Trata-se de um desvio da personalidade e não, propriamente, de um estado de alienação mental. Pode ser submetido à curatela (art. 1.767, V), promovida pelo cônjuge ou companheiro, pelos parentes ou tutores, pelo representante da entidade em que se encontra abrigado o interditando e pelo Ministério Público (CPC, art. 747).

Ao contrário do Código Civil de 1916, o atual não permite a interdição do pródigo para favorecer a seu cônjuge, ascendentes ou descendentes, mas, sim, para protegê-lo, não reproduzindo a parte final do art. 461 do diploma de 1916, que permitia o levantamento da interdição não existindo mais os parentes designados no artigo anterior, artigo este que também não foi mantido.

O pródigo só ficará privado, no entanto, de praticar, sem curador, atos que extravasam a mera administração (esta, poderá exercer) e implicam comprometimento do patrimônio, como emprestar, transigir, dar quitação, alienar, hipotecar, demandar ou ser demandado (CC, art. 1.782). Pode praticar, validamente e por si só, os atos da vida civil que não envolvam o seu patrimônio e não se enquadrem nas restrições mencionadas. Pode, assim, casar, fixar o domicílio do casal, dar autorização para casamento dos filhos etc.

2.2.5. CURATELA DE PESSOAS CAPAZES (COM DEFICIÊNCIA) E INCAPAZES

2.2.5.1. O procedimento da curatela

O processo de interdição segue o rito estabelecido nos arts. 747 e s. do Código de Processo Civil, bem como as disposições da Lei n. 6.015/73, sendo a sentença de natureza declaratória de uma situação ou estado anterior. Para assegurar a sua eficácia *erga omnes*, deve ser registrada em livro especial no Cartório do 1º Ofício do Registro Civil da comarca em que for proferida (LRP, art. 92) e publicada três vezes na imprensa local e na oficial.

É nulo o ato praticado pelo enfermo ou pessoa com deficiência mental depois dessas providências. Entretanto, como é a insanidade mental e não a sentença de interdição que determina a incapacidade, uma corrente sustenta que é sempre nulo, também, o ato praticado pelo incapaz antes da interdição. Outra corrente, porém, inspirada no direito francês, entende que deve ser respeitado o direito do terceiro de boa-fé que contrata com o privado do necessário discernimento sem saber das suas deficiências psíquicas. Para essa corrente, somente é nulo o ato praticado pelo amental se fosse notório o estado de loucura, isto é, de conhecimento público geral (cf. *RT*, 625:166). O Superior Tribunal de Justiça, todavia, tem proclamado a nulidade mesmo que a incapacidade seja desconhecida da outra parte e só protegido o adquirente de boa-fé com a retenção do bem até a devolução do preço pago, devidamente corrigido, e a indenização das benfeitorias (REsp 296.895, 3ª T., Rel. Min. Menezes Direito, *DJU*, 6-5-2004).

A velhice ou senilidade, por si só, não é causa de limitação da capacidade, salvo se motivar um estado patológico que afete o estado mental.

2.2.5.2. A tomada de decisão apoiada

O art. 1.780 do Código Civil foi expressamente revogado pelo art. 123, VII, do Estatuto da Pessoa com Deficiência (Lei n. 13.146/ 2015), que trata da nova figura denominada "tomada de decisão apoiada". O art. 1.783-A do Código Civil, criado pelo Estatuto em apreço e que supre a mencionada revogação, ampliando o seu âmbito, dispõe que: "A tomada de decisão apoiada é o processo pelo qual a pessoa com deficiência elege pelo menos 2 (duas) pessoas idôneas, com as quais mantenha vínculos e que gozem de sua confiança, para prestar-lhe apoio na tomada de decisão sobre atos da vida civil, fornecendo-lhe os elementos e informações necessários para que possa exercer sua capacidade".

O referido dispositivo aplica-se aos casos de pessoas que possuem algum tipo de deficiência, mas *podem, todavia, exprimir a sua vontade*. O caso típico é o da pessoa com síndrome de Down, que a torna uma pessoa com deficiência, mas não acarreta, necessariamente, impedimento para a manifestação da sua vontade. Neste caso, não se justifica a classificação dessa pessoa como relativamente incapaz, sujeita à curatela.

"O pedido de tomada de decisão apoiada será requerido pela pessoa a ser apoiada, com indicação expressa das pessoas aptas a prestarem o apoio previsto no *caput* deste artigo" (CC, art. 1.783-A, § 2º).

Direito Civil — Parte Geral

2.2.6. OS ÍNDIOS

Índios ou silvícolas são os habitantes das selvas, não integrados à civilização. Nos termos do art. 4º, parágrafo único, do Código Civil, a "capacidade dos indígenas será regulada por legislação especial".

O diploma legal que atualmente regula a situação jurídica dos índios no País é a Lei n. 6.001, de 19 de dezembro de 1973, que dispõe sobre o Estatuto do Índio, proclamando que ficarão sujeitos à tutela da União, até se adaptarem à civilização. Referida lei considera nulos os negócios celebrados entre um índio e pessoa estranha à comunidade indígena, sem a participação da Fundação Nacional dos Povos Indígenas (Funai), enquadrando-o, pois, como absolutamente incapaz. Entretanto, declara que se considerará válido tal ato se o índio revelar consciência e conhecimento do ato praticado e, ao mesmo tempo, tal ato não o prejudicar.

A Fundação Nacional dos Povos Indígenas foi criada pela Lei n. 5.371/67 para exercer a tutela dos indígenas, em nome da União. A Lei dos Registros Públicos (LRP – Lei n. 6.015/73) estabelece, no art. 50, § 2º, que os "índios, enquanto não integrados, não estão obrigados a inscrição do nascimento. Este poderá ser feito em livro próprio do órgão federal de assistência aos índios".

A tutela dos índios origina-se no âmbito administrativo. O que vive nas comunidades não integradas à civilização já nasce sob tutela. É, portanto, independentemente de qualquer medida judicial, incapaz desde o nascimento, até que preencha os requisitos exigidos pelo art. 9º da Lei n. 6.001/73 (idade mínima de 21 anos, conhecimento da língua portuguesa, habilitação para o exercício de atividade útil à comunidade nacional, razoável compreensão dos usos e costumes da comunhão nacional) e seja liberado por ato judicial, diretamente, ou por ato da Funai homologado pelo órgão judicial. Poderá o Presidente da República, por decreto, declarar a emancipação de uma comunidade indígena e de seus membros. Competente para cuidar das questões referentes aos índios é a Justiça Federal.

A tutela do indígena não integrado à comunhão nacional tem a finalidade de protegê-lo, à sua pessoa e aos seus bens. Além da assistência da Funai, o Ministério Público Federal funcionará nos processos em que haja interesse dos índios e, inclusive, proporá as medidas judiciais necessárias à proteção de seus direitos.

3 CESSAÇÃO DA INCAPACIDADE

Cessa a incapacidade, em primeiro lugar, quando cessar a sua causa (enfermidade mental, menoridade etc.) e, em segundo lugar, pela emancipação. A menoridade cessa aos dezoito anos completos (CC, art. 5º), isto é, no primeiro momento do dia em que o indivíduo perfaz os dezoito anos. Se é nascido no dia 29 de fevereiro de ano bissexto, completa a maioridade no dia 1º de março.

A emancipação pode ser de três espécies: voluntária, judicial ou legal. A voluntária é a concedida pelos pais, se o menor tiver dezesseis anos completos (CC, art. 5º, parágrafo único, I). A judicial é a concedida por sentença, ouvido o tutor, em favor do tutelado que já completou dezesseis anos. A legal é a que decorre de determinados fatos previstos na lei, como o casamento, o exercício de emprego público efetivo, a colação de grau em curso de ensino superior e o estabelecimento com economia própria, civil ou comercial, ou a existência de relação de emprego, tendo o menor dezesseis anos completos. A emancipação voluntária deve ser concedida por ambos os pais, ou por um deles na falta do outro. A impossibilidade de qualquer deles participar do ato, por se encontrar em local ignorado ou por outro motivo relevante, deve ser devidamente justificada em juízo. Se divergirem entre si, a divergência deverá ser dirimida pelo juiz. Quanto à forma, é expressamente exigido o instrumento público, independentemente de homologação judicial (art. 5º, parágrafo único, I).

Tal espécie de emancipação só não produz, segundo a jurisprudência, inclusive a do Supremo Tribunal Federal, o efeito de isentar os pais da obrigação de indenizar as vítimas dos atos ilícitos praticados pelo menor emancipado, para evitar emancipações maliciosas. Essa afirmação só se aplica às emancipações voluntariamente concedidas pelos pais, não às demais espécies.

Se o menor estiver sob tutela, deverá requerer sua emancipação ao juiz, que a concederá por sentença, depois de verificar a conveniência do deferimento para o bem do menor. O tutor não pode emancipá-lo. Evitam-se, com isso, emancipações destinadas apenas a livrar o tutor dos ônus da tutela.

As emancipações voluntária e judicial devem ser registradas em livro próprio do 1º Ofício do Registro Civil da comarca do domicílio do menor, anotando-se também, com remissões recíprocas, no assento de nascimento (CC, art. 9º, I; LRP, art. 107, § 1º). Antes do registro, não produzirão efeito (LRP, art. 91, parágrafo único). Quando concedida por sentença, deve o juiz comunicar, de ofício, a concessão ao escrivão do Registro Civil. A emancipação legal (casamento, emprego público etc.) independe de registro e produzirá efeitos desde logo, isto é, a partir do ato ou do fato que a provocou.

Decidiu o Tribunal de Justiça do Rio Grande do Sul que o fato de conviver em união estável não é motivo para conceder emancipação a jovem menor, de apenas 15 anos de idade. Afinal, afirmou o relator, esse regime de união se equipara ao casamento somente para a finalidade de constituir família (Ap. 70.042.308.163, 7ª Câm., j. 29-6-2011).

A emancipação, em qualquer de suas formas, é irrevogável. Não podem os pais, que voluntariamente emanciparam o filho, voltar atrás. Irrevogabilidade, entretanto, não se confunde com invalidade do ato (nulidade ou anulabilidade decorrente de coação, p. ex.), que pode ser reconhecida. O casamento válido produz o efeito de emancipar o menor. Se a sociedade conjugal logo depois se dissolver pela viuvez ou pela separação judicial, não retornará à condição de incapaz. O casamento nulo, entretanto, não produz nenhum efeito (CC, art. 1.563). Proclamada a nulidade, ou mesmo a anulabilidade, o emancipado retorna à situação de incapaz, salvo se o contraiu de boa-fé. Nesse caso, o casamento será putativo em relação a ele e produzirá todos os efeitos de um casamento válido, inclusive a emancipação (CC, art. 1.561).

No tocante ao exercício de emprego público, malgrado ainda dominante a corrente que exige tratar-se de emprego efetivo, afastando os interinos, contratados, diaristas, mensalistas etc., têm algumas decisões abrandado o rigor da lei, entendendo que deve prevalecer o *status* de servidor público, qualquer que seja o serviço ou função administrativa e o modo de sua investidura. O fato de ter sido admitido no serviço público já denota maturidade e discernimento, máxime quando a simples existência de relação de emprego, com estabelecimento de economia própria, é suficiente para a emancipação (CC, art. 5º, V).

A colação de grau em curso de ensino superior, e o estabelecimento civil ou comercial, ou a existência de relação de emprego, desde que, em função deles, o menor com dezesseis anos completos tenha economia própria, justificam a emancipação, por demonstrar maturidade própria do menor, afastando, nas duas últimas hipóteses, as dificuldades que a subordinação aos pais acarretaria, na gestão dos negócios, ou no exercício do emprego particular, ao mesmo tempo em que tutela o interesse de terceiros, que de boa-fé com ele estabeleceram relações comerciais.

A Lei n. 12.399, de 1º de abril de 2011, acrescenta o § 3º ao art. 974 do Código Civil, para dispor que o Registro Público de Empresas Mercantis a cargo das Juntas Comerciais "deverá registrar contratos ou alterações contratuais de sociedade que envolva sócio incapaz,

Direito Civil — Parte Geral

desde que atendidos, de forma conjunta, os seguintes pressupostos: I – o sócio incapaz não pode exercer a administração da sociedade; II – o capital social deve ser totalmente integralizado; III – o sócio relativamente incapaz deve ser assistido e o absolutamente incapaz deve ser representado por seus representantes legais".

Quadro sinótico

Incapacidade	Conceito	É a restrição legal ao exercício dos atos da vida civil.
	Espécies	**Absoluta** A que acarreta a proibição total do exercício dos atos da vida civil (art. 3º). O ato somente poderá ser praticado pelo representante legal do incapaz, sob pena de nulidade (art. 166, I). É o caso dos menores de 16 anos (art. 3º).
		Relativa A que permite que o incapaz pratique atos da vida civil, desde que assistido, sob pena de anulabilidade (art. 171, I). É o caso dos maiores de 16 e menores de 18 anos, dos ébrios habituais e toxicômanos, dos que, por causa transitória ou permanente, não puderem exprimir sua vontade, e dos pródigos (art. 4º, I a IV). Certos atos, porém, podem os maiores de 16 e menores de 18 anos praticar sem a assistência de seu representante legal, como, p. ex., fazer testamento (art. 1.860) e ser testemunha (art. 228, I).
	Cessação da incapacidade	Cessa a incapacidade quando desaparece a sua causa. Se esta for a menoridade, cessará em dois casos: a) pela maioridade, aos 18 anos; e b) pela emancipação, que pode ser voluntária, judicial e legal (art. 5º, parágrafo único).

4 COMEÇO DA PERSONALIDADE NATURAL

A personalidade civil da pessoa começa do nascimento com vida (CC, art. 2º) – o que se constata pela respiração. Antigamente, utilizava-se a técnica denominada "docimasia hidrostática de Galeno", extraindo-se os pulmões do que morreu durante o parto e colocando-os em um recipiente com água. Se não afundassem, era porque tinham inflado com a respiração, concluindo-se que o recém-nascido vivera. Hoje, a Medicina tem recursos mais modernos e eficazes para fazer tal constatação. De acordo com o art. 53, § 2º, da Lei dos Registros Públicos, se a pessoa respirou, viveu. Não se exige o corte do cordão umbilical, nem que seja viável (que tenha aptidão vital), nem que tenha forma humana. Nascendo vivo, ainda que morra em seguida, o novo ente chegou a ser pessoa, adquiriu direitos, e com sua morte os transmitiu.

Três teorias procuram explicar e justificar a situação jurídica do nascituro. A **natalista** afirma que a personalidade civil somente se inicia com o nascimento com vida; a da **personalidade condicional** sustenta que o nascituro é pessoa condicional, pois a aquisição da personalidade acha-se sob a dependência de condição suspensiva, o nascimento com vida, não se tratando propriamente de uma terceira teoria, mas de um desdobramento da teoria natalista, uma vez que também parte da premissa de que a personalidade tem início com o nascimento com vida; e a concepcionista admite que se adquire a personalidade antes do nascimento, ou seja, desde a concepção, ressalvados apenas os direitos patrimoniais, decorrentes de herança, legado e doação, que ficam condicionados ao nascimento com vida. Para os adeptos da teoria da **personalidade condicional**, o art. 130 do Código Civil permite ao titular de direito eventual, nos casos de condição suspensiva ou resolutiva, o exercício de atos destinados a conservá-lo, como requerer, representado pela mãe, a suspensão do inventário, em caso de morte do pai, estando a mulher grávida e não havendo outros descendentes, para se aguardar o nascimento. Vários dispositivos desse Código protegem o nascituro: arts. 542, 1.609, parágrafo único, 1.779 e outros.

O natimorto é registrado no livro "C Auxiliar", com os elementos que couberem (Lei n. 6.015/73, art. 53, § 1º). Se morrer na ocasião do parto, tendo porém respirado, serão feitos dois assentos: o de nascimento e o de óbito (§ 2º). São obrigados a fazer o registro, pela ordem: os pais, o parente mais próximo, os administradores de hospitais ou os médicos e parteiras, pessoa idônea da casa em que ocorrer o parto e a pessoa encarregada da guarda do menor (LRP, art. 52).

Uma considerável parcela da jurisprudência tem reconhecido a legitimidade processual do nascituro, representado pela mãe, para propor ação de investigação de paternidade com pedido de alimentos. A Lei n. 11.804, de 5 de novembro de 2008, que regulou os *alimentos gravídicos*, veio resolver esse problema, conferindo legitimidade ativa à própria gestante para a propositura da ação de alimentos. O objetivo da referida lei, em última análise, é proporcionar um nascimento com dignidade ao ser concebido.

O posicionamento do Superior Tribunal de Justiça a respeito dessa questão está refletido em acórdão da Terceira Turma, com a seguinte ementa:

"Os alimentos gravídicos, previstos na Lei n. 11.804/2008, visam a auxiliar a mulher gestante nas despesas decorrentes da gravidez, da concepção ao parto, sendo, pois, a gestante a beneficiária direta dos alimentos gravídicos, ficando, por via de consequência, resguardados os direitos do próprio nascituro. Com o nascimento com vida da criança, os alimentos gravídicos concedidos à gestante serão convertidos automaticamente em pensão alimentícia em favor do recém-nascido, com mudança, assim, da titularidade dos alimentos, sem que, para tanto, seja necessário pronunciamento judicial ou pedido expresso da parte, nos termos do parágrafo único do art. 6º da Lei n. 11.804/2008" (STJ, REsp 1.629.423, 3ª T., Rel. Min. Marco Aurélio Bellizze, j. 6-6-2017).

Já decidiu o Superior Tribunal de Justiça que "o direito de ação por dano moral é de natureza *patrimonial* e, como tal, transmite-se aos sucessores da vítima" (*RSTJ*, 71/183). Desse modo, o nascituro, como titular de direito eventual (CC, art. 130), só poderá propor medidas de conservação de seus direitos, por seu representante legal, não se podendo sequer falar em antecipação de tutela, que exige a titularidade da pretensão, titularidade esta que só será adquirida se o nascituro nascer com vida. O que se pode admitir é a aplicação do *jus superveniens*, representado pelo nascimento do lesado após o ajuizamento da ação (Carlos Roberto Gonçalves, *Responsabilidade civil*, p. 547, n. 96.2.2. V. também *RT*, 625/173).

A referida Corte, todavia, em julgamentos posteriores, tem acolhido a teoria concepcionista, reconhecendo ao nascituro o direito à reparação do dano moral, como retromencionado (REsp 399.029-SP).

Quadro sinótico

Começo da personalidade natural	A personalidade civil da pessoa começa do nascimento com vida – o que se constata pela respiração. Antes do nascimento não há personalidade. Mas o art. 2º do Código Civil ressalva os direitos do nascituro, desde a concepção. Nascendo com vida, ainda que venha a falecer instantes depois, a sua existência, no tocante aos seus interesses, retroage ao momento de sua concepção. Encontrando-se os seus direitos em estado potencial, sob condição suspensiva, o nascituro pode praticar atos necessários à sua conservação, como titular de direito eventual (art. 130).

Direito Civil — Parte Geral

5 EXTINÇÃO DA PERSONALIDADE NATURAL

Somente com a morte real termina a existência da pessoa natural, que pode ser também simultânea (comoriência). Doutrinariamente, pode-se falar em:

a) **Morte real**, prevista no art. 6º do Código Civil. Ocorre com o diagnóstico de paralisação da atividade encefálica, segundo o art. 3º da Lei n. 9.434/97, que dispõe sobre o transplante de órgãos, e extingue a capacidade. A sua prova faz-se pelo atestado de óbito ou pela justificação, em caso de catástrofe e não encontro do corpo (Lei n. 6.015/73, art. 88). Acarreta a extinção do poder familiar, a dissolução do vínculo matrimonial, a extinção dos contratos personalíssimos, a extinção da obrigação de pagar alimentos etc.

b) **Morte simultânea** ou **comoriência**, prevista no art. 8º do Código Civil. Se dois ou mais indivíduos falecerem na mesma ocasião (não precisa ser no mesmo lugar), não se podendo averiguar qual deles morreu primeiro, presumir-se-ão simultaneamente mortos. Alguns países adotaram outros critérios, como o de considerar falecida antes a pessoa mais idosa, a do sexo feminino etc.

Não há transferência de bens entre comorientes. Por conseguinte, se morre em acidente casal sem descendentes e ascendentes, sem se saber qual morreu primeiro, um não herda do outro. Assim, os colaterais da mulher ficarão com a meação dela, enquanto os colaterais do marido ficarão com a meação dele. Diversa seria a solução se houvesse prova de que um faleceu pouco antes do outro. O que viveu um pouco mais herdaria a meação do outro e, por sua morte, a transmitiria aos seus colaterais. O diagnóstico científico do momento exato da morte, modernamente representado pela paralisação da atividade cerebral, circulatória e respiratória, só pode ser feito por perito médico. Tendo em vista, porém, que "o juiz apreciará livremente a prova" (CPC, art. 371), cumpre-lhe, em primeiro plano, "de ofício ou a requerimento das partes, determinar as provas necessárias ao julgamento do mérito" (CPC, art. 370), ou seja, apurar, pelos meios probatórios regulares, desde a inquirição de testemunhas até os processos científicos empregados pela medicina legal, se alguma das vítimas precedeu na morte às outras. Na falta de um resultado positivo, vigora a presunção da simultaneidade da morte, sem atender a qualquer ordem de precedência, em razão da idade ou do sexo.

c) **Morte civil**, existente no direito romano, especialmente para os que perdiam o *status libertatis* (escravos). Há um resquício dela no art. 1.816 do Código Civil, que trata o herdeiro, afastado da herança por indignidade, como se ele "morto fosse antes da abertura da sucessão". Mas somente para afastá-lo da herança. Conserva, porém, a personalidade, para os demais efeitos. Também na legislação militar pode ocorrer a hipótese de a família do indigno do oficialato, que perde o seu posto e respectiva patente, perceber pensões, como se ele houvesse falecido.

d) **Morte presumida**, com ou sem declaração de ausência. Presume-se a morte, quanto aos ausentes, nos casos em que a lei autoriza a abertura de sucessão definitiva (CC, art. 6º, 2ª parte). A declaração de ausência produz efeitos patrimoniais, permitindo a abertura da sucessão provisória e, depois, a definitiva. Na última hipótese, constitui causa de dissolução da sociedade conjugal, nos termos do art. 1.571, § 1º, do Código Civil.

A lei que concedeu anistia às pessoas que perderam os seus direitos políticos por terem participado da Revolução de 1964 (Lei n. 6.683, de 28-8-1979) abriu uma exceção, permitindo aos familiares daqueles que desapareceram e cujos corpos não foram encontrados a propositura de ação de declaração de ausência para todos os efeitos, inclusive pessoais, sendo a sentença irrecorrível.

O art. 7º do Código Civil permite a *declaração* de morte presumida, para todos os efeitos, sem decretação de ausência: I – se for extremamente provável a morte de quem estava em perigo de vida; II – se alguém, desaparecido em campanha ou feito prisioneiro, não for encontrado até dois anos após o término da guerra. Segundo dispõe o parágrafo único, a "declaração da morte presumida, nesses casos, somente poderá ser requerida depois de esgotadas as buscas e averiguações, devendo a sentença fixar a data provável do falecimento".

Quadro sinótico

Extinção da personalidade natural	a) Morte real (CC, art. 6º, 1ª parte).
	b) Morte simultânea ou comoriência (art. 8º).
	c) Morte presumida (art. 6º, 2ª parte).
	d) Morte civil (art. 1.816).

6 INDIVIDUALIZAÇÃO DA PESSOA NATURAL

A pessoa identifica-se no seio da sociedade pelo nome, pelo estado e pelo domicílio.

6.1. NOME

A palavra "nome", como elemento individualizador da pessoa natural, é empregada em sentido amplo, indicando o nome completo.

6.1.1. CONCEITO

Nome é a designação pela qual a pessoa identifica-se no seio da família e da sociedade. Os criadores intelectuais muitas vezes identificam-se pelo pseudônimo. Dispõe o art. 19 do Código Civil que o "pseudônimo adotado para atividades lícitas goza da proteção que se dá ao nome".

6.1.2. NATUREZA JURÍDICA

Para uns, o nome tem a natureza de um "direito de propriedade". Essa corrente é inaceitável, porque a propriedade é alienável e tem características que não se compatibilizam com o nome. Outros falam em propriedade *sui generis*, o que é o mesmo que nada explicar. Limongi França, corretamente, o considera "um direito da personalidade". Assim também o Código Civil, que trata da proteção dispensada ao nome no capítulo referente aos "direitos da personalidade" (arts. 11 e s.).

Destacam-se, no estudo do nome, um aspecto público: é disciplinado pelo Estado (LRP, arts. 54 a 58; CC, arts. 16 a 19), que tem interesse na perfeita identificação das pessoas; e um aspecto individual: o direito ao nome ("Toda pessoa tem direito ao nome, nele compreendidos o prenome e o sobrenome" – CC, art. 16), que abrange o de usá-lo e o de defendê-lo contra usurpação (direito autoral) e contra exposição ao ridículo. Basta o interesse moral. Dispõe, com efeito, o art. 17 do Código Civil que o "nome da pessoa não pode ser empregado por outrem em publicações ou representações que a exponham ao desprezo público, ainda quando não haja intenção difamatória". Por sua vez, preceitua o art. 18: "Sem autorização, não se pode usar o nome alheio em propaganda comercial".

Trata-se de direito inalienável e imprescritível, essencial para o exercício regular dos direitos e do cumprimento das obrigações. A tutela do nome, como vimos, alcança o pseudônimo (CC, art. 19), propiciando direito à indenização em caso de má utilização, inclusive em propaganda comercial.

Direito Civil — Parte Geral

6.1.3. ELEMENTOS DO NOME COMPLETO

São dois (CC, art. 16): prenome e sobrenome ou apelido familiar (ou simplesmente nome) e, em alguns casos, agnome, sinal que distingue pessoas de uma mesma família (Júnior, Neto, Sobrinho etc.). Axiônimo é designação que se dá à forma cortês de tratamento ou à expressão de reverência, como: Exmo. Sr., Vossa Santidade, Dr. etc. Hipocorístico é diminutivo do nome, muitas vezes mediante o emprego dos sufixos "inho" e "inha", que denota intimidade familiar, como Zezinho (José), Mariazinha (Maria), Beto (Roberto) etc. Alcunha é apelido depreciativo que se põe em alguém, geralmente tirado de alguma particularidade física ou moral, como, p. ex., Aleijadinho, Tiradentes etc. Cognome é palavra que qualifica pessoa ou coisa, em regra usada como sinônima de alcunha. Epíteto pode ser aposto ao nome como designação qualificativa, como D. Pedro, "o justiceiro", por exemplo.

6.1.3.1. Prenome

Pode ser livremente escolhido pelos pais, desde que não exponha o filho ao ridículo (LRP, art. 55, § 1º). Irmãos não podem ter o mesmo prenome, a não ser que seja duplo, estabelecendo a distinção (LRP, art. 63, parágrafo único). O *caput* do referido artigo dispõe que os "gêmeos que tiverem o prenome igual deverão ser inscritos com duplo prenome ou nome completo diverso, de modo que possam distinguir-se". Pode ser simples ou composto (duplo, triplo ou quádruplo, como ocorre nas famílias reais).

6.1.3.2. Sobrenome

Sinal que identifica a procedência da pessoa, indicando a sua filiação ou estirpe. Adquire-se-o com o nascimento (art. 55). Portanto, não é escolhido. Mesmo que a criança seja registrada somente com prenome, o sobrenome faz parte, por lei, de seu nome completo. Assim, quando o declarante não indicar o nome completo, o oficial de registro lançará adiante do prenome escolhido ao menos um sobrenome de cada um dos genitores, na ordem que julgar mais conveniente para evitar homonímias (art. 55, § 2º, da Lei dos Registros Públicos, com a redação dada pela Lei n. 14.382/2022. Assim, o registro, com indicação do sobrenome, tem caráter puramente declaratório. Pode ser o do pai, o da mãe ou o de ambos. Pode ser simples ou composto (ex.: Paes de Barros, Rebouças de Carvalho).

O registro de filhos havidos fora do matrimônio é regido pelos arts. 59 e 60 da Lei dos Registros Públicos: não será lançado o nome do pai sem que este expressamente autorize. Hoje, a Lei n. 8.560, de 29 de dezembro de 1992, obriga os escrivães do Registro Civil a remeter ao juiz os dados sobre o suposto pai, que será convocado para reconhecer voluntariamente o filho. Não o fazendo, os dados serão encaminhados ao Ministério Público, que poderá promover a ação de investigação de paternidade. O reconhecimento dos filhos havidos fora do casamento é irrevogável e será feito pelos modos previstos no art. 1.609 do Código Civil, que admite inclusive que se faça por escrito particular, a ser arquivado em cartório, e também por qualquer espécie de testamento.

O Conselho Nacional de Justiça (CNJ) publicou, no dia 17 de fevereiro de 2012, o Provimento n. 16, que permite às mães, mesmo sem a presença do homem, registrar seus filhos. Além de mães, pessoas maiores de 18 anos, que não têm o nome do pai no registro civil, poderão procurar os cartórios e indicar o nome do genitor. Após a indicação, o juiz escutará a mãe e notificará o pai. Se o reconhecimento não for espontâneo, o Ministério Público ou a Defensoria Pública irá propor a ação de investigação de paternidade.

No mesmo sentido a Lei n. 13.112, de 30 de março de 2015, que autoriza a mulher a registrar nascimento do filho em igualdade de condições com o homem. A referida lei alterou a Lei dos Registros Públicos, que garantia ao pai a iniciativa de registrar o filho nos primeiros 15 dias de vida. Só em caso de omissão ou impedimento do pai depois desse período a mãe poderia substituí-lo e registrar o recém-nascido.

Atualmente, portanto, o pai ou a mãe, isoladamente ou em conjunto, devem proceder ao registro no prazo de 15 dias. Se um dos dois não cumprir a exigência dentro desse período, o outro terá 45 dias para realizar a declaração.

6.1.4. ALTERAÇÕES DO NOME

A Lei n. 14.382/2022 trouxe importantes alterações quanto à possibilidade de alteração dos nomes. Mas antes mesmo da sua edição, já se admitiam algumas possibilidades de alteração.

A seguir, serão mencionadas as hipóteses em que, antes da Lei n. 14.383/2022, já se admitia a alteração do nome. E, na sequência, algumas alterações que só se tornaram possíveis com a entrada em vigor da nova lei.

O art. 58 da Lei dos Registros Públicos, em sua redação original, dispunha que o prenome era imutável. Todavia, permitia, no parágrafo único, a retificação, em caso de evidente *erro gráfico*, bem como a sua mudança, no caso do parágrafo único do art. 55, que proíbe o registro de nomes que possam *expor a ridículo os seus portadores*.

A Lei n. 9.708, de 18 de novembro de 1998, deu ao art. 58 da Lei dos Registros Públicos a seguinte redação: "O prenome será definitivo, admitindo-se, todavia, a sua substituição por apelidos públicos notórios".

A retificação do prenome em caso de *evidente erro gráfico* e de outros "erros que não exijam qualquer indagação para a constatação imediata de necessidade de sua correção" se processa com base no art. 110 e parágrafos da Lei n. 6.015/73 (Lei dos Registros Públicos), com a redação dada pela Lei n. 12.100, de 27 de novembro de 2009, que preveem para a hipótese um *procedimento sumário*, no próprio cartório, com manifestação "conclusiva" do Ministério Público e correção "de ofício pelo oficial de registro no próprio cartório onde se encontrar o assentamento".

A mudança do prenome, no caso do § 1º do art. 55, se o oficial não o houver impugnado por *expor ao ridículo o seu portador*, bem como outras alterações dependem de distribuição, perante o juiz, de *procedimento de retificação de nome*, na forma do art. 109 da mencionada lei. Incluem-se nesse caso as hipóteses de pessoas do sexo masculino registradas com nome feminino e vice-versa. Tem a jurisprudência admitido a retificação não só do prenome como também de outras partes esdrúxulas do nome.

Por sua vez, a Lei n. 9.807, de 13 de julho de 1999, deu nova redação ao parágrafo único do referido artigo, prescrevendo que a "substituição do prenome será ainda admitida em razão de fundada coação ou ameaça decorrente da colaboração com a apuração de crime, por determinação, em sentença, de juiz competente, ouvido o Ministério Público".

A jurisprudência já vinha admitindo a substituição do prenome oficial pelo *prenome de uso*. Se a pessoa é conhecida de todos por prenome diverso do que consta de seu registro, a alteração pode ser requerida em juízo, pois prenome imutável, segundo os tribunais, é aquele que foi posto em uso, e não o que consta do registro (*RT, 537/75*).

Os *apelidos públicos notórios*, de início, somente eram acrescentados entre o prenome, que era imutável, e o sobrenome, como, por exemplo, aconteceu com Luiz Inácio "Lula" da Silva e Maria da Graça "Xuxa" Meneghel. Depois, no entanto, passou-se a admitir que podem eles substituir o prenome, se quiserem. Se o desejasse, Edson Arantes do Nascimento poderia passar a chamar-se Pelé Arantes do Nascimento, por exemplo.

"Alteração de prenome. Pretendida substituição por apelido público e notório. Admissibilidade. Inteligência do art. 58 da Lei 6.015/73, com a redação dada pela Lei 9.708/98" (*RT, 767/311*).

Direito Civil — Parte Geral

Assim, o prenome oficial tanto pode ser substituído, conforme o caso, por apelido popular, na forma dos exemplos citados e de acordo com a lei, como por outro prenome, pelo qual a pessoa é conhecida no meio social em que vive, com base no permissivo criado pela jurisprudência.

Malgrado a nova redação dada ao mencionado art. 58, não se nega a possibilidade de ainda se obter a retificação do prenome em caso de *evidente erro gráfico* e de *exposição de seu portador ao ridículo*, porque não foram revogados os arts. 109 e 110 da Lei dos Registros Públicos, já mencionados, que cuidam do procedimento a ser observado nesses casos, bem como porque continua proibido, pelo § 1º do art. 55 da mesma lei, o registro de nomes extravagantes. Se assim é, e se o oficial do cartório não impugnou, como devia, o registro na ocasião de sua lavratura, pode o portador do nome esdrúxulo, que o expõe ao ridículo, pleitear a sua mudança.

"Nome. Erro de grafia. É admissível a alteração do assento de casamento se o nome estiver comprovadamente errado" (*RT*, 609/67); "Admite-se a retificação de grafia de prenome incorretamente feita no assento de nascimento" (*RT*, 478/97); "Se o prenome lançado no Registro Civil não representa a forma correta de grafia do nome originário, a retificação é de ser admitida" (*RT*, 581/190); "Correção de nome com grafia incorreta (*Arceu* para *Alceu*). Comprovação do equívoco cartorário. Admissibilidade. Direitos da personalidade que compreendem também o de utilizar o nome correto" (*JTJ*, Lex, 236/197).

"O prenome é suscetível de retificação ou mudança quando, por qualquer modo, expuser a ridículo seu portador. Mudança de *Creunildes* para Cléo, nome de uso, deferida em face das circunstâncias fáticas" (*RT*, 623/40). Tem-se decidido que, malgrado o prenome não exponha o seu portador ao ridículo, pode ser substituído ou alterado se, "de tão indesejado, causa constrangimento e distúrbios psicológicos a seu portador" (*RT*, 791/218). No mesmo sentido: "É admissível a alteração de prenome que imponha constrangimento ao seu titular. Circunstância que depende de noção subjetiva, que somente este pode aferir" (*JTJ*, Lex, 232/182). Lembra Washington de Barros Monteiro que os tribunais têm admitido a substituição de nomes como Mussolini, Hitler e Lúcifer (*Curso*, cit., v. 1, p. 93). Noticiaram os jornais que, após a catástrofe que abalou Nova York no dia 11 de setembro de 2001, um pai tentou registrar o filho, em São Paulo, repetindo-se o fato na Alemanha, com o nome de Osama Bin Laden, tendo os pedidos sido denegados a bem dos filhos.

A Lei n. 9.807, de 13 de julho de 1999, acrescentou também ao art. 57 da Lei n. 6.015/73 o seguinte parágrafo:

> § 7º Quando a alteração de nome for concedida em razão de fundada coação ou ameaça decorrente de colaboração com a apuração de crime, o juiz competente determinará que haja averbação no registro de origem de menção da existência de sentença concessiva da alteração, sem a averbação do nome alterado, que somente poderá ser procedida mediante determinação posterior, que levará em consideração a cessação da coação ou ameaça que deu causa à alteração.

Pode haver mudança do prenome também em caso de adoção, pois o art. 47, § 5º, do *Estatuto da Criança e do Adolescente*, com a redação que lhe foi dada pela Lei n. 12.010/2009, dispõe que a sentença concessiva de adoção "conferirá ao adotado o nome do adotante e, a pedido de qualquer deles, poderá determinar a modificação do prenome". A alteração nesse caso poderá ser total, abrangendo o prenome e o sobrenome.

Além das hipóteses citadas, de alterações de prenome permitidas pela lei, outras há, criadas pela jurisprudência, que não se limitaram a deferir a substituição do prenome oficial pelo de uso, mas ampliaram as possibilidades de mudança, estendendo-a a outras situações consideradas justas e necessárias.

Têm os tribunais, com efeito, autorizado a *tradução de nomes estrangeiros*, para facilitar o aculturamento dos alienígenas que vêm fixar-se no Brasil. A Lei n. 6.815, de 19 de agosto de 1980, que define a situação jurídica do estrangeiro no Brasil, prevê, no art. 43, a possibilidade de alteração do nome, administrativamente, por ato do Ministro da Justiça, em duas hipóteses: **a)** se tiver sentido pejorativo ou expuser ao ridículo o titular; **b)** se for de pronunciação e compreensão difíceis e puder ser traduzido ou adaptado à prosódia da língua portuguesa. Dispõe, ainda, que o nome que estiver comprovadamente errado poderá também ser corrigido. Em caso de recusa ao pedido, caberá recurso do interessado à Justiça Federal.

Na realidade, somente poderá ser alterado o prenome do estrangeiro, pois o sobrenome representa o sinal ou estirpe da família (Marcelo Guimarães Rodrigues, *Do nome civil*, RT, 765/755).

Igualmente, tem sido admitida a inclusão de *alcunha* ou *apelidos notórios*, como já referido, para melhor identificação de pessoas, populares ou não, bem como o acréscimo de mais um prenome ou de sobrenome materno, para solucionar problemas de homonímia. Com efeito, é possível alterar o nome completo, sem prejudicar o prenome e o sobrenome.

Costumam-se acrescentar, como já dito, mais um prenome ou nomes intermediários, como o sobrenome materno, o dos avós etc., bem como apelidos populares pelos quais a pessoa é conhecida. Justifica-se a inclusão de alcunha ou apelido como consequência do entendimento de que o nome de uso deve prevalecer sobre o de registro. Em vez de substituir o prenome, pode assim o interessado requerer a adição do apelido, como no caso já citado do Presidente Luiz Inácio "Lula" da Silva. Se o nome é ridículo, ou contém erro gráfico, pode ser mudado, antes disso, pela via própria, sendo o seu portador representado ou assistido pelo representante legal.

A *homonímia*, como retromencionado, tem sido uma justificativa utilizada e aceita para a referida alteração, motivadamente, do nome, pois é causadora de confusões e prejuízos. Entendo, outrossim, que o pedido de inclusão do prenome materno, sem prejuízo do paterno, deve ser deferido sem maiores indagações, por encontrar amparo no princípio da isonomia constitucional. Constitui direito dos filhos portar o sobrenome de ambos os pais.

Tem sido admitida, inclusive, a inversão dos apelidos de família, colocando-se o nome do pai antes do da mãe, por inexistir norma escrita regulando expressamente a ordem de colocação dos nomes de família, mas arcaico costume que não se compatibiliza com a nova ordem constitucional.

"O acréscimo do sobrenome materno omitido no assento de nascimento, após o nome do pai, por não encontrar qualquer vedação legal, tem sido admitido reiteradamente" (RT, 775/345).

Essas eram as principais hipóteses de alteração do nome, que já se admitiam antes da Lei n. 14.382/2022. Com a edição da lei, novas alterações no prenome passaram a ser admitidas.

Com efeito, a Lei n. 14.382/2022, ao dispor sobre o Sistema Eletrônico dos Registros Públicos (Serp), alterou alguns dispositivos da Lei n. 6.015/73, modificando, ao menos em parte, a disciplina dos nomes, em especial no que concerne à alteração do prenome.

A nova lei alterou a redação do art. 56 da Lei de Registros Públicos, facilitando a alteração do prenome.

A inclusão desse dispositivo não excluiu as hipóteses de alteração do prenome que já vinham sendo admitidas antes da entrada em vigor da Lei n. 14.382/2022. Tais hipóteses continuam sendo admitidas. No entanto, a lei nova criou uma hipótese de alteração do prenome muito mais ágil e simples que as anteriores que, por essa razão, podem acabar se tornando de pouca utilidade.

Direito Civil — Parte Geral

Em sua redação antiga, o art. 56 autorizava ao interessado, no primeiro ano após completar a maioridade, alterar o nome, desde que não prejudicasse os apelidos de família. Tratava-se, portanto, de uma hipótese de alteração do nome que deveria, ao menos como regra, ser realizada no prazo decadencial de um ano. Após esse prazo, só era autorizada a alteração em caráter excepcional, e desde que motivada, por sentença judicial, ouvido o Ministério Público.

Com a nova redação dada ao art. 56 da Lei, a pessoa registrada poderá, após ter atingido a maioridade civil, requerer pessoalmente e imotivadamente a alteração de seu prenome, independentemente de decisão judicial, e a alteração será averbada e publicada em meio eletrônico.

Como se vê da nova redação, a alteração não precisa mais ser providenciada no primeiro ano depois que o interessado completa a maioridade, podendo ser requerida a qualquer tempo, e imotivadamente, sem necessidade de intervenção judicial. Com isso, facilitou-se grandemente a possibilidade de alteração do nome.

Mas o dispositivo legal faz importante ressalva em seu § 1º: "A alteração imotivada de prenome poderá ser feita na via extrajudicial apenas 1 (uma) vez, e sua desconstituição dependerá de sentença judicial".

Isso não impede que, tendo havido já uma alteração imotivada do prenome, o interessado busque uma nova. Mas nesse caso, a nova alteração deverá ser buscada pela via judicial e não poderá ser desmotivada.

O *sobrenome* ou *patronímico*, por outro lado, em razão do princípio, que é de ordem pública, da estabilidade do nome, só deve ser alterado em casos excepcionais. Se o nome civil da pessoa natural é signo de identidade social, nele guarda particular relevo o patronímico, porque situando o portador como membro de determinado grupo familiar, desvela o traço não arbitrário, mas histórico de sua estirpe, de sua individualização social, e, por isso, desempenha decisivo papel de ordem jurídica e prática, como componente mais importante do nome (Ferrara, *Tratatto*, cit., v. 1, p. 562, n. 116; Colin e Capitant, *Cours élémentaire de droit civil français*, v. 1, p. 355).

A Lei n. 14.382/2022 deu nova redação ao art. 57 da LRP, enumerando as situações em que é possível requerer a alteração do sobrenome, o que poderá ser feito pessoalmente perante o oficial de registro civil, com a apresentação de certidões e de documentos necessários, e posterior averbação nos assentos de nascimento e casamento, independentemente de autorização judicial. Para que essa alteração extrajudicial ocorra, é preciso que a finalidade seja a de: I – inclusão de sobrenomes familiares; II – inclusão ou exclusão de sobrenome do cônjuge, na constância do casamento; III – exclusão de sobrenome do ex-cônjuge, após a dissolução da sociedade conjugal, por qualquer de suas causas; IV – inclusão e exclusão de sobrenomes em razão de alteração das relações de filiação, inclusive para os descendentes, cônjuge ou companheiro da pessoa que teve seu estado alterado.

Em boa hora, a lei acima mencionada, regulamentou a possibilidade de alteração dos sobrenomes, na hipótese de união estável, o que não havia sido feito anteriormente. Assim, ela acrescenta o § 2º ao art. 57, determinando que: "Os conviventes em união estável devidamente registrada no registro civil de pessoas naturais poderão requerer a inclusão de sobrenome de seu companheiro, a qualquer tempo, bem como alterar seus sobrenomes nas mesmas hipóteses previstas para as pessoas casadas". E o § 3º-A acrescenta: "O retorno ao nome de solteiro ou de solteira do companheiro ou da companheira será realizado por meio da averbação da extinção de união estável em seu registro".

A Lei n. 11.924, de 17 de abril de 2009, acrescentou ao art. 57 da Lei dos Registros Públicos o § 8º, dispondo que o "enteado ou a enteada, havendo motivo ponderável e na forma dos §§ 2º e 7º deste artigo, poderá requerer ao juiz competente que, no registro de nascimento, seja averbado o nome de família de seu padrasto ou de sua madrasta, desde que haja expressa concordância destes, sem prejuízo de seus apelidos de família". Esse dispositivo foi mantido, com pequenas alterações, pela Lei n. 14.382, de 2022, passando a ter a seguinte redação: "O enteado ou a enteada, se houver motivo justificável, poderá requerer ao oficial de registro civil que, nos registros de nascimento e de casamento, seja averbado o nome de família de seu padrasto ou de sua madrasta, desde que haja expressa concordância destes, sem prejuízo de seus sobrenomes de família".

No dia 15 de agosto de 2018 o Supremo Tribunal Federal reafirmou jurisprudência da Corte, permitindo que o transgênero mude seu nome e gênero no registro civil, mesmo sem procedimento cirúrgico de redesignação de sexo. A alteração poderá ser feita por meio de decisão judicial ou diretamente no cartório. A tese definida, sob o regime de repercussão geral, foi a seguinte: "O transgênero tem direito fundamental subjetivo à alteração de seu prenome e de sua classificação de gênero no registro civil, não se exigindo, para tanto, nada além da manifestação da vontade do indivíduo, o qual poderá exercer tal faculdade tanto pela via judicial como diretamente pela via administrativa".

Registre-se que a Lei n. 13.484, de 26 de setembro de 2017, deu nova redação ao art. 97 da Lei n. 6.015/73, dispensando a manifestação do Ministério Público para a lavratura das averbações, salvo se o "oficial suspeitar de fraude, falsidade ou má-fé nas declarações ou na documentação apresentada para fins de averbação". Neste caso, ele "não praticará o ato pretendido e submeterá o caso ao representante do Ministério Público para manifestação, com a indicação, por escrito, dos motivos da suspeita".

A referida lei alterou também a redação do art. 110 da referida Lei dos Registros Públicos, desjudicializando o procedimento ao dispor que a retificação do registro, da averbação ou da anotação será feita pelo oficial "de ofício ou a requerimento do interessado, mediante petição assinada pelo interessado, representante legal ou procurador, independentemente de prévia autorização judicial ou manifestação do Ministério Público, nos casos de: I – erros que não exijam qualquer indagação para a constatação imediata de necessidade de sua correção; II – erro na transposição dos elementos constantes em ordens e mandados judiciais, termos ou requerimentos, bem como outros títulos a serem registrados, averbados ou anotados, e o documento utilizado para a referida averbação e/ou retificação ficará arquivado no registro no cartório; III – inexatidão da ordem cronológica e sucessiva referente à numeração do livro, da folha, da página, do termo, bem como da data do registro; IV – ausência de indicação do Município relativo ao nascimento ou naturalidade do registrado, nas hipóteses em que existir descrição precisa do endereço do local do nascimento; V – elevação de Distrito a Município ou alteração de suas nomenclaturas por força de lei. (parágrafos 1º a 4º revogados) § 5º Nos casos em que a retificação decorra de erro imputável ao oficial, por si ou por seus prepostos, não será devido pelos interessados o pagamento de selos e taxas".

Dispõe o Enunciado n. 82/2019, do Conselho Nacional de Justiça, que a modificação do nome do genitor no registro de nascimento e no de casamento dos filhos, em decorrência de casamento, separação, divórcio, pode ser requerida em cartório, mediante a apresentação da respectiva certidão, sem necessário ajuizamento de ação de retificação.

Quadro sinótico

| Individualização da pessoa natural | Pelo nome | Conceito | Nome é a designação pela qual a pessoa se identifica no seio da família e da sociedade. |

Direito Civil — Parte Geral

Individualização da pessoa natural	Pelo nome	Elementos	Prenome e sobrenome (CC, art. 16). Algumas pessoas têm o agnome, sinal que distingue pessoas de uma mesma família (Júnior, Neto). Axiônimo é designação que se dá à forma cortês de tratamento (Sr., Dr.). O prenome pode ser livremente escolhido pelos pais, desde que não exponha o filho ao ridículo (LRP, art. 55, § 1º). O sobrenome indica a origem familiar da pessoa.
		Alteração	a) quando houver erro gráfico e mudança de sexo; b) quando expuser seu portador ao ridículo; c) quando houver apelido público notório; d) quando houver necessidade de proteger testemunhas de crimes; e) em caso de homonímia; f) quando houver prenome de uso; g) em caso de tradução de nomes estrangeiros, de adoção, de reconhecimento de filho, de casamento e de dissolução da sociedade conjugal; h) alteração imotivada, após a maioridade civil, por uma única vez.

6.2. ESTADO

Estado é a soma das qualificações da pessoa na sociedade, hábeis a produzir efeitos jurídicos. É o seu modo particular de existir.

6.2.1. ASPECTOS

O estado apresenta três aspectos: o individual ou físico, o familiar e o político.

Estado individual é o modo de ser da pessoa quanto à idade, sexo, cor, altura, saúde (são ou insano e incapaz) etc.

Estado familiar é o que indica a sua situação na família, em relação ao matrimônio (solteiro, casado, viúvo, divorciado) e ao parentesco (pai, filho, irmão, sogro, cunhado etc.).

Estado político é a qualidade jurídica que advém da posição do indivíduo na sociedade política, podendo ser nacional (nato ou naturalizado) e estrangeiro. Foi publicada, no dia 25 de maio de 2017, a Lei de Migração – Lei n. 13.445/2017, que revogou expressamente o Estatuto do Estrangeiro (Lei n. 6.815/80) e a Lei n. 818/49, que regulava a aquisição, perda e reaquisição da nacionalidade.

6.2.2. CARACTERES

As principais caraterísticas ou atributos do estado são:

a) **Indivisibilidade** – Ninguém pode ser, simultaneamente, casado e solteiro, maior e menor etc. O estado é uno e indivisível e regulamentado por normas de ordem pública. A obtenção de dupla nacionalidade constitui exceção à regra.

b) **Indisponibilidade** – Trata-se de bem fora do comércio, sendo inalienável e irrenunciável. Isso não impede a sua mutação, diante de determinados fatos e preenchidos os requisitos legais: solteiro pode passar a casado, este pode tornar-se viúvo etc.

c) **Imprescritibilidade** – Não se perde nem se adquire o estado pela prescrição. É elemento integrante da personalidade e, assim, nasce com a pessoa e com ela desaparece.

Quadro sinótico

		Conceito	Estado é a soma das qualificações da pessoa na sociedade, hábeis a produzir efeitos jurídicos. É o seu modo particular de existir.
Individualização da pessoa natural	Pelo estado	Aspectos	**Individual:** diz respeito às características físicas da pessoa (idade, sexo, cor, altura). **Familiar:** indica a sua situação na família, em relação ao matrimônio e ao parentesco. **Político:** concerne à posição do indivíduo na sociedade política.
		Caracteres	**Indivisibilidade:** o estado é uno e indivisível e regulamentado por normas de ordem pública. **Indisponibilidade:** trata-se de bem fora do comércio, inalienável e irrenunciável. **Imprescritibilidade:** não se perde nem se adquire o estado pela prescrição.

6.3. DOMICÍLIO

A palavra "domicílio" tem um significado jurídico importante, tanto no Código Civil como no estatuto processual civil. É, em geral, no foro de seu domicílio que o réu é procurado para ser citado.

O Código trata conjuntamente do domicílio da pessoa natural e da pessoa jurídica no Título III do Livro I desta Parte Geral, que será comentado adiante (*v. n. 20, infra*).

Quadro sinótico

		Conceito	Domicílio é a sede jurídica da pessoa. É o local onde responde por suas obrigações.
Individualização da pessoa natural	Pelo domicílio	Espécies	a) **Necessário** ou **legal** é o determinado pela lei. b) **Voluntário**, que pode ser geral ou especial. Geral, quando escolhido livremente pela pessoa. O especial pode ser o foro do contrato (CC, art. 78) e o foro de eleição (CPC/2015, arts. 62 e 63).
		Mudança	Muda-se o domicílio, transferindo a residência com a intenção manifesta de o mudar (CC, art. 74).

Capítulo II
DOS DIREITOS DA PERSONALIDADE

7 CONCEITO

Os direitos da personalidade, por não terem conteúdo econômico imediato e não se destacarem da pessoa de seu titular, distinguem-se dos direitos de ordem patrimonial. São inerentes à pessoa humana, estando a ela ligados de maneira perpétua. A sua existência tem sido proclamada pelo direito natural. Destacam-se, dentre outros, o direito à vida, à liberdade, ao nome, ao próprio corpo, à imagem e à honra.

Na conceituação de Maria Helena Diniz, os direitos da personalidade são "direitos subjetivos da pessoa de defender o que lhe é próprio, ou seja, a sua **integridade física** (vida, alimentos, próprio corpo vivo ou morto, corpo alheio vivo ou morto, partes separadas do corpo vivo ou morto); a sua **integridade intelectual** (liberdade de pensamento, autoria científica, artística e literária); e a sua **integridade moral** (honra, recato, segredo profissional e doméstico, identidade pessoal, familiar e social)".

O Código Civil dedicou um capítulo novo aos direitos da personalidade (arts. 11 a 21), visando, no dizer de Miguel Reale, "à sua salvaguarda, sob múltiplos aspectos, desde a proteção dispensada ao nome e à imagem até o direito de se dispor do próprio corpo para fins científicos ou altruísticos". Aduziu o Coordenador do Projeto do diploma que, "tratando-se de matéria de per si complexa e de significação ética essencial, foi preferido o enunciado de poucas normas dotadas de rigor e clareza, cujos objetivos permitirão os naturais desenvolvimentos da doutrina e da jurisprudência".

8 FUNDAMENTOS E CARACTERÍSTICAS

Certas prerrogativas individuais, inerentes à pessoa humana, sempre foram reconhecidas pela doutrina e pelo ordenamento jurídico, bem como protegidas pela jurisprudência. São direitos inalienáveis, que se encontram fora do comércio, e que merecem a proteção legal.

A Constituição Federal expressamente se refere aos direitos da personalidade, no art. 5º, X, que proclama: "X – são invioláveis a intimidade, a vida privada, a honra e a imagem das pessoas, assegurado o direito a indenização pelo dano material ou moral decorrente de sua violação". O Código Civil, por sua vez, preceitua, no art. 11: "Com exceção dos casos previstos em lei, os direitos da personalidade são intransmissíveis e irrenunciáveis, não podendo o seu exercício sofrer limitação voluntária". São, também, inalienáveis e imprescritíveis.

9 DISCIPLINA NO CÓDIGO CIVIL

O Código Civil, no capítulo referente aos direitos da personalidade, disciplina os atos de disposição do próprio corpo (arts. 13 e 14), o direito à não submissão a tratamento médico de risco (art. 15), o direito ao nome e ao pseudônimo (arts. 16 a 19), a proteção à palavra e à imagem (art. 20) e a proteção à intimidade (art. 21). E, no art. 52, preceitua: "Aplica-se às pessoas jurídicas, no que couber, a proteção dos direitos da personalidade".

9.1. OS ATOS DE DISPOSIÇÃO DO PRÓPRIO CORPO

Dispõe o art. 13 do Código Civil: "Salvo por exigência médica, é defeso o ato de disposição do próprio corpo, quando importar diminuição permanente da integridade física, ou contrariar os bons costumes". Acrescenta o parágrafo único: "O ato previsto neste artigo será admitido para fins de transplante, na forma estabelecida em lei especial".

Por sua vez, prescreve o art. 14: "É válida, com objetivo científico, ou altruístico, a disposição gratuita do próprio corpo, no todo ou em parte, para depois da morte". Aduz o parágrafo único: "O ato de disposição pode ser livremente revogado a qualquer tempo".

A lei especial que atualmente disciplina os transplantes é a Lei n. 9.434, de 4 de fevereiro de 1997, que dispõe sobre "a remoção de órgãos, tecidos e partes do corpo humano para fins de transplante e tratamento e dá outras providências", com as alterações determinadas pela Lei n. 10.211, de 23 de março de 2001.

O art. 9º e parágrafos da Lei n. 9.434/97, regulamentada pelo Decreto n. 2.268, de 30 de junho de 1997, permitem à pessoa juridicamente capaz dispor gratuitamente de tecidos, órgãos e partes do próprio corpo vivo, para fins terapêuticos ou para transplantes, desde que o ato não represente risco para a sua integridade física e mental e não cause mutilação ou deformação inaceitável. A retirada *post mortem* é disciplinada nos arts. 3º ao 9º. A comercialização de órgãos do corpo humano é expressamente vedada pela Constituição Federal (art. 199, § 4º).

Na visão de corrente mais conservadora, ao vedar a disposição do próprio corpo se tal fato contrariar os bons costumes, o art. 13 do Código Civil, *in fine*, proíbe a ablação de órgãos do corpo humano realizada em transexuais. A Resolução n. 1.955/2010 do Conselho Federal de Medicina, todavia, não considera ilícita a realização de cirurgias que visam à adequação do sexo, autorizando a sua realização. A Constituição Federal de 1988, por sua vez, em seu art. 5º, X, inclui entre os direitos individuais a inviolabilidade da intimidade, da vida privada, da honra e da imagem das pessoas, fundamento legal autorizador da mudança do sexo jurídico de transexual que se submeteu a cirurgia de mudança de sexo, pois patente seu constrangimento cada vez que se identifica como pessoa de sexo diferente daquele que aparenta ser. Em conformidade com tal posicionamento, aprovou-se, na IV Jornada de Direito Civil, realizada pelo CJF/STJ, o Enunciado n. 276, retromencionado, do seguinte teor: "O art. 13 do Código Civil, ao permitir a disposição do próprio corpo por exigência médica, autoriza as cirurgias de transgenitalização, em conformidade com os procedimentos estabelecidos pelo Conselho Federal de Medicina, e a consequente alteração do prenome e do sexo no Registro Civil".

9.2. O TRATAMENTO MÉDICO DE RISCO

"Ninguém pode ser constrangido a submeter-se, com risco de vida, a tratamento médico ou a intervenção cirúrgica" (CC, art. 15).

A regra obriga os médicos, nos casos mais graves, a não atuarem sem prévia autorização do paciente, que tem a prerrogativa de se recusar a se submeter a um tratamento perigoso. A matéria tem relação com a responsabilidade civil dos médicos.

9.3. O DIREITO AO NOME

O direito e a proteção ao nome e ao pseudônimo são assegurados nos arts. 16 a 19 do Código Civil e foram comentados no n. 6.1, *retro*, ao qual nos reportamos.

9.4. A PROTEÇÃO À PALAVRA E À IMAGEM

A transmissão da palavra e a divulgação de escritos já eram protegidas pela Lei n. 9.610, de 19 de fevereiro de 1998, que hoje disciplina toda a matéria relativa a direitos autorais. O art. 20 do Código Civil, considerando tratar-se de direitos da personalidade,

Direito Civil — Parte Geral

prescreve que poderão ser proibidas, a requerimento do autor e sem prejuízo da indenização que couber, se lhe atingirem a honra, a boa fama ou a respeitabilidade, ou se se destinarem a fins comerciais, salvo se autorizadas, ou se necessárias à administração da justiça ou à manutenção da ordem pública. Complementa o parágrafo único que, em se "tratando de morto ou de ausente, são partes legítimas para requerer essa proteção o cônjuge, os ascendentes ou os descendentes".

O mesmo tratamento é dado à exposição ou à utilização da imagem de uma pessoa, que o art. 5º, X, da Constituição Federal considera um direito inviolável. A reprodução da imagem é emanação da própria pessoa e somente ela pode autorizá-la. A Carta Magna foi explícita em assegurar, ao lesado, direito a indenização por dano material ou moral decorrente da violação da intimidade, da vida privada, da honra e da imagem das pessoas. Nos termos do art. 20 do Código Civil, a reprodução de imagem para fins comerciais, sem autorização do lesado, enseja o direito à indenização, ainda que não lhe tenha atingido a honra, a boa fama ou a respeitabilidade.

9.5. A PROTEÇÃO À INTIMIDADE

Dispõe o art. 21 do Código Civil: "A vida privada da pessoa natural é inviolável, e o juiz, a requerimento do interessado, adotará as providências necessárias para impedir ou fazer cessar ato contrário a esta norma". O dispositivo, em consonância com o disposto no art. 5º, X, da Constituição Federal, suprarreferido, protege todos os aspectos da intimidade da pessoa, concedendo ao prejudicado a prerrogativa de pleitear que cesse o ato abusivo ou ilegal.

Caso o dano, material ou moral, já tenha ocorrido, o direito à indenização é assegurado expressamente pela norma constitucional mencionada.

A proteção dos dados pessoais foi regulamentada pela Lei n. 13.709, de 14 de agosto de 2018. A mencionada lei, que contém 65 artigos e entrou em vigor em agosto de 2020, dispõe "sobre o tratamento de dados pessoais, inclusive nos meios digitais, por pessoa natural ou por pessoa jurídica de direito público ou privado, com o objetivo de proteger os direitos fundamentais de liberdade e de privacidade e o livre desenvolvimento da personalidade da pessoa natural" (art. 1º). A disciplina da proteção de dados pessoais tem como fundamento o art. 2º:

I – o respeito à privacidade;

II – a autodeterminação informativa;

III – a liberdade de expressão, de informação, de comunicação e de opinião;

IV – a inviolabilidade da intimidade, da honra e da imagem;

V – o desenvolvimento econômico e tecnológico e a inovação;

VI – a livre iniciativa, a livre concorrência e a defesa do consumidor; e

VII – os direitos humanos, o livre desenvolvimento da personalidade, a dignidade e o exercício da cidadania pelas pessoas naturais.

A referida lei dispõe:

Art. 3º Aplica-se a qualquer operação de tratamento realizada por pessoa natural ou por pessoa jurídica de direito público ou privado, independentemente do meio, do país de sua sede ou do país onde estejam localizados ao dados, desde que:

I – a operação de tratamento seja realizada no território nacional;

II – a atividade de tratamento tenha por objeto a oferta ou o fornecimento de bens ou serviços ou o tratamento de dados de indivíduos localizados no território nacional;

III – os dados pessoais objeto do tratamento tenham sido coletados no território nacional.

Não se aplica a referida lei ao tratamento de dados pessoais (art. 4º):

I – realizado por pessoa natural para fins exclusivamente particulares e não econômicos;

II – realizado para fins exclusivamente:

a) jornalísticos e artísticos; ou

b) acadêmicos, aplicando-se a esta hipótese os arts. 7º e 11 desta Lei;

III – realizado para fins exclusivos de:

a) segurança pública;

b) defesa nacional;

c) segurança do Estado; ou

d) atividades de investigação e repressão de infrações penais; ou

IV – provenientes de fora do território nacional e que não sejam objeto de comunicação, uso compartilhado de dados com agentes de tratamento brasileiros ou objeto de transferência internacional de dados com outro país que não o de proveniência, desde que o país de proveniência proporcione grau de proteção de dados pessoais adequado ao previsto nesta Lei (...).

Ressalte-se que nas Disposições Finais e Transitórias a lei em apreço promove alterações na Lei n. 12.965, de 23 de abril de 2014, que trata do *Marco Civil da Internet*.

Na *Jurisprudência em Teses*, o Superior Tribunal de Justiça, em 29 de novembro de 2019, divulgou 12 teses por ele consolidadas, quais sejam:

1) O dano moral extrapatrimonial atinge direitos de personalidade do grupo ou da coletividade como realidade massificada, não sendo necessária a demonstração da dor, da repulsa, da indignação, tal qual fosse um indivíduo isolado.

2) A imunidade conferida ao advogado para o pleno exercício de suas funções não possui caráter absoluto, devendo observar os parâmetros da legalidade e da razoabilidade, não abarcando violações de direitos da personalidade, notadamente da honra e da imagem de outras partes ou de profissionais que atuem no processo.

3) A voz humana encontra proteção nos direitos da personalidade, seja como direito autônomo ou como parte integrante do direito à imagem ou do direito à identidade pessoal.

4) O reconhecimento do estado de filiação é direito personalíssimo, indisponível e imprescritível, assentado no princípio da dignidade da pessoa humana.

5) A regra no ordenamento jurídico é a imutabilidade do prenome, um direito da personalidade que designa o indivíduo e o identifica perante a sociedade, cuja modificação revela-se possível, no entanto, nas hipóteses previstas em lei, bem como em determinados casos admitidos pela jurisprudência.

6) O transgênero tem direito fundamental subjetivo à alteração de seu prenome e de sua classificação de gênero no registro civil, exigindo-se, para tanto, nada além da manifestação de vontade do indivíduo, em respeito aos princípios da identidade e da dignidade da pessoa humana, inerentes à personalidade.

7) É possível a modificação do nome civil em decorrência do direito à dupla cidadania, de forma a unificar os registros à luz dos princípios da verdade real e da simetria.

8) A continuidade do uso do sobrenome do ex-cônjuge, à exceção dos impedimentos elencados pela legislação civil, afirma-se como direito inerente à personalidade, integrando-se à identidade civil da pessoa e identificando-a em seu entorno social e familiar.

9) O direito ao nome, enquanto atributo dos direitos da personalidade, torna possível o restabelecimento do nome de solteiro após a dissolução do vínculo conjugal em decorrência da morte.

10) Em caso de uso indevido do nome da pessoa com intuito comercial, o dano moral é *in re ipsa*.

11) Não se exige a prova inequívoca da má-fé da publicação (*actual malice*), para ensejar a indenização pela ofensa ao nome ou à imagem de alguém.

12) Os pedidos de remoção de conteúdo de natureza ofensiva a direitos da personalidade das páginas de internet, seja por meio de notificação do particular ou de ordem judicial, dependem da localização inequívoca da publicação (*Universal Resource Locator – URL*), correspondente ao material que se pretende remover.

Direito Civil — Parte Geral

Esta é a segunda edição feita pela aludida Corte, que na primeira já havia divulgado *11 teses*, conforme a *Revista Consultor Jurídico*, quais sejam:

1) O exercício dos direitos da personalidade pode sofrer limitação voluntária, desde que não seja permanente nem geral. (Enunciado n. 4 da *I Jornada de Direito Civil do CJF*)

2) A pretensão de reconhecimento de ofensa a direito da personalidade é imprescritível.

3) A ampla liberdade de informação, opinião e crítica jornalística reconhecida constitucionalmente à imprensa não é um direito absoluto, encontrando limitações, tais como a preservação dos direitos da personalidade.

4) No tocante às pessoas públicas, apesar de o grau de resguardo e de tutela da imagem não ter a mesma extensão daquela conferida aos particulares, já que comprometidos com a publicidade, restará configurado o abuso do direito do uso da imagem quando se constatar a vulneração da intimidade ou da vida privada.

5) Independe de prova do prejuízo a indenização pela publicação não autorizada de imagem de pessoa com fins econômicos ou comerciais. (Súmula 404/STJ)

6) A divulgação de fotografia em periódico (impresso ou digital) para ilustrar matéria acerca de manifestação popular de cunho político-ideológico ocorrida em local público não tem intuito econômico ou comercial, mas tão somente informativo, ainda que se trate de sociedade empresária, não sendo o caso de aplicação da Súmula 403/STJ.

7) A publicidade que divulgar, sem autorização, qualidades inerentes a determinada pessoa, ainda que sem mencionar seu nome, mas sendo capaz de identificá-la, constitui violação a direito da personalidade. (Enunciado n. 278 da *IV Jornada de Direito Civil do CJF*)

8) O uso e a divulgação, por sociedade empresária, de imagem de pessoa física fotografada isoladamente em local público, em meio a cenário destacado, sem nenhuma conotação ofensiva ou vexaminosa, configura dano moral decorrente de violação do direito à imagem por ausência de autorização do titular.

9) O uso não autorizado da imagem de menores de idade gera dano moral *in re ipsa*.

10) A tutela da dignidade da pessoa humana na sociedade da informação inclui o direito ao esquecimento, ou seja, o direito de não ser lembrado contra sua vontade, especificamente no tocante a fatos desabonadores à honra. (*Vide* Enunciado n. 531 da *IV Jornada de Direito Civil do CJF*.)

11) Quando os registros da folha de antecedentes do réu são muito antigos, admite-se o afastamento de sua análise desfavorável, em aplicação à teoria do direito ao esquecimento.

Quadro sinótico

Direitos da personalidade	Conceito	São direitos subjetivos da pessoa de defender o que lhe é próprio, ou seja, a sua integridade física (vida, corpo), intelectual e moral.
	Características	Os direitos da personalidade são inalienáveis, irrenunciáveis, imprescritíveis, absolutos (oponíveis *erga omnes*), impenhoráveis e vitalícios.
	Disciplina no Código Civil	O Código Civil disciplina: a) os atos de disposição do próprio corpo (arts. 13 e 14); b) o direito à não submissão a tratamento médico de risco (art. 15); c) o direito ao nome e ao pseudônimo (arts.16 a 19); d) a proteção à palavra e à imagem (art. 20); e) a proteção à intimidade (art. 21).

Capítulo III
DA AUSÊNCIA

10 DA CURADORIA DOS BENS DO AUSENTE

A ausência foi deslocada do livro do "Direito de Família", onde se situava no Código de 1916, para a Parte Geral do atual, onde encontra sua sede natural.

Ausente é a pessoa que desaparece de seu domicílio sem dar notícia de seu paradeiro e sem deixar um representante ou procurador para administrar-lhe os bens (CC, art. 22). Nesse caso, o juiz, a requerimento de qualquer interessado, ou do Ministério Público, declarará a ausência, e nomear-lhe-á curador. Também será este nomeado quando o ausente deixar mandatário que não queira ou não possa exercer ou continuar o mandato, ou se os seus poderes forem insuficientes (art. 23). "O cônjuge do ausente, sempre que não esteja separado judicialmente, ou de fato por mais de dois anos antes da declaração da ausência, será o seu legítimo curador." Em falta de cônjuge, a escolha recairá, em ordem preferencial, nos pais e nos descendentes. Dentre estes, os mais próximos precedem os mais remotos. Na falta das pessoas mencionadas, o juiz nomeará curador dativo (CC, art. 25, *caput* e parágrafos).

A situação do ausente passa por três fases. Na primeira, subsequente ao desaparecimento, o ordenamento jurídico procura preservar os bens por ele deixados, para a hipótese de seu eventual retorno. É a fase da curadoria do ausente, em que o curador cuida de seu patrimônio. Na segunda fase, prolongando-se a ausência, o legislador passa a preocupar-se com os interesses de seus sucessores, permitindo a abertura da sucessão provisória. Finalmente, depois de longo período de ausência, é autorizada a abertura da sucessão definitiva.

A curadoria do ausente fica restrita aos bens, não produzindo efeitos de ordem pessoal. Equipara-se à morte (é chamada de "morte presumida") somente para o fim de permitir a abertura da sucessão, mas a esposa do ausente não é considerada viúva. Para se casar, terá de promover o divórcio, citando o ausente por edital, salvo se tratar-se de pessoa voltada a atividades políticas e tiver sido promovida a justificação prevista na Lei n. 6.683, de 28 de agosto de 1979, que concedeu anistia aos políticos envolvidos na Revolução de 1964.

Comunicada a ausência ao juiz, este determinará a arrecadação dos bens do ausente e os entregará à administração do curador nomeado. A curadoria dos bens do ausente prolonga-se pelo período de um ano, durante o qual serão publicados editais "na rede mundial de computadores, no sítio do tribunal a que estiver vinculado e na plataforma de editais do Conselho Nacional de Justiça, onde permanecerá por um ano, ou, não havendo sítio, no órgão oficial e na imprensa da comarca, durante um ano, reproduzida de dois em dois meses, anunciando a arrecadação e chamando o ausente a entrar na posse de seus bens" (CPC, art. 745). Decorrido o prazo, sem que o ausente reapareça, ou se tenha notícia de sua morte, ou se ele deixou representante ou procurador, e, passando três anos, poderão os interessados requerer a abertura da sucessão provisória (CC, art. 26).

Cessa a curadoria: **a)** pelo comparecimento do ausente, do seu procurador ou de quem o represente; **b)** pela certeza da morte do ausente; **c)** pela sucessão provisória. A abertura desta, com a partilha dos bens aos herdeiros, faz cessar, portanto, a curadoria do ausente. Daí por diante, segue-se o procedimento especial dos §§ 2º, 3º e 4º do art. 745 do Código de Processo Civil.

Direito Civil — Parte Geral

11 DA SUCESSÃO PROVISÓRIA

Estão legitimados para requerer a abertura da sucessão provisória: **a)** o cônjuge não separado judicialmente; **b)** os herdeiros presumidos, legítimos ou testamentários; **c)** os que tiverem sobre os bens do ausente direito dependente de sua morte; **d)** os credores de obrigações vencidas e não pagas (CC, art. 27). "A sentença que determinar a abertura da sucessão provisória só produzirá efeito cento e oitenta dias depois de publicada pela imprensa; mas, logo que passe em julgado, proceder-se-á à abertura do testamento, se houver, e ao inventário e partilha dos bens, como se o ausente fosse falecido" (art. 28).

Os bens serão entregues aos herdeiros, porém em caráter provisório e condicional, ou seja, desde que prestem garantias da restituição deles, mediante penhores ou hipotecas equivalentes aos quinhões respectivos. Se não o fizerem, não serão imitidos na posse, ficando os respectivos quinhões sob a administração do curador ou de outro herdeiro designado pelo juiz e que preste dita garantia. Porém os ascendentes, os descendentes e o cônjuge, uma vez provada a sua qualidade de herdeiros, poderão, independentemente de garantia, entrar na posse dos bens do ausente (art. 30 e parágrafos). Os imóveis do ausente só se poderão **alienar**, não sendo por desapropriação, ou **hipotecar**, quando o ordene o juiz, para lhes evitar a ruína (art. 31).

O descendente, o ascendente ou o cônjuge que for sucessor provisório do ausente fará seus todos os frutos e rendimentos dos bens que couberem a este; os outros sucessores deverão capitalizar metade desses frutos e rendimentos. Se o ausente aparecer, ficando provado que a ausência foi voluntária e injustificada, perderá ele, em favor do sucessor, sua parte nos frutos e rendimentos (art. 33, parágrafo único). Se o ausente aparecer, ou se lhe provar a existência, depois de estabelecida a posse provisória, cessarão para logo as vantagens dos sucessores nela imitidos, ficando obrigados a tomar medidas assecuratórias precisas, até a entrega dos bens a seu dono (art. 36).

Cessará a sucessão provisória pelo comparecimento do ausente e **converter-se-á em definitiva**: **a)** quando houver certeza da morte do ausente; **b)** dez anos depois de passada em julgado a sentença de abertura da sucessão provisória; **c)** quando o ausente contar oitenta anos de idade e houverem decorridos cinco anos das últimas notícias suas (CC, arts. 37 e 38).

Dispõe o Enunciado n. 614 da VIII Jornada de Direito Civil do Conselho da Justiça Federal: "Os efeitos patrimoniais da presunção de morte posterior à declaração da ausência são aplicáveis aos casos do art. 7º, de modo que, se o presumivelmente morto reaparecer nos dez anos seguintes à abertura da sucessão, receberá igualmente os bens existentes no estado em que se acharem".

12 DA SUCESSÃO DEFINITIVA

Poderão os interessados, dez anos depois de passada em julgado a sentença que concedeu a abertura da sucessão provisória, requerer a definitiva e o levantamento das cauções prestadas. Também pode ser requerida a sucessão definitiva provando-se que o ausente conta oitenta anos de idade e decorreram cinco anos das últimas notícias suas.

Os sucessores deixam de ser provisórios, adquirindo o domínio dos bens, mas resolúvel, porque se o ausente regressar nos dez anos seguintes à abertura da sucessão definitiva, ou algum de seus descendentes ou ascendentes, aquele ou estes haverão só os bens existentes no estado em que se acharem, os sub-rogados em seu lugar, ou o preço que os herdeiros e demais interessados houverem recebido pelos bens alienados depois daquele tempo. Se, entretanto, o ausente não regressar nesses dez anos, e nenhum interessado promover a sucessão definitiva, os bens arrecadados passarão ao domínio do Município ou do Distrito Federal, se localizados nas respectivas circunscrições, incorporando-se ao domínio da União, quando situados em território federal (CC, art. 39, parágrafo único).

Quadro sinótico

Ausência	Conceito	Ausente é a pessoa que desaparece de seu domicílio sem dar notícia de seu paradeiro e sem deixar um representante ou procurador para administrar-lhe os bens (art. 22).
	Fases	A situação do ausente passa por três fases: a) fase da curadoria (arts. 22 a 25); b) fase da sucessão provisória (arts. 26 a 36); c) fase da sucessão definitiva (arts. 37 a 39).

Título II
DAS PESSOAS JURÍDICAS

13 CONCEITO

Pessoas jurídicas são entidades a que a lei empresta personalidade, capacitando-as a serem sujeitos de direitos e obrigações. A sua principal característica é a de que atuam na vida jurídica com personalidade diversa da dos indivíduos que as compõem (CC, art. 50, *a contrario sensu*). Cada país adota uma denominação para essas entidades. Na França, chamam-se "pessoas morais". Em Portugal, "pessoas coletivas". No Brasil, na Espanha e na Itália preferiu-se a expressão "pessoas jurídicas".

Quadro sinótico

Conceito	São entidades a que a lei confere personalidade, capacitando-as a ser sujeitos de direitos e obrigações. Atuam na vida jurídica com personalidade diversa da dos indivíduos que as compõem.

14 NATUREZA JURÍDICA

Várias teorias procuram explicar esse fenômeno, pelo qual um grupo de pessoas passa a constituir uma unidade orgânica, com individualidade própria reconhecida pelo Estado e distinta das pessoas que a compõem. Podem ser reunidas em dois grupos: o das teorias da ficção e o das teorias da realidade.

14.1. TEORIAS DA FICÇÃO

Podem ser da "ficção legal" e da "ficção doutrinária". Para a primeira, desenvolvida por Savigny, a pessoa jurídica constitui uma criação artificial da lei. Para a segunda, uma criação dos juristas, da doutrina.

Ambas não são aceitas. A crítica que se lhes faz é a de que o Estado é uma pessoa jurídica. Dizer-se que o Estado é uma ficção é o mesmo que dizer que o direito, que dele emana, também o é.

14.2. TEORIAS DA REALIDADE

Opõem-se às do primeiro grupo e se dividem em:

a) **Teoria da realidade objetiva** – Sustenta que a pessoa jurídica é uma realidade sociológica, ser com vida própria, que nasce por imposição das forças sociais. A crítica que se lhe faz é a de que os grupos sociais não têm vida própria, personalidade, que é característica do ser humano.

b) **Teoria da realidade jurídica** (ou **institucionalista**, de Hauriou) – Assemelha-se à da realidade objetiva. Considera as pessoas jurídicas organizações sociais destinadas a um serviço ou ofício, e por isso personificadas. Merece a mesma crítica feita àquela. Nada esclarece sobre as sociedades que se organizam sem a finalidade de prestar um serviço ou de preencher um ofício.

c) Teoria da realidade técnica – Entendem seus adeptos, especialmente Ihering, que a personificação dos grupos sociais é expediente de ordem técnica, a forma encontrada pelo direito para reconhecer a existência de grupos de indivíduos, que se unem na busca de fins determinados.

Quadro sinótico

Natureza jurídica	Teorias da ficção	a) Ficção legal: desenvolvida por Savigny, sustenta que a pessoa jurídica constitui uma criação artificial da lei. b) Ficção doutrinária: afirma que a pessoa jurídica é criação dos juristas, da doutrina. A crítica que se faz a tais teorias é que o Estado é uma pessoa jurídica. Dizer-se que o Estado é uma ficção é o mesmo que dizer que o direito, que dele emana, também o é.
	Teorias da realidade	a) Realidade objetiva: sustenta que a pessoa jurídica é uma realidade sociológica, que nasce por imposição das forças sociais. b) Realidade jurídica ou institucional: assemelha-se à primeira. Considera as pessoas jurídicas organizações sociais destinadas a um serviço ou ofício, e por isso personificadas. c) Realidade técnica: entendem seus adeptos, especialmente Ihering, que a personificação dos grupos sociais é expediente de ordem técnica, a forma encontrada pelo direito para reconhecer a existência de grupos de indivíduos, que se unem na busca de fins determinados. As primeiras são criticadas porque não explicam como os grupos sociais adquirem personalidade.

15 REQUISITOS PARA A CONSTITUIÇÃO DA PESSOA JURÍDICA

São três: **vontade humana criadora** (intenção de criar uma entidade distinta da de seus membros), **observância das condições legais** (instrumento particular ou público, registro e autorização ou aprovação do Governo) e **liceidade dos seus objetivos** (objetivos ilícitos ou nocivos constituem causa de extinção da pessoa jurídica – cf. CC, art. 69).

A vontade humana materializa-se no **ato de constituição**, que se denomina **estatuto**, em se tratando de associações (sem fins lucrativos); **contrato social**, em se tratando de sociedades, simples ou empresárias (antigamente denominadas **civis** e **comerciais**); e **escritura pública** ou **testamento**, em se tratando de fundações (CC, art. 62).

O ato constitutivo deve ser levado a **registro** para que comece, então, a existência legal da pessoa jurídica de direito privado (CC, art. 45). Antes do registro, não passará de mera "sociedade de fato" ou "sociedade não personificada", equiparada por alguns ao nascituro, que já foi concebido, mas que só adquirirá personalidade se nascer com vida. No caso da pessoa jurídica, se o seu ato constitutivo for registrado.

O registro do contrato social de uma sociedade empresária faz-se na Junta Comercial. Os estatutos e os atos constitutivos das demais pessoas jurídicas de direito privado são registrados no Cartório de Registro Civil das Pessoas Jurídicas (CC, art. 1.150; LRP, arts. 114 e s.). Mas os das sociedades simples de advogados só podem ser registrados na OAB – Ordem dos Advogados do Brasil (EAOAB, arts. 15 e 16, § 3º). Algumas pessoas jurídicas precisam, ainda, de autorização ou aprovação do Poder Executivo (CC, art. 45), como as seguradoras, as instituições financeiras, as administradoras de consórcios etc. O cancelamento do registro da pessoa jurídica, nos casos de dissolução ou cassação da autorização para seu funcionamen-

Direito Civil — Parte Geral

to, não se promove, mediante averbação, no instante em que é dissolvida, mas depois de encerrada sua liquidação (art. 51).

Prescreve o art.75, IX, do Código de Processo Civil que serão representadas em juízo, ativa e passivamente, "a sociedade e a associação irregulares e outros entes organizados sem personalidade jurídica, pela pessoa a quem couber a administração dos seus bens".

Quadro sinótico

Requisitos para a constituição da pessoa jurídica	a) vontade humana criadora (intenção de criar uma entidade distinta da de seus membros)		
	b) observância das condições legais	ato constitutivo	a) estatuto (associações); b) contrato social (sociedades): c) escritura pública ou testamento (fundações).
		registro público	a) sociedade empresária: na Junta Comercial; b) sociedade simples de advogados: na OAB; c) demais pessoas jurídicas de direito privado: no Cartório de Registro Civil das Pessoas Jurídicas (LRP, arts. 114 e s.).
		aprovação do governo	Algumas pessoas jurídicas precisam ainda de autorização do Executivo (CC, art. 45).
	c) liceidade de seus objetivos (CC, art. 69)	Objetivos ilícitos ou nocivos constituem causa de extinção da pessoa jurídica.	

16 CLASSIFICAÇÃO DA PESSOA JURÍDICA

Divide-se a pessoa jurídica:

a) Quanto à nacionalidade, em nacional e estrangeira.

b) Quanto à estrutura interna, em corporação (*universitas personarum*: conjunto ou reunião de pessoas) e fundação (*universitas bonorum*: reunião de bens). O que as distingue é que as corporações visam à realização de fins internos, estabelecidos pelos sócios. Os seus objetivos são voltados para o bem dos seus membros. As fundações, ao contrário, têm objetivos externos, estabelecidos pelo instituidor. Nas corporações também existe patrimônio, mas é elemento secundário, apenas um meio para a realização de um fim. Nas fundações, o patrimônio é elemento essencial.

As corporações dividem-se em associações e sociedades. Estas, como já dissemos, podem ser simples e empresárias, antigamente denominadas civis e comerciais. Como no sistema do Código Civil todas as sociedades são civis, optou o legislador pela nova designação supramencionada (cf. art. 982). As associações não têm fins lucrativos, mas morais, culturais, desportivos ou beneficentes. Destaque especial deve ser dado à previsão da exclusão de associado, que "só é admissível havendo justa causa, assim reconhecida em procedimento que assegure direito de defesa e de recurso, nos termos previstos no estatuto", conforme dispõe o art. 57 do Código Civil, com a redação conferida pela Lei n. 11.127, de 28-6-2005. A referida lei revogou o parágrafo único e suprimiu a segunda parte do dispositivo, segundo a qual, sendo omisso o estatuto, poderia também ocorrer a exclusão do associado se fosse reconhecida a existência de motivos graves, em deliberação fundamentada, pela maioria absoluta dos presentes à Assembleia Geral especialmente convocada para esse fim.

As sociedades simples têm fim econômico e visam ao lucro, que deve ser distribuído entre os sócios. São constituídas, em geral, por profissionais de uma mesma área (grandes escritórios de engenharia, de advocacia etc.) ou por prestadores de serviços técnicos. Mesmo que eventualmente venham a praticar atos próprios de empresários, tal fato não altera a sua situação, pois o que se considera é a atividade principal por elas exercida. As sociedades empresárias também visam ao lucro. Distinguem-se das sociedades simples porque têm por objeto o exercício de atividade própria de empresário sujeito ao registro previsto no art. 967 do Código Civil. Aplicam-se-lhes, no que couber, as disposições concernentes às associações (art. 44, § 2º).

As fundações constituem um acervo de bens, que recebe personalidade para a realização de fins determinados. Compõem-se de dois elementos: o patrimônio e o fim (estabelecido pelo instituidor e não lucrativo). Somente poderão constituir-se para fins de (art. 62, parágrafo único):

 I – assistência social;
 II – cultura, defesa e conservação do patrimônio histórico e artístico;
 III – educação;
 IV – saúde;
 V – segurança alimentar e nutricional;
 VI – defesa, preservação e conservação do meio ambiente e promoção do desenvolvimento sustentável;
 VII – pesquisa científica, desenvolvimento de tecnologias alternativas, modernização de sistemas de gestão, produção e divulgação de informações e conhecimentos técnicos e científicos;
 VIII – promoção da ética, da cidadania, da democracia e dos direitos humanos;
 IX – atividades religiosas; e
 X – (vetado).

A limitação, inexistente no Código de 1916, tem a vantagem de impedir a instituição de fundações para fins menos nobres ou mesmo fúteis. Os atos de administração podem ser praticados em desacordo com os estatutos e as normas legais reguladoras, sujeitando os administradores à responsabilidade administrativa, civil ou penal. "Pelas características de uma fundação privada, sobretudo por lidar com um patrimônio vinculado a uma finalidade social, é possível dizer que a administração da entidade está adstrita aos princípios da legalidade, impessoalidade, moralidade, publicidade, economicidade e da eficiência (art. 4º, I, da Lei n. 9.790/99)" (Gustavo Saad Diniz, *Direito das fundações privadas*, p. 400).

A formação de uma fundação passa por quatro fases:

1) A do ato de dotação ou de instituição (reserva de bens livres, com indicação dos fins a que se destinam – CC, art. 62). Faz-se por escritura pública ou por testamento.

2) A da elaboração dos estatutos. A elaboração pode ser direta ou própria (pelo próprio instituidor) ou fiduciária (por pessoa de sua confiança, por ele designada). Se o instituidor não elabora o estatuto, nem indica quem deva fazê-lo, o Ministério Público poderá tomar a iniciativa. O mesmo acontecerá se a pessoa designada não cumprir o referido encargo, no prazo que lhe foi assinalado pelo instituidor, ou, não havendo prazo, dentro em cento e oitenta dias (CC, art. 65, parágrafo único).

3) A da aprovação dos estatutos. Os estatutos são encaminhados ao Ministério Público para aprovação. Antes, verificará se o objeto é lícito (CC, arts. 65, 66 e 69; LRP, art. 155), se foram observadas as bases fixadas pelo instituidor e se os bens são suficientes (art. 63). O Ministério Público, em quinze dias, aprovará o estatuto, indicará modificações que entender necessárias ou lhe denegará a aprovação. Nos dois últimos casos, pode o interessado requerer ao juiz o suprimento da aprovação (CC, art. 65). O juiz, antes de suprir a aprovação, poderá também fazer modificações no estatuto, a fim de adaptá-lo aos fins pre-

Direito Civil — Parte Geral

tendidos pelo instituidor. Qualquer alteração nos estatutos deve ser submetida à aprovação do Ministério Público, devendo-se observar os requisitos dos arts. 67 do Código Civil e 764 do Código de Processo Civil. Os bens da fundação são inalienáveis. Mas a inalienabilidade não é absoluta. Comprovada a necessidade da alienação, pode ser esta autorizada pelo juiz competente, com audiência do Ministério Público, aplicando-se o produto da venda na própria fundação, em outros bens destinados à consecução de seus fins. Feita sem autorização judicial é nula. Com autorização judicial pode ser feita, ainda que a inalienabilidade tenha sido imposta pelo instituidor.

4) A do registro. Indispensável o registro, que se faz no Registro Civil das Pessoas Jurídicas. Só com ele começa a fundação a ter existência legal.

As fundações extinguem-se nas seguintes hipóteses: **a)** se se tornar ilícito o seu objeto; **b)** se for impossível a sua manutenção; **c)** quando vencer o prazo de sua existência (CPC, art. 765; CC, art. 69).

Nesses casos, o patrimônio terá o destino previsto pelo instituidor, no ato constitutivo. Se não foi feita essa previsão, o art. 69 do Código Civil determina que seja incorporado em outra fundação (municipal, estadual ou federal – cf. art. 61), designada pelo juiz, que se proponha a fim igual ou semelhante. A lei não esclarece qual o destino do patrimônio, se não existir nenhuma fundação de fins iguais ou semelhantes. Nesse caso, entende a doutrina que os bens serão declarados vagos e passarão, então, ao Município ou ao Distrito Federal, se localizados nas respectivas circunscrições, incorporando-se ao domínio da União quando situados em território federal, aplicando-se por analogia o disposto no art. 1.822 do Código Civil;

c) quanto à função (ou à órbita de sua atuação), as pessoas jurídicas dividem-se em: de direito público e de direito privado.

c1) As de direito público podem ser: de direito público externo (CC, art. 42: as diversas Nações, inclusive a Santa Sé, todas as pessoas que forem regidas pelo direito internacional público, inclusive organismos internacionais, como a ONU, a OEA, a Unesco, a FAO etc.) e de direito público interno. Estas podem ser (art. 41): da administração direta (União, Estados, Distrito Federal, Territórios, Municípios) e da administração indireta (autarquias, inclusive as associações públicas, fundações públicas e demais entidades de caráter público criadas por lei). São órgãos descentralizados, criados por lei, com personalidade própria para o exercício de atividade de interesse público.

c2) As pessoas jurídicas de direito privado são as corporações (associações, sociedades simples e empresárias, organizações religiosas, partidos políticos e sindicatos) e as fundações particulares (CC, art. 44; CLT, arts. 511 e 512; CF, art. 8º; Lei n. 12.441, de 12-7-2011). A Lei n. 12.441, de 12 de julho de 2011, acrescentou o inciso VI do art. 44 do CC, para incluir a "EIRELI" ("Empresa Individual de Responsabilidade Limitada") no rol das pessoas jurídicas de direito privado. Essa última lei introduziu no Código Civil o art. 980-A, que autoriza a criação da empresa individual de responsabilidade limitada.

No entanto, a Lei n. 14.382/2022 revogou o inciso VI do art. 44, bem como o art. 980-A do Código Civil, suprimindo as "EIRELI" do rol das pessoas jurídicas. A razão para tanto não foi, ao menos em caráter de exclusividade, a circunstância de não se tratar de efetiva sociedade, já que composta de um único sócio, mas sobretudo a inclusão do § 1º do art. 1.052 do CC, feita pela Lei n. 13.874/2019, que estabeleceu que a sociedade limitada pode ser constituída por apenas uma pessoa. Diante dessa possibilidade, tornou-se inócua a autorização de constituição das "EIRELI", uma vez que as sociedades unipessoais passaram a ser admitidas, sem a exigência de integralização de um patrimônio mínimo de 100 salários mínimos. Diante do esvaziamento das "EIRELI", sobreveio a Lei n. 14.382/2022, que revogou os dispositivos que a autorizavam, excluindo-a do rol de pessoas jurídicas do ordenamento jurídico brasileiro. Diante disso, não é mais possível a criação de novas "EI-RELI", devendo as já constituídas serem convertidas em sociedades limitadas unipessoais, nos termos do art. 41, da Lei n. 14.195/2021, independentemente de qualquer alteração de seus atos constitutivos.

As empresas públicas e as sociedades de economia mista sujeitam-se ao regime próprio das empresas privadas (CF, art. 173, § 1º).

Quadro sinótico

<table>
<tr>
<td rowspan="9">Classificação</td>
<td>Quanto à nacionalidade</td>
<td colspan="4">a) nacionais;
b) estrangeiras.</td>
</tr>
<tr>
<td>Quanto à estrutura interna</td>
<td colspan="4">a) Corporação (universitas personarum): conjunto ou reunião de pessoas. Dividem-se em associações e sociedades, que podem ser simples e empresárias.
b) Fundação.</td>
</tr>
<tr>
<td rowspan="7">Quanto à função</td>
<td rowspan="3">Pessoas jurídicas de direito público</td>
<td>Externo</td>
<td colspan="2">a) nações estrangeiras;
b) Santa Sé;
c) organismos internacionais.</td>
</tr>
<tr>
<td rowspan="2">Interno</td>
<td>Administração direta</td>
<td>União, Estados, Distrito Federal, Territórios, Municípios.</td>
</tr>
<tr>
<td>Administração indireta</td>
<td>Autarquias, inclusive as associações públicas, fundações públicas e as demais entidades de caráter público criadas por lei.</td>
</tr>
<tr>
<td rowspan="4">Pessoas jurídicas de direito privado (art. 44)</td>
<td colspan="3">a) Associações: entidades que não têm fins lucrativos, mas morais, culturais, desportivos ou beneficentes.
b) Sociedades simples: têm fim econômico e são constituídas, em geral, por profissionais liberais ou prestadores de serviços.
c) Sociedades empresárias: também visam ao lucro. Distinguem-se das sociedades simples jurídicas porque têm por objeto o exercício de atividade própria de empresário sujeito ao registro previsto no art. 967 do CC.
d) Fundações particulares: acervo de bens que recebe personalidade para a realização de fins determinados (art. 62, parágrafo único).
e) Organizações religiosas: têm fins pastorais e evangélicos e tratam da complexa questão da fé, distinguindo-se das demais associações civis.
f) Partidos políticos: têm fins políticos, não se caracterizando pelo fim econômico ou não.
g) Sindicatos: embora não mencionados no art. 44 do CC, têm a natureza de associação civil (CF, art. 8º; CLT, arts. 511 e 512).</td>
</tr>
</table>

Direito Civil — Parte Geral

17 DESCONSIDERAÇÃO DA PERSONALIDADE JURÍDICA

O ordenamento jurídico confere às pessoas jurídicas personalidade distinta da dos seus membros. Essa regra, entretanto, tem sido mal utilizada por pessoas inescrupulosas, com a intenção de prejudicar terceiros, as quais se utilizam da pessoa jurídica como uma espécie de "capa" ou "véu" para proteger os seus negócios escusos.

A reação a esses abusos ocorreu no mundo todo, dando origem à teoria da desconsideração da personalidade jurídica (no direito anglo-saxão, com o nome de *disregard of the legal entity*). Permite tal teoria que o juiz, em casos de fraude e de má-fé, desconsidere o princípio de que as pessoas jurídicas têm existência distinta da dos seus membros e os efeitos dessa autonomia para atingir e vincular os bens particulares dos sócios à satisfação das dívidas da sociedade.

Como no Brasil não existia nenhuma lei que expressamente autorizasse a aplicação de tal teoria entre nós, valiam-se os tribunais, para aplicá-la, analogicamente, da regra do art. 135 do Código Tributário Nacional, que responsabiliza pessoalmente os diretores, gerentes ou representantes de pessoas jurídicas de direito privado por créditos correspondentes a obrigações tributárias resultantes de atos praticados com "excesso de poderes ou infração de lei, contrato social ou estatutos".

Atualmente, o Código de Defesa do Consumidor, no art. 28 e seus parágrafos, autoriza o juiz a desconsiderar a personalidade jurídica da sociedade em casos de abuso de direito, excesso de poder, infração da lei, fato ou ato ilícito ou violação dos estatutos ou contrato social, bem como nos casos de falência, insolvência, encerramento da pessoa jurídica provocado por má administração. E, ainda, sempre que a personalidade da pessoa jurídica for, de alguma forma, obstáculo ao ressarcimento de prejuízos causados aos consumidores.

Dentre as regras disciplinadoras da vida associativa em geral, previstas no Código Civil, destaca-se a que dispõe sobre a repressão do uso indevido da personalidade jurídica, quando esta for desviada de seus objetivos socioeconômicos para a prática de atos ilícitos, ou abusivos. Prescreve, com efeito, o art. 50:

> Art. 50. Em caso de abuso da personalidade jurídica, caracterizado pelo desvio de finalidade ou pela confusão patrimonial, pode o juiz, a requerimento da parte, ou do Ministério Público quando lhe couber intervir no processo, desconsiderá-la para que os efeitos de certas e determinadas relações de obrigações sejam estendidos aos bens particulares de administradores ou de sócios da pessoa jurídica beneficiados direta ou indiretamente pelo abuso.

Observa-se que a desconsideração da personalidade jurídica não decorre somente do desvio dos fins estabelecidos no contrato social ou nos atos constitutivos, podendo o abuso também consistir na confusão entre o patrimônio social e o dos sócios ou administradores. Os seus efeitos são meramente patrimoniais e sempre relativos a obrigações determinadas, pois a pessoa jurídica não entra em processo de liquidação. O emprego da expressão "relações de obrigação" demonstra que o direito do demandante tanto pode ser fundado em contrato como em um ilícito civil.

Caracteriza-se a **desconsideração inversa** quando é afastado o princípio da autonomia patrimonial da pessoa jurídica para responsabilizar a sociedade por obrigação do sócio, como na hipótese de um dos cônjuges, ao adquirir bens de maior valor, registrá-los em nome de pessoa jurídica sob seu controle, para livrá-los da partilha a ser realizada nos autos da separação judicial.

É comum verificar, nas relações conjugais e de uniões estáveis, que os bens adquiridos para uso dos consortes ou companheiros, móveis e imóveis, encontram-se registrados em nome de empresas de que participa um deles. Como observa Guillermo Julio Borda, é fácil encontrar, nas relações afetivas entre marido e mulher, "manobras fraudatórias de um dos cônjuges que, valendo-se da estrutura societária, esvazia o patrimônio da sociedade conjugal em detrimento do outro (no mais das vezes o marido em prejuízo da esposa) e, assim, com colaboração de terceiro, reduzem a zero o patrimônio do casal" (*La persona jurídica y el corrimiento del velo societario*, p. 85).

A propósito, afirmou o Superior Tribunal de Justiça:

"Considerando-se que a finalidade da *disregard doctrine* é combater a utilização indevida do ente societário por seus sócios, o que pode ocorrer também nos casos em que o sócio controlador esvazia o seu patrimônio pessoal e o integraliza na pessoa jurídica, conclui-se, de uma interpretação teleológica do art. 50 do CC/02, ser possível a desconsideração inversa da personalidade jurídica, de modo a atingir bens da sociedade em razão de dívidas contraídas pelo sócio controlador, conquanto preenchidos os requisitos previstos na norma" (REsp 948.117-MS, 3ª T., *DJE* 3-8-2010).

É possível aplicar a *disregard doctrine* no processo de execução, sem necessidade de processo autônomo, quando não encontrados bens do devedor e estiverem presentes os pressupostos que autorizam a sua invocação, requerendo-se a penhora diretamente em bens do sócio (ou da sociedade, em caso de desconsideração inversa). O redirecionamento da ação exige, contudo, citação do novo executado, se não participou da lide. Proclama, todavia, a Súmula 430 do Superior Tribunal de Justiça: "O inadimplemento da obrigação tributária pela sociedade não gera, por si só, a responsabilidade solidária do sócio-gerente". A mesma Corte editou também a Súmula 435, concernente ao mesmo tema: "Presume-se dissolvida irregularmente a empresa que deixar de funcionar no seu domicílio fiscal, sem comunicação aos órgãos competentes, legitimando o redirecionamento da execução fiscal para o sócio-gerente".

O art. 133, § 2º, do Código de Processo Civil, ao tratar do incidente da desconsideração da personalidade jurídica, proclama: "Aplica-se o disposto neste Capítulo à hipótese de desconsideração inversa da personalidade jurídica". A 4ª Turma do Superior Tribunal de Justiça, alinhando-se à posição já adotada pela 3ª Turma (ambas compõem a 2ª Seção), decidiu que a pessoa jurídica tem legitimidade para impugnar a desconsideração de sua personalidade jurídica, especialmente quando a empresa se distancia de sua finalidade original, de forma fraudulenta, e isso afeta seu patrimônio moral (*in www.conjur.com.br* de 20-5-2015).

Tal entendimento aplica-se sobretudo às hipóteses de desconsideração inversa.

Quadro sinótico

Desconsideração da personalidade jurídica	A teoria da desconsideração da personalidade jurídica (*disregard of the legal entity*) permite que o juiz, em casos de fraude e de má-fé, desconsidere o princípio de que as pessoas jurídicas têm existência distinta da de seus membros e autorize a penhora de bens particulares dos sócios (CC, art. 50; CDC, art. 28).

18 RESPONSABILIDADE CIVIL DAS PESSOAS JURÍDICAS

No tocante à responsabilidade contratual, as pessoas jurídicas em geral, desde que se tornem inadimplentes, respondem por perdas e danos (CC, art. 389). No campo da responsabilidade extracontratual, as pessoas jurídicas de direito privado (corporações e fundações) respondem civilmente pelos atos de seus prepostos, tenham ou não fins lucrativos (CC, arts. 186 e 932, III).

A responsabilidade civil das pessoas jurídicas de direito público passou por diversas fases: **a)** a da irresponsabilidade do Estado, representada pela frase universalmente conhecida: *The King can do not wrong*; **b)** a fase civilista, representada pelo art. 15 do Código Civil de 1916, que responsabilizava civilmente as pessoas jurídicas de direito público pelos atos de seus representantes, que nessa qualidade causassem danos a terceiros; nessa fase, a vítima tinha o ônus de provar culpa ou dolo do funcionário; assegurou-se ao Estado ação regressiva contra este último; **c)** a fase publicista, a partir da Constituição Federal de 1946, quando a questão passou a ser tratada em nível de direito público, regulamentada na Constituição Federal. A responsabilidade passou a ser objetiva, mas na modalidade do risco administrativo (não a do risco integral, em que o Estado responde em qualquer circunstância). Assim, a vítima não tem mais o ônus de provar culpa ou dolo do funcionário. Mas admite-se a inversão do ônus da prova. O Estado se exonerará da obrigação de indenizar se provar culpa exclusiva da vítima, força maior e fato exclusivo de terceiro. Em caso de culpa concorrente da vítima, a indenização será reduzida pela metade. Alguns autores afirmam que as nossas Constituições adotaram a teoria do risco integral (p. ex., Washington de Barros Monteiro, Maria Helena Diniz). Mas trata-se de um equívoco apenas de ordem semântica, porque admitem que o Estado pode provar culpa exclusiva da vítima ou força maior, para não indenizar.

Atualmente, o assunto está regulamentado no art. 37, § 6º, da Constituição Federal, que trouxe duas inovações em relação às Constituições anteriores: substituiu a expressão "funcionários" por "agentes", mais ampla, e estendeu essa responsabilidade objetiva às pessoas jurídicas de direito privado prestadoras de serviços públicos (concessionárias, permissionárias). O art. 43 do Código Civil, nesse diapasão, proclama: "As pessoas jurídicas de direito público interno são civilmente responsáveis por atos dos seus agentes que nessa qualidade causem danos a terceiros, ressalvado direito regressivo contra os causadores do dano, se houver, por parte destes, culpa ou dolo".

Embora alguns autores entendam que a ação só pode ser movida contra a pessoa jurídica e não contra o funcionário, o Supremo Tribunal Federal já decidiu que as ações fundadas na responsabilidade objetiva só podem ser ajuizadas contra a pessoa jurídica. Mas, se o autor se dispõe a provar a culpa ou dolo do servidor (responsabilidade subjetiva), abrindo mão de uma vantagem, poderá movê-la diretamente contra o causador do dano, principalmente porque a execução contra o particular é menos demorada, não sujeita a expedição de precatório. Se preferir movê-la contra ambos, terá também de arcar com o ônus de descrever a modalidade de culpa do funcionário e de provar a sua existência.

O Superior Tribunal de Justiça tem proclamado ser possível, por expressa disposição legal e constitucional, a denunciação da lide ao funcionário, mesmo que o Estado, na contestação, alegue culpa exclusiva da vítima, sendo defeso ao juiz condicioná-la à confissão de culpa do denunciante (cf. *RT*, 759:41). Tem repelido, portanto, a corrente restritivista, que não admite a denunciação da lide nesses casos, porque a discussão sobre a culpa ou dolo na lide secundária (entre o Estado e o seu funcionário, regressivamente) seria introduzir um elemento novo na demanda, retardando a solução da lide principal entre a vítima e o Estado. E também porque se entende não ser correto o Estado assumir posições antagônicas no mesmo processo: na lide principal, ao contestar, alegando culpa exclusiva da vítima; e, na lide secundária, atribuindo culpa ou dolo ao seu funcionário.

Cabe ação contra o Estado mesmo quando não se identifique o funcionário causador do dano, especialmente nos casos de omissão da Administração. Esses casos são chamados de "culpa anônima da administração" (enchentes em São Paulo, que não foram solucionadas pelas diversas administrações que a cidade teve). Malgrado a opinião de Bandeira de Mello, no sentido de que o Estado somente responde de forma objetiva nos casos de ação (não de omissão), a jurisprudência não faz essa distinção.

Quadro sinótico

Responsabilidade civil das pessoas jurídicas	a) Responsabilidade contratual: as pessoas jurídicas, desde que se tornem inadimplentes, respondem por perdas e danos (CC, art. 389). Têm responsabilidade objetiva por fato e vício do produto e do serviço (CDC, arts. 12 a 25). b) Responsabilidade extracontratual: as pessoas jurídicas de direito privado (corporações, fundações etc.) respondem civilmente pelos atos de seus prepostos, tenham ou não fins lucrativos (CC, arts. 186 e 932, III). A responsabilidade das pessoas jurídicas de direito público por ato de seus agentes é objetiva, sob a modalidade do risco administrativo. A vítima não tem o ônus de provar culpa ou dolo do agente público, mas somente o dano e o nexo causal. Admite-se a inversão do ônus da prova. O Estado se exonerará da obrigação de indenizar se provar culpa exclusiva da vítima, força maior e fato exclusivo de terceiro. Em caso de culpa concorrente da vítima, a indenização será reduzida pela metade (CF, art. 37, § 6º; CC, art. 43).

19 EXTINÇÃO DA PESSOA JURÍDICA

Termina a existência da pessoa jurídica pelas seguintes causas (CC, arts. 54, VI, 2ª parte, e 1.033 e s.): convencional (por deliberação de seus membros, conforme *quorum* previsto nos estatutos ou na lei); legal (em razão de motivo determinante na lei – art. 1.034); administrativa (quando as pessoas jurídicas dependem de aprovação ou autorização do Poder Público e praticam atos nocivos ou contrários aos seus fins. Pode haver provocação de qualquer do povo ou do MP); natural (resulta da morte de seus membros, se não ficou estabelecido que prosseguirá com os herdeiros); e judicial (quando se configura algum dos casos de dissolução previstos em lei ou no estatuto e a sociedade continua a existir, obrigando um dos sócios a ingressar em juízo).

Quadro sinótico

Extinção da pessoa jurídica de direito privado	a) Convencional: por deliberação de seus membros, conforme *quorum* previsto nos estatutos ou na lei. b) Legal: em razão de motivo determinante na lei – CC, art. 1.034. c) Administrativa: quando as pessoas jurídicas dependem de autorização do Governo e praticam atos nocivos ou contrários aos seus fins. d) Natural: resulta da morte de seus membros, se não ficou estabelecido que prosseguirá com os herdeiros. e) Judicial: quando se configura algum dos casos de dissolução previstos em lei ou no estatuto e a sociedade continua a existir, obrigando um dos sócios a ingressar em juízo.

Título III
DO DOMICÍLIO

20 DOMICÍLIO DA PESSOA NATURAL

Como afirmado anteriormente (n. 6.3, *retro*), a palavra "domicílio" **tem** um significado jurídico importante, tanto no Código Civil como no estatuto processual civil. É, em geral, no foro de seu domicílio que o réu é procurado para ser citado.

20.1. CONCEITO

Domicílio é a sede jurídica da pessoa, onde ela se presume presente para efeitos de direito. Onde pratica habitualmente seus atos e negócios jurídicos. É o local onde responde por suas obrigações. É conceito jurídico (CC, arts. 327 e 1.785; CPC, art. 46).

O Código Civil, no art. 70, considera domicílio o lugar onde a pessoa estabelece a sua residência com ânimo definitivo. A **residência** é, portanto, um elemento do conceito de domicílio, o seu elemento objetivo. O elemento subjetivo é o **ânimo definitivo**. O Código Civil brasileiro adotou o modelo suíço. Domicílio também não se confunde com habitação ou moradia, local que a pessoa ocupa esporadicamente (casa de praia, de campo).

Uma pessoa pode ter um só domicílio e várias residências. Pode ter também mais de um domicílio, pois o Código Civil admite a pluralidade domiciliar. Para tanto, basta que tenha diversas residências onde **alternadamente viva** (CC, art. 71). Diversamente do que dispunha o Código Civil de 1916, o atual não mais considera domicílio o **centro de ocupação habitual**. É certo, porém, que este Código não afasta totalmente o centro de ocupação habitual do conceito de domicílio, pois consagra, no art. 72, o **domicílio profissional**, nestes termos: "É também domicílio da pessoa natural, quanto às relações concernentes à profissão, o lugar onde esta é exercida. Parágrafo único. Se a pessoa exercitar profissão em lugares diversos, cada um deles constituirá domicílio para as relações que lhe corresponderem". É possível, também, segundo o art. 73, alguém ter domicílio sem ter residência fixa (domicílio ocasional). É o caso dos ciganos e andarilhos, ou de caixeiros-viajantes, que passam a vida em viagens e hotéis e, por isso, não têm residência habitual. Considera-se domicílio o lugar onde forem encontrados.

20.2. ESPÉCIES

O domicílio pode ser voluntário ou necessário (legal). O **voluntário** pode ser **geral** (fixado livremente) ou **especial** (fixado com base no contrato: foro contratual ou de eleição). O geral ou comum, escolhido livremente, pode ser mudado, conforme prescreve o art. 74. O do contrato é previsto no art. 78 do Código Civil, e o de eleição nos arts. 62 e 63 do Código de Processo Civil. A parte por este beneficiada pode abrir mão do benefício e ajuizar a ação no foro do domicílio do réu. Não se tem admitido o foro de eleição nos contratos de adesão, salvo demonstrando-se a inexistência de prejuízo para o aderente.

Domicílio necessário ou legal é o determinado pela lei, em razão da condição ou situação de certas pessoas. Assim, o recém-nascido adquire o domicílio de seus pais, ao nascer, pois os incapazes em geral têm o domicílio de seus representantes ou assistentes; o servidor público tem por domicílio o lugar em que exerce permanentemente suas funções, não perdendo, contudo, o domicílio voluntário, se o tiver (admite-se a pluralidade domiciliar); o militar em serviço ativo tem seu domicílio no lugar onde serve, e, sendo da Marinha ou da

SINOPSES JURÍDICAS

Aeronáutica, na sede do comando a que se encontra imediatamente subordinado; o domicílio do marítimo é o local em que o navio está matriculado; e o do preso, o lugar em que se encontra cumprindo a sentença (CC, art. 76, parágrafo único). O agente diplomático do Brasil que, citado no estrangeiro, alegar extraterritorialidade sem designar onde tem, no país, o seu domicílio poderá ser demandado no Distrito Federal ou no último ponto do território brasileiro onde o teve (CC, art. 77).

21 DOMICÍLIO DA PESSOA JURÍDICA

O art. 75 do Código Civil declara que o domicílio da União é o Distrito Federal; dos Estados e Territórios, as respectivas capitais; e do Município, o lugar onde funcione a administração municipal. O das demais pessoas jurídicas, incluindo-se as de direito privado, é o lugar onde funcionarem as respectivas diretorias e administrações, ou onde elegerem domicílio especial no seu estatuto ou atos constitutivos.

Tendo a pessoa jurídica diversos estabelecimentos em lugares diferentes, cada um deles será considerado domicílio para os atos nele praticados (§ 1º). Se a administração, ou diretoria, tiver a sede no estrangeiro, haver-se-á por domicílio da pessoa jurídica, no tocante às obrigações contraídas por qualquer de suas agências, o lugar do estabelecimento, sito no Brasil, a que ela corresponder (§ 2º).

Quadro sinótico

Domicílio da pessoa jurídica de direito público	O art. 75 do Código Civil declara que o domicílio da União é o Distrito Federal; dos Estados e Territórios, as respectivas capitais; e do Município, o lugar onde funcione a administração municipal. O das demais pessoas jurídicas é o lugar onde funcionarem as respectivas diretorias e administrações, ou onde elegerem domicílio especial no seu estatuto ou atos constitutivos.

Livro II
DOS BENS

22 NOÇÕES INTRODUTÓRIAS

Todo direito tem o seu objeto. Como o direito subjetivo é poder outorgado a um titular, requer um objeto. Sobre o objeto desenvolve-se o poder de fruição da pessoa.

Em regra, esse poder recai sobre um bem. Bem, em sentido filosófico, é tudo o que satisfaz uma necessidade humana. Juridicamente falando, o conceito de coisas corresponde ao de bens, mas nem sempre há perfeita sincronização entre as duas expressões. Às vezes, coisas são o gênero e bens, a espécie; outras vezes, estes são o gênero e aquelas, a espécie; outras, finalmente, são os dois termos usados como sinônimos, havendo então entre eles coincidência de significação (Scuto, *Istituzioni di diritto privato*; parte generale, v. 1, p. 291). O Código Civil de 1916 não os distinguia, usando ora a palavra coisa, ora a palavra bem, ao se referir ao objeto do direito. O atual, ao contrário, utiliza sempre a expressão bens, evitando o vocábulo coisa, que é conceito mais amplo do que o de bem, no entender de José Carlos Moreira Alves, que se apoia na lição de Trabucchi (*Istituzioni di diritto civile*, 13. ed., n. 158, p. 366). Bens, portanto, são coisas materiais ou imateriais, úteis aos homens e de expressão econômica, suscetíveis de apropriação.

Os romanos faziam a distinção entre bens corpóreos e incorpóreos. Tal classificação não foi acolhida pela nossa legislação. Corpóreos são os que têm existência física, material e podem ser tangidos pelo homem. Incorpóreos são os que têm existência abstrata, mas valor econômico, como o direito autoral, o crédito, a sucessão aberta. Os primeiros podem ser objeto de compra e venda, e os segundos, somente de cessão. Ambos integram o patrimônio da pessoa.

Outros bens, além das coisas corpóreas e incorpóreas, podem ser objeto de direito, como certos atos humanos, que expressam um comportamento que as pessoas podem exigir umas das outras, e que se denominam prestações (de dar, fazer, não fazer). Os direitos também podem ser objeto de outros direitos (usufruto de crédito, cessão de crédito). Assim também certos como o direito à imagem.

Em sentido amplo, o conjunto de bens, de qualquer ordem, pertencentes a um titular, constitui o seu patrimônio. Em sentido estrito, tal expressão abrange apenas as relações jurídicas ativas e passivas de que a pessoa é titular, aferíveis economicamente. Restringe-se, assim, aos bens avaliáveis em dinheiro. Não se incluem no patrimônio as qualidades pessoais, como a capacidade física ou técnica, o conhecimento, a força de trabalho, porque são considerados simples fatores de obtenção de receitas, quando utilizados para esses fins, malgrado a lesão a esses bens possa acarretar a devida reparação.

Certas coisas, insuscetíveis de apropriação pelo homem, como o ar atmosférico, o mar etc., são chamadas de coisas comuns. Não podem ser objeto de relação jurídica. Entretanto, sendo possível sua apropriação em porções limitadas, tornam-se objeto do direito (gases comprimidos, água fornecida pela Administração Pública). As coisas sem dono (*res nullius*), porque nunca foram apropriadas, como a caça solta, os peixes, podem sê-lo, pois acham-se à disposição de quem as encontrar ou apanhar, embora essa apropriação possa ser regulamentada para fins de proteção ambiental. A coisa móvel abandonada (*res derelicta*) foi objeto de relação jurídica, mas o seu titular a lançou fora, com a intenção de não mais tê-la para si. Nesse caso, pode ser apropriada por qualquer outra pessoa.

| SINOPSES JURÍDICAS

| Quadro sinótico |

| Noções introdutórias dos bens | Bens são coisas materiais ou imateriais, úteis aos homens e de expressão econômica, suscetíveis de apropriação. Coisa é gênero do qual bem é espécie. A classificação dos bens é feita segundo critérios de importância científica. |

23 CLASSIFICAÇÃO

A classificação dos bens é feita segundo critérios de importância científica, pois a inclusão de um bem em determinada categoria implica a aplicação automática de regras próprias e específicas, visto que não se podem aplicar as mesmas regras a todos os bens. O bem de família foi deslocado para o direito de família, estando regulamentado nos arts. 1.711 a 1.722.

O Código Civil brasileiro classifica, inicialmente, os "bens considerados em si mesmos".

23.1. BENS CONSIDERADOS EM SI MESMOS

Sob esta ótica podem ser:

23.1.1. BENS IMÓVEIS E BENS MÓVEIS

É a mais importante classificação, fundada na efetiva natureza dos bens. Os seus principais efeitos práticos são: os bens móveis são adquiridos por simples tradição, enquanto os imóveis dependem de escritura pública e registro no Cartório de Registro de Imóveis; estes exigem também, para ser alienados, a outorga uxória, o mesmo não acontecendo com os móveis; usucapião de bens imóveis exige prazos maiores do que o de bens móveis; hipoteca, em regra, é direito real de garantia reservado aos imóveis, enquanto o penhor é reservado aos móveis; só os imóveis são sujeitos à concessão da superfície (CC, art. 1.369), enquanto os móveis prestam-se ao contrato de mútuo; os imóveis estão sujeitos, em caso de alienação, ao imposto de sisa (ITBI – Imposto de Transmissão de Bens Imóveis), enquanto a venda de móveis é geradora do imposto de circulação de mercadorias.

23.1.1.1. Bens imóveis

Clóvis Beviláqua considera bens imóveis as coisas que não podem ser removidas de um lugar para outro sem destruição. Esse conceito não abrange, porém, os imóveis por determinação legal. O art. 79 do Código Civil assim descreve os bens imóveis: "o solo e tudo quanto se lhe incorporar natural ou artificialmente". E o art. 80 complementa o enunciado, mencionando os imóveis assim considerados, "para os efeitos legais". Os bens imóveis em geral podem ser classificados desta forma: imóveis por natureza, por acessão natural, por acessão artificial e por determinação legal.

a) **Imóveis por natureza** – Em rigor, somente o solo, com sua superfície, subsolo e espaço aéreo, é imóvel por natureza. Tudo o mais que a ele adere deve ser classificado como imóvel por acessão.

b) **Imóveis por acessão natural** – Incluem-se nessa categoria as árvores e os frutos pendentes, bem como todos os acessórios e adjacências naturais. As árvores, quando destinadas ao corte, são consideradas bens "móveis por antecipação". Mesmo que as árvores tenham sido plantadas pelo homem, deitando suas raízes no solo são imóveis. Não o serão se plantadas em vasos, porque removíveis.

Direito Civil — Parte Geral

c) Imóveis por acessão artificial ou industrial – Acessão significa justaposição ou aderência de uma coisa a outra. Acessão artificial ou industrial é a produzida pelo trabalho do homem. São as construções e plantações. É tudo quanto o homem incorporar permanentemente ao solo, como a semente lançada à terra, os edifícios e construções, de modo que se não possa retirar sem destruição, modificação, fratura ou dano. Nesse conceito não se incluem, portanto, as construções provisórias, que se destinam a remoção ou retirada, como os circos e parques de diversões, as barracas de feiras, pavilhões etc.

Não há alusão, no referido art. 79, aos imóveis por destinação do proprietário, ou por acessão intelectual, como eram denominados, no Código de 1916 (art. 43, III), aqueles que o proprietário imobilizava por sua vontade, mantendo-os intencionalmente empregados em sua exploração industrial, aformoseamento, ou comodidade, como as máquinas (inclusive tratores) e ferramentas, os objetos de decoração, os aparelhos de ar condicionado etc. A razão é que o atual Código acolhe, seguindo a doutrina moderna, o conceito de pertença, que se encontra no art. 93.

Não perdem o caráter de imóveis: **a)** as edificações que, separadas do solo, mas conservando a sua unidade, forem removidas para outro local (casas pré-fabricadas); **b)** os materiais provisoriamente separados de um prédio, para nele se reempregarem (CC, art. 81). Pois o que se considera é a finalidade da separação, a destinação dos materiais. Coerentemente, aduz o art. 84: "Os materiais destinados a alguma construção, enquanto não forem empregados, conservam sua qualidade de móveis; readquirem essa qualidade os provenientes da demolição de algum prédio".

d) Imóveis por determinação legal – O art. 80 do Código Civil assim considera: I – os direitos reais sobre imóveis e as ações que os asseguram; II – o direito à sucessão aberta. Trata-se de bens incorpóreos, imateriais (direitos), que não são, em si, móveis ou imóveis. O legislador, no entanto, para maior segurança das relações jurídicas, os considera imóveis. O direito abstrato à sucessão aberta é considerado bem imóvel, ainda que os bens deixados pelo *de cujus* sejam todos móveis. A renúncia da herança é, portanto, renúncia de imóvel e deve ser feita por escritura pública ou termo nos autos (CC, art. 1.806), mediante autorização do cônjuge, se o renunciante for casado, e recolhimento da sisa.

23.1.1.2. Bens móveis

O art. 82 do Código Civil considera móveis "os bens suscetíveis de movimento próprio, ou de remoção por força alheia, sem alteração da substância ou da destinação econômico-social". Trata-se dos **móveis por natureza**, que se dividem em **semoventes** (os que se movem por força própria, como os animais) e **propriamente ditos** (os que admitem remoção por força alheia, sem dano, como os objetos inanimados, não imobilizados por sua destinação). O gás, assim como os navios e as aeronaves, é bem móvel. Os últimos, no entanto, são imobilizados somente para fins de hipoteca (CC, art. 1.473, VI e VII; Código Brasileiro de Aeronáutica – Lei n. 7.565, de 19-12-1986, art. 138).

Os bens móveis podem ser classificados também em **móveis por determinação legal**, mencionados no art. 83 do Código Civil: I – as energias que tenham valor econômico; II – os direitos reais sobre objetos móveis e as ações correspondentes; III – os direitos pessoais de caráter patrimonial e respectivas ações. São bens imateriais, que adquirem essa qualidade jurídica por disposição legal. Podem ser cedidos, independentemente de outorga uxória ou marital. Incluem-se, nesse rol, o fundo de comércio, as quotas e ações de sociedades empresárias, os direitos do autor, os créditos em geral etc.

A doutrina distingue, ainda, uma terceira categoria de bens móveis: os **móveis por antecipação**. São bens incorporados ao solo, mas com a intenção de separá-los oportunamente e convertê-los em móveis, como as árvores destinadas ao corte. Ou então os que, por sua ancianidade, são vendidos para fins de demolição.

23.1.2. BENS FUNGÍVEIS E INFUNGÍVEIS

Bens fungíveis são os móveis que podem ser substituídos por outros da mesma espécie, qualidade e quantidade (CC, art. 85), como o dinheiro. **Infungíveis** são os que não têm esse atributo, porque são encarados de acordo com as suas qualidades individuais, como o quadro de um pintor célebre, uma escultura famosa etc. O Código adotou a orientação de só conceituar o indispensável, não fazendo alusão a noções meramente negativas, como as de bens infungíveis, inconsumíveis e indivisíveis. Não é, porém, pelo fato de o mencionado art. 85 só haver definido bem fungível que, por isso, deixam de existir os bens infungíveis. Mesmo porque se define o bem fungível para distingui-lo do infungível.

A fungibilidade é característica dos bens móveis, como o menciona o referido dispositivo legal. Pode ocorrer, no entanto, em certos negócios, que venha a alcançar os imóveis, como no ajuste, entre sócios de um loteamento, sobre eventual partilha em caso de desfazimento da sociedade, quando o que se retira receberá certa quantidade de lotes. Enquanto não lavrada a escritura, será ele credor de coisas determinadas apenas pela espécie, qualidade e quantidade.

A fungibilidade ou a infungibilidade resultam não só da natureza do bem, como também da vontade das partes. A moeda é um bem fungível. Determinada moeda, porém, pode tornar-se infungível, para um colecionador. Um boi é infungível e, se emprestado a um vizinho para serviços de lavoura, deve ser devolvido. Se, porém, foi destinado ao corte, poderá ser substituído por outro. Uma cesta de frutas é bem fungível. Mas, emprestada para ornamentação, transforma-se em infungível (*comodatum ad pompam vel ostentationem*).

A classificação dos bens em fungíveis e infungíveis tem importância prática, por exemplo, na distinção entre mútuo, que só recai sobre bens fungíveis, e comodato, que tem por objeto bens infungíveis. E, também, dentre outras hipóteses, na fixação do poder liberatório da coisa entregue em cumprimento da obrigação. A compensação só se efetua entre dívidas líquidas, vencidas e de coisas fungíveis (CC, art. 369), por exemplo. No direito das obrigações também se classificam as obrigações em fungíveis e infungíveis. As ações possessórias são fungíveis entre si. O direito processual admite, em certos casos, a fungibilidade dos recursos.

23.1.3. BENS CONSUMÍVEIS E INCONSUMÍVEIS

Os bens podem ser consumíveis **de fato** (natural ou materialmente consumíveis) e **de direito** (juridicamente consumíveis). Tais qualidades levam em conta o sentido econômico dos bens.

Com efeito, prescreve o art. 86 do Código Civil que são consumíveis os bens móveis cujo uso importa destruição imediata da própria substância (**de fato**, como os gêneros alimentícios), sendo também considerados tais os destinados à alienação (**de direito**, como o dinheiro). Inconsumíveis, ao contrário, são os que admitem uso reiterado, sem destruição de sua substância.

Pode o bem consumível tornar-se inconsumível pela vontade das partes, como um comestível ou uma garrafa de bebida rara emprestados para uma exposição. Assim também, um bem inconsumível de fato pode transformar-se em juridicamente consumível, como os livros (que não desaparecem pelo fato de serem utilizados) colocados à venda nas prateleiras de uma livraria.

Certos direitos não podem recair, em regra, sobre bens consumíveis. É o caso do usufruto. Quando, no entanto, tem por objeto bens consumíveis, passa a chamar-se "usufruto impróprio" ou "quase usufruto", sendo neste caso o usufrutuário obrigado a restituir, findo o usufruto, os que ainda existirem e, dos outros, o equivalente em gênero, qualidade e

Direito Civil — Parte Geral

quantidade, ou, não sendo possível, o seu valor, estimado ao tempo da restituição (CC, art. 1.392, § 1º).

23.1.4. BENS DIVISÍVEIS E INDIVISÍVEIS

O Código Civil, no art. 87, considera **divisíveis** os bens que se podem fracionar sem alteração na sua substância, diminuição considerável de valor ou prejuízo do uso a que se destinam. São divisíveis, portanto, os bens que se podem fracionar em porções reais e distintas, formando cada qual um todo perfeito. Um relógio, por exemplo, é bem indivisível, pois cada parte não conservará as qualidades essenciais do todo, se for desmontado.

O Código introduziu, na divisibilidade dos bens, o critério da **diminuição considerável do valor**, seguindo a melhor doutrina e por ser, socialmente, o mais defensável, no dizer da Comissão Revisora, cujo relatório adverte: "Atente-se para a hipótese de 10 pessoas herdarem um brilhante de 50 quilates, que, sem dúvida, vale muito mais do que 10 brilhantes de 5 quilates; se esse brilhante for divisível (e, a não ser pelo critério da diminuição sensível do valor, não o será), qualquer dos herdeiros poderá prejudicar todos os outros, se exigir a divisão da pedra".

Dispõe o art. 88 do Código Civil que os bens naturalmente divisíveis podem tornar-se **indivisíveis** por determinação da lei ou por vontade das partes. Verifica-se, assim, que os bens podem ser indivisíveis por **natureza** (os que se não podem fracionar sem alteração na sua substância, diminuição de valor ou prejuízo), por **determinação legal** (as servidões, as hipotecas) ou por **vontade das partes** (convencional). Nesse último caso, o acordo tornará a coisa comum indivisa por prazo não maior que cinco anos, suscetível de prorrogação ulterior (CC, art. 1.320, § 1º). Se a indivisão for estabelecida pelo doador ou pelo testador, não poderá exceder a cinco anos (§ 2º).

No primeiro caso, a indivisibilidade é física ou material; no segundo, é jurídica; no terceiro, é convencional. Os imóveis rurais, por lei, não podem ser divididos em frações inferiores ao módulo regional. A Lei n. 6.766, de 19 de dezembro de 1979 (Lei do Parcelamento do Solo Urbano), também proíbe o desmembramento em lotes cuja área seja inferior a 125 m², exigindo frente mínima de cinco metros (art. 4º, II). As obrigações também são divisíveis ou indivisíveis conforme seja divisível ou não o objeto da prestação.

23.1.5. BENS SINGULARES E COLETIVOS

O art. 89 do Código Civil declara que são **singulares** os bens que, embora reunidos, se consideram de per si independentemente dos demais. São singulares, portanto, quando considerados na sua individualidade (uma árvore, p. ex.). A árvore pode ser, portanto, bem singular ou coletivo, conforme seja encarada individualmente ou agregada a outras, formando um todo (uma floresta).

Os bens coletivos são chamados, também, de universais ou universalidades e abrangem as **universalidades de fato** e as **universalidades de direito**. Estas constituem um complexo de direitos ou relações jurídicas.

O art. 90 do Código Civil considera **universalidade de fato** a pluralidade de bens singulares que, pertinentes à mesma pessoa, tenham destinação unitária (rebanho, biblioteca), acrescentando, no parágrafo único, que os bens que formam a universalidade podem ser objeto de relações jurídicas próprias. Por sua vez, o art. 91 proclama constituir **universalidade de direito** o complexo de relações jurídicas, de uma pessoa, dotadas de valor econômico (herança, patrimônio, fundo de comércio).

SINOPSES JURÍDICAS

Quadro sinótico

Bens considerados em si mesmos	a) Corpóreos: os que têm existência física, material. Incorpóreos: os que têm existência abstrata, mas valor econômico, como o crédito, p. ex.
	b) Imóveis: os que não podem ser removidos de um lugar para outro sem destruição e os assim considerados para os efeitos legais (arts. 79 e 80). Dividem-se em imóveis:
	   – por natureza (art. 79, 1ª parte);
	   – por acessão natural (art. 79, 2ª parte);
	   – por acessão artificial ou industrial (art. 79, 3ª parte); e
	   – por determinação legal (art. 80).
	c) Móveis: os suscetíveis de movimento próprio ou de remoção por força alheia (art. 82). Classificam-se em:
	   – móveis por natureza, que se subdividem em semoventes (os que se movem por força própria, como os animais) e móveis propriamente ditos (os que admitem remoção por força alheia);
	   – móveis por determinação legal; e
	   – móveis por antecipação (arts. 82 e 83).
	d) Fungíveis e infungíveis: os bens móveis que podem e os que não podem ser substituídos por outros da mesma espécie, qualidade e quantidade (art. 85).
	e) Consumíveis: os bens móveis cujo uso importa destruição imediata da própria substância (consumíveis de fato), sendo também considerados tais os destinados à alienação (consumíveis de direito). Inconsumíveis: são os que admitem uso reiterado, sem destruição de sua substância (art. 86).
	f) Divisíveis: os que se podem fracionar sem alteração na sua substância, diminuição considerável de valor ou prejuízo do uso a que se destinam (art. 87). Os bens podem ser indivisíveis por natureza (os que não se podem fracionar sem alteração na sua substância, diminuição de valor ou prejuízo), por determinação legal (as servidões, as hipotecas) ou por vontade das partes (convencional).
	g) Singulares: os que, embora reunidos, são considerados na sua individualidade (uma árvore, p. ex.).
	h) Coletivos: os encarados em conjunto, formando um todo (uma floresta, p. ex.). Abrangem as universalidades de fato (rebanho, biblioteca – art. 90) e as de direito (herança, patrimônio – art. 91).

23.2. BENS RECIPROCAMENTE CONSIDERADOS

Reciprocamente considerados, os bens dividem-se em principais e acessórios.

Principal é o bem que tem existência própria, que existe por si só. Acessório é aquele cuja existência depende do principal. Assim, o solo é bem principal, porque existe por si, concretamente, sem qualquer dependência. A árvore é acessório, porque sua existência supõe a do solo, onde foi plantada. Os contratos de locação, de compra e venda são principais. A fiança, a cláusula penal, nestes estipuladas, são bens acessórios.

Prescreve o art. 92 do Código Civil: "Principal é o bem que existe sobre si, abstrata ou concretamente; acessório, aquele cuja existência supõe a do principal". Em consequência, como regra, o bem acessório segue o destino do principal (*accessorium sequitur suum principale*). Para que tal não ocorra é necessário que tenha sido convencionado o contrário (venda de veículo, convencionando-se a retirada de alguns acessórios) ou que de modo contrário estabeleça algum dispositivo legal, como o art. 1.284 do Código Civil, pelo qual os frutos pertencem ao dono do solo onde caíram e não ao dono da árvore.

As principais consequências da referida regra são: **a)** a natureza do acessório é a mesma do principal (se o solo é imóvel, a árvore a ele anexada também o é); **b)** o acessório acompanha o principal em seu destino (extinta a obrigação principal, extingue-se também a acessória; mas o contrário não é verdadeiro); **c)** o proprietário do principal é proprietário do aces-

Direito Civil — Parte Geral

sório (p. ex., art. 237 do CC). Dentre as inúmeras aplicações do aludido princípio podem ser mencionadas as constantes dos arts. 233, 287 e 1.209 do Código Civil, bem como todo o capítulo referente às acessões (arts. 1.248 a 1.259).

Na grande classe dos bens acessórios compreendem-se os **produtos** e os **frutos** (art. 95). **Produtos** são as utilidades que se retiram da coisa, diminuindo-lhe a quantidade, porque não se reproduzem periodicamente, como as pedras e os metais, que se extraem das pedreiras e das minas. Distinguem-se dos frutos porque a colheita destes não diminui o valor nem a substância da fonte, e a daqueles sim.

Frutos são as utilidades que uma coisa periodicamente produz. Nascem e renascem da coisa, sem acarretar-lhe a destruição no todo ou em parte, como o café, os cereais, os frutos das árvores, o leite, as crias dos animais etc. Dividem-se, quanto à **origem**, em naturais, industriais e civis. **Naturais** são os que se desenvolvem e se renovam periodicamente, em virtude da força orgânica da própria natureza, como as frutas das árvores, as crias dos animais etc. **Industriais** são os que aparecem pela mão do homem, isto é, os que surgem em razão da atuação do homem sobre a natureza, como a produção de uma fábrica. **Civis** são os rendimentos produzidos pela coisa, em virtude de sua utilização por outrem que não o proprietário, como os juros e os aluguéis.

Clóvis Beviláqua classifica os frutos, quanto ao seu **estado**, em **pendentes**, enquanto unidos à coisa que os produziu; **percebidos** ou **colhidos**, depois de separados; **estantes**, os separados e armazenados ou acondicionados para venda; **percipiendos**, os que deviam ser mas não foram colhidos ou percebidos; e **consumidos**, os que não existem mais porque foram utilizados. São de grande importância esses conceitos, porque o legislador os utiliza nos arts. 1.214 e s. do Código Civil.

O Código Civil incluiu, no rol dos bens acessórios, as **pertenças**, ou seja, os bens móveis que, não constituindo partes integrantes (como o são os frutos, produtos e benfeitorias), estão afetados por forma duradoura ao serviço ou ornamentação de outro, como os tratores destinados a uma melhor exploração de propriedade agrícola e os objetos de decoração de uma residência, por exemplo.

Prescreve, com efeito, o art. 93 do referido diploma: "São pertenças os bens que, não constituindo partes integrantes, se destinam, de modo duradouro, ao uso, ao serviço ou ao aformoseamento de outro". Por sua vez, o art. 94 mostra a distinção entre **parte integrante** (frutos, produtos e benfeitorias) e **pertença**, ao proclamar que os "negócios jurídicos que dizem respeito ao bem principal não abrangem as pertenças, salvo se o contrário resultar da lei, da manifestação de vontade, ou das circunstâncias do caso". Verifica-se, pela interpretação *a contrario sensu* do aludido dispositivo, que a regra "o acessório segue o principal" aplica-se somente às partes integrantes, já que não é aplicável às pertenças. Na prática, já se tem verificado que, mesmo sem disposição em contrário, as pertenças, como o mobiliário, por exemplo, não acompanham o imóvel alienado ou desapropriado. A modificação introduzida, tendo em vista que se operou a unificação parcial do direito privado, atenderá melhor aos interesses comerciais.

Também se consideram acessórias todas as **benfeitorias**, qualquer que seja o seu valor. O Código Civil (art. 96) considera **necessárias** as benfeitorias que têm por fim conservar o bem ou evitar que se deteriore; **úteis** as que aumentam ou facilitam o uso do bem (o acréscimo de um banheiro ou de uma garagem à casa); e **voluptuárias**, as de mero deleite ou recreio (jardins, mirantes, fontes, cascatas artificiais), que não aumentem o uso habitual do bem, ainda que o tornem mais agradável ou sejam de elevado valor.

Essa classificação não tem caráter absoluto, pois uma mesma benfeitoria pode enquadrar-se em uma ou outra espécie, dependendo das circunstâncias. Uma piscina, por exemplo, pode ser considerada benfeitoria voluptuária em uma casa ou condomínio, mas útil ou ne-

SINOPSES JURÍDICAS

cessária em uma escola de natação. Benfeitorias necessárias não são apenas as que se destinam à conservação da coisa (obras, medidas de natureza jurídica, pagamento de impostos), mas também as realizadas para permitir a normal exploração econômica do bem (adubação, esgotamento de pântanos etc.).

Benfeitorias não se confundem com **acessões industriais** ou **artificiais**, previstas nos arts. 1.253 a 1.259 do Código Civil e que constituem construções e plantações. Benfeitorias são obras ou despesas feitas em bem já existente. As acessões industriais são obras que criam coisas novas e têm regime jurídico diverso, sendo um dos modos de aquisição da propriedade imóvel. Malgrado o atual Código Civil não tenha repetido, na Parte Geral, as exceções constantes do art. 62 do diploma de 1916, não se consideram bens acessórios: a pintura em relação à tela, a escultura em relação à matéria-prima e a escritura ou outro qualquer trabalho gráfico em relação à matéria-prima que os recebe, considerando-se o maior valor do trabalho em relação ao do bem principal (CC, art. 1.270, § 2º).

Quadro sinótico

Bens reciprocamente considerados	Espécies	Principal: o bem que tem existência própria, que existe por si. Acessório: aquele cuja existência depende do principal (art. 92).
	Princípio básico	O bem acessório segue o destino do principal, salvo estipulação em contrário. Em consequência: a) a natureza do acessório é a mesma do principal; b) o proprietário do principal é proprietário do acessório.
	Espécies de bens acessórios	a) Frutos: são as utilidades que uma coisa periodicamente produz. Dividem-se, quanto à origem, em naturais, industriais e civis; e, quanto ao estado, em pendentes, percebidos ou colhidos, estantes, percipiendos e consumidos. b) Produtos: são as utilidades que se retiram da coisa, diminuindo-lhe a quantidade. c) Pertenças: os bens móveis que, não constituindo partes integrantes, se destinam, de modo duradouro, ao serviço ou ornamentação de outro (art. 93). d) Acessões: podem dar-se por formação de ilhas, aluvião, avulsão, abandono de álveo e plantações ou construções (art. 1.248, I a V). e) Benfeitorias: acréscimos, melhoramentos ou despesas em bem já existente. Classificam-se em necessárias, úteis e voluptuárias (art. 96).

23.3. BENS QUANTO AO TITULAR DO DOMÍNIO

O art. 98 do Código Civil considera públicos "os bens do domínio nacional pertencentes às pessoas jurídicas de direito público interno". Os particulares são definidos por exclusão: "todos os outros são particulares, seja qual for a pessoa a que pertencerem".

Os bens públicos foram classificados em três classes: **a)** bens de uso comum do povo; **b)** bens de uso especial; **c)** bens dominicais (CC, art. 99). É uma classificação feita segundo a destinação dos referidos bens. Os de uso comum e os de uso especial são bens do domínio público do Estado. Os dominicais são do domínio privado do Estado. Se nenhuma lei houvesse estabelecido normas especiais sobre esta última categoria de bens, seu regime jurídico seria o mesmo que decorre do Código Civil para os bens pertencentes aos particulares. No

Direito Civil — Parte Geral

entanto, as normas de direito civil aplicáveis aos bens dominicais sofreram inúmeros desvios ou derrogações impostos por normas publicísticas. Assim, se afetados à finalidade pública específica, não podem ser alienados. Em caso contrário, podem ser alienados por meio de institutos do direito privado, como compra e venda, doação, permuta, ou do direito público. Tais bens encontram-se, portanto, no comércio jurídico de direito privado e de direito público. Dispõe o parágrafo único do art. 99 que, não "dispondo a lei em contrário, consideram-se dominicais os bens pertencentes às pessoas jurídicas de direito público a que se tenha dado estrutura de direito privado". Por sua vez, preceitua o art. 101 que os "bens públicos dominicais podem ser alienados, observadas as exigências da lei".

Bens de uso comum do povo são os que podem ser utilizados por qualquer um do povo, sem formalidades. Exemplificativamente, o Código Civil menciona "os rios, mares, estradas, ruas e praças". Não perdem essa característica se o Poder Público regulamentar seu uso, ou torná-lo oneroso, instituindo cobrança de pedágio, como nas rodovias (CC, art. 103). A Administração pode também restringir ou vedar o seu uso, em razão de segurança nacional ou de interesse público, interditando uma estrada, por exemplo, ou proibindo o trânsito por determinado local.

O povo somente tem o direito de usar tais bens, mas não tem o seu domínio. O domínio pertence à pessoa jurídica de direito público. Mas é um domínio com características especiais, que lhe confere a guarda, administração e fiscalização dos referidos bens, podendo ainda reivindicá-los. Segundo alguns autores, não haveria propriamente um direito de propriedade, mas um poder de gestão.

Bens de uso especial são os que se destinam especialmente à execução dos serviços públicos. São os edifícios onde estão instalados os serviços públicos, inclusive os das autarquias, e os órgãos da administração (repartições públicas, secretarias, escolas, ministérios etc.). São utilizados exclusivamente pelo Poder Público.

Bens dominicais ou do patrimônio disponível são os que constituem o patrimônio das pessoas jurídicas de direito público, como objeto de direito pessoal, ou real, de cada uma dessas entidades (CC, art. 99, III). Sobre eles o Poder Público exerce poderes de proprietário. Incluem-se nessa categoria as terras devolutas, as estradas de ferro, oficinas e fazendas pertencentes ao Estado. Não estando afetados a finalidade pública específica, podem ser alienados por meio de institutos de direito privado ou de direito público (compra e venda, legitimação de posse etc.), observadas as exigências da lei (art. 101).

Os bens de uso comum do povo e os de uso especial apresentam a característica da inalienabilidade e, como consequência desta, a imprescritibilidade, a impenhorabilidade e a impossibilidade de oneração. Mas a inalienabilidade não é absoluta, a não ser com relação àqueles bens que, por sua própria natureza, são insuscetíveis de valoração patrimonial, como os mares, as praias, os rios navegáveis etc. Os suscetíveis de valoração patrimonial podem perder a inalienabilidade que lhes é peculiar pela **desafetação** (na forma que a lei determinar – CC, art. 100). **Desafetação** é a alteração da destinação do bem, visando a incluir bens de uso comum do povo, ou bens de uso especial, na categoria de bens dominicais, para possibilitar a alienação, nos termos das regras do direito administrativo.

A alienabilidade, característica dos bens dominicais, também não é absoluta, porque pode-se perdê-la pelo instituto da **afetação** (ato ou fato pelo qual um bem passa da categoria de bem do domínio privado do Estado para a categoria de bem do domínio público), anotando-se que a alienação sujeita-se às exigências da lei (art. 101).

A afetação e a desafetação podem ser **expressas** ou **tácitas**. Na primeira hipótese, decorrem de ato administrativo ou de lei; na segunda, resultam de atuação direta da Administração, sem manifestação expressa de sua vontade, ou de fato da natureza. Por exemplo, a Administração pode baixar decreto estabelecendo que determinado imóvel, integrado na categoria dos bens dominicais, será destinado à instalação de uma escola; ou pode simplesmente instalar essa escola no prédio, sem qualquer declaração expressa. Em um e outro caso, o bem está afetado ao uso especial da Administração, passando a integrar a categoria de bem de uso especial. A operação inversa também pode ocorrer, mediante declaração expressa ou pela simples desocupação do imóvel, que fica sem destinação, como a velha estrada que, pela abertura de outra com a mesma finalidade, deixa de ser utilizada para o trânsito.

Dispõe, ainda, o art. 102 do Código Civil que os "bens públicos não estão sujeitos a usucapião". Nesse mesmo sentido já proclamava anteriormente a Súmula 340 do Supremo Tribunal Federal: "Desde a vigência do Código Civil, os bens dominicais, como os demais bens públicos, não podem ser adquiridos por usucapião". Trata-se de um daqueles desvios que sofreu o regime jurídico dos bens dominicais.

Quadro sinótico

Bens quanto ao titular do domínio	Bens públicos	Conceito: são os do domínio nacional pertencentes às pessoas jurídicas de direito público interno (art. 98). Espécies: de uso comum do povo, de uso especial e dominicais (art. 99). Caracteres: inalienabilidade (art. 100), imprescritibilidade (CF, art. 91, parágrafo único) e impenhorabilidade.
	Bens particulares	Por exclusão, são todos os outros bens não pertencentes a qualquer pessoa jurídica de direito público interno, mas a pessoa natural ou jurídica de direito privado (art. 98).

23.4. BENS QUANTO À POSSIBILIDADE DE SEREM OU NÃO COMERCIALIZADOS

Embora o atual Código Civil não tenha dedicado um capítulo aos bens que estão fora do comércio (*extra commercium*), como o fizera o Código de 1916, no art. 69, encontram-se nessa situação os bens naturalmente indisponíveis (insuscetíveis de apropriação pelo homem, como o ar atmosférico, a água do mar), os legalmente indisponíveis (bens de uso comum e de uso especial, bens de incapazes) e os indisponíveis pela vontade humana (deixados em testamento ou doados, com cláusula de inalienabilidade – CC, arts. 1.848 e 1.911). Aduza-se que o ar atmosférico e a água do mar que puderem ser captados, em pequenas porções, podem ser comercializados, porque houve a apropriação.

Prescreve o art. 1.911 do Código Civil que a cláusula de inalienabilidade, imposta aos bens por ato de liberalidade, implica impenhorabilidade e incomunicabilidade. Já dispunha, anteriormente, a Súmula 49 do Supremo Tribunal Federal: "A cláusula de inalienabilidade inclui a incomunicabilidade dos bens". Embora não mencionado, abrangia, também, a impenhorabilidade.

Incluem-se na categoria dos bens legalmente inalienáveis os valores e direitos da personalidade, preservados em respeito à dignidade humana, como a liberdade, a honra, a vida etc. (CC, art. 11), bem como os órgãos do corpo humano, cuja comercialização é expressamente vedada pela Constituição Federal (art. 199, § 4º).

Direito Civil — Parte Geral

Quadro sinótico

Bens fora do comércio	São os bens naturalmente indisponíveis (insuscetíveis de apropriação pelo homem), os legalmente indisponíveis (bens de uso comum e de uso especial, bens de incapazes), e os indisponíveis pela vontade humana (deixados em testamento ou doados, com cláusula de inalienabilidade). Incluem-se entre os legalmente inalienáveis os direitos da personalidade (arts. 11 a 21), bem como os órgãos do corpo humano, cuja comercialização é vedada pela CF (art. 199, § 4º).

Livro III
DOS FATOS JURÍDICOS

Título I
DO NEGÓCIO JURÍDICO

Capítulo I
DISPOSIÇÕES GERAIS

24 CONCEITO

O direito também tem o seu ciclo vital: nasce, desenvolve-se e extingue-se. Essas fases ou momentos decorrem de fatos, denominados **fatos jurídicos**, exatamente por produzir efeitos jurídicos. Segundo Agostinho Alvim, "fato jurídico é todo acontecimento da vida relevante para o direito, mesmo que seja fato ilícito".

Os fatos jurídicos em sentido amplo podem ser classificados em: fatos naturais (fatos jurídicos em sentido estrito) e fatos humanos (atos jurídicos em sentido amplo). Os primeiros decorrem da natureza, e os segundos, da atividade humana. Os **fatos naturais**, por sua vez, dividem-se em **ordinários** (nascimento, morte, maioridade, decurso do tempo) e **extraordinários** (terremoto, raio, tempestade e outros fatos que se enquadram na categoria do fortuito ou força maior).

Os **fatos humanos** ou **atos jurídicos em sentido amplo** são ações humanas que criam, modificam, transferem ou extinguem direitos; dividem-se em lícitos e ilícitos. **Lícitos** são os atos humanos a que a lei defere os efeitos almejados pelo agente. Praticados em conformidade com o ordenamento jurídico, produzem efeitos jurídicos voluntários, queridos pelo agente. Os **ilícitos**, por serem praticados em desacordo com o prescrito no ordenamento jurídico, embora repercutam na esfera do direito, produzem efeitos jurídicos involuntários mas impostos por esse ordenamento. Em vez de direitos, criam deveres. Hoje se admite que os atos ilícitos integram a categoria dos atos jurídicos pelos efeitos que produzem (geram a obrigação de reparar o dano – CC, art. 927).

Os **atos lícitos** dividem-se em: **ato jurídico em sentido estrito** (ou meramente lícito), **negócio jurídico** e **ato-fato jurídico**. Nos dois primeiros, exige-se uma manifestação de vontade. No **negócio jurídico** (num contrato de compra e venda, p. ex.), a ação humana visa diretamente a alcançar um fim prático permitido na lei, dentre a multiplicidade de efeitos possíveis. Por essa razão, é necessária uma vontade qualificada, sem vícios. No **ato jurídico**, o efeito da manifestação da vontade está predeterminado na lei (notificação, que constitui em mora o devedor; reconhecimento de filho, tradição, percepção dos frutos, ocupação, uso de uma coisa etc.), não havendo, por isso, qualquer dose de escolha da categoria jurídica. A ação humana se baseia não numa vontade qualificada, mas em simples intenção, como ocorre quando alguém fisga um peixe, dele se tornando proprietário graças ao instituto da ocupação. O ato material dessa captura não demanda a vontade qualificada que se exige para a formação de um contrato. Por essa razão, nem todos os princípios do negócio jurídico, como os vícios do consentimento e as regras sobre nulidade ou anulabilidade, aplicam-se aos atos jurídicos em sentido estrito não provenientes de uma declaração de vontade, mas de uma simples intenção.

Direito Civil — Parte Geral

Um garoto de sete ou oito anos de idade torna-se proprietário dos peixes que pesca, pois a incapacidade, no caso, não acarreta nulidade ou anulação, ao contrário do que sucederia se essa mesma pessoa celebrasse um contrato de compra e venda. "Porque, na hipótese de ocupação, a vontade exigida pela lei não é a vontade qualificada, necessária para a realização do contrato; basta a simples intenção de tornar-se proprietário da *res nullius*, que é o peixe, e essa intenção podem tê-la todos os que possuem consciência dos atos que praticam. O garoto de seis, sete ou oito anos tem perfeitamente consciência do ato de assenhoreamento" (José Carlos Moreira Alves, *Revista de Informação Legislativa*, 40:5 e s., out./dez. 1973).

Muitas vezes o efeito do ato não é buscado nem imaginado pelo agente, mas decorre de uma conduta e é sancionado pela lei, como no caso da pessoa que acha, casualmente, um tesouro. A conduta do agente não tinha por fim imediato adquirir-lhe a metade, mas tal acaba ocorrendo, por força do disposto no art. 1.264, ainda que se trate de um louco. É que há certas ações humanas que a lei encara como fatos, sem levar em consideração a vontade, a intenção ou a consciência do agente, demandando apenas o ato material de achar. Assim, o louco, pelo simples achado do tesouro, torna-se proprietário de parte dele. Essas ações são denominadas pela doutrina **atos-fatos jurídicos** ou **fatos jurídicos em sentido estrito**. No ato-fato jurídico ressalta-se a consequência do ato, o fato resultante, sem se levar em consideração a vontade de praticá-lo.

De modo geral, no ato jurídico o destinatário da manifestação da vontade a ela não adere, como na notificação, por exemplo. Às vezes, nem existe destinatário, como na transferência de domicílio. O ato jurídico é potestativo, isto é, o agente pode influir na esfera de interesses de terceiro, quer ele queira, quer não.

No negócio jurídico há uma composição de interesses, um regramento geralmente bilateral de condutas, como ocorre na celebração de contratos. A manifestação de vontade tem finalidade negocial, que em geral é criar, adquirir, transferir, modificar, extinguir direitos etc. Mas há alguns **negócios jurídicos unilaterais,** em que ocorre o seu aperfeiçoamento com uma única manifestação de vontade. Podem ser citados como exemplos o testamento, a instituição de fundação e a renúncia da herança, porque o agente procura obter determinados efeitos jurídicos, isto é, criar situações jurídicas, com a sua manifestação de vontade (o testamento presta-se à produção de vários efeitos: não só para o testador dispor de seus bens para depois de sua morte, como também para, eventualmente, reconhecer filho havido fora do matrimônio, nomear tutor para o filho menor, reabilitar indigno, nomear testamenteiro, destinar verbas para o sufrágio de sua alma etc.).

Verifica-se, assim, que o ato jurídico é menos rico de conteúdo e pobre na criação de efeitos. Não constitui exercício da autonomia privada, e a sua satisfação somente se concretiza pelos modos determinados na lei.

O atual Código Civil substituiu a expressão genérica "ato jurídico", que se encontrava no Código de 1916, pela designação específica "negócio jurídico", porque somente este é rico em conteúdo e justifica uma pormenorizada regulamentação, aplicando-se-lhe os preceitos constantes do Livro III. E, com relação aos atos jurídicos lícitos que não sejam negócios jurídicos, abriu-lhes um título, com artigo único (Título II, art. 185), em que se determina que se lhes apliquem, no que couber, as disposições disciplinadoras do negócio jurídico.

SINOPSES JURÍDICAS

Quadro sinótico

Fato jurídico	Conceito	Fato jurídico é todo acontecimento da vida relevante para o direito, mesmo que seja fato ilícito.		
	Classificação	Fatos naturais	a) ordinários (nascimento, morte etc.); b) extraordinários (raio, tempestade etc.).	
		Fatos humanos (atos jurídicos em sentido amplo)	lícitos	a) ato jurídico em sentido estrito; b) negócio jurídico; c) ato-fato jurídico.
			ilícitos	
	Atos lícitos	a) **Ato jurídico em sentido estrito**: o efeito da manifestação da vontade está predeterminado na lei. Basta a mera intenção. É sempre unilateral. b) **Negócio jurídico**: é, em regra, bilateral. Exige vontade qualificada. Permite a criação de situações novas e a obtenção de múltiplos efeitos. A manifestação de vontade tem finalidade negocial: criar, modificar, extinguir direitos. Mas há alguns poucos **negócios jurídicos unilaterais**, em que ocorre o seu aperfeiçoamento com uma única manifestação de vontade e se criam situações jurídicas: testamento, instituição de fundação etc. c) **Ato-fato jurídico**: ressalta-se a consequência do ato, o fato resultante, sem se levar em consideração a vontade de praticá-lo. Assim, o louco, pelo simples achado do tesouro, torna-se proprietário de parte dele, porque esta é a consequência prevista no art. 1.264 do Código Civil para quem o achar casualmente em terreno alheio.		

25 CLASSIFICAÇÃO DOS NEGÓCIOS JURÍDICOS

Os negócios jurídicos podem ser classificados em:

25.1. UNILATERAIS, BILATERAIS E PLURILATERAIS

Unilaterais são os que se aperfeiçoam com uma única manifestação de vontade, como o testamento, o codicilo, a instituição de fundação, a aceitação e a renúncia da herança, a promessa de recompensa etc. São de duas espécies: receptícios e não receptícios. Receptícios são aqueles em que a declaração de vontade tem de se tornar conhecida do destinatário para produzir efeitos (denúncia ou resilição de um contrato, revogação de mandato etc.). Não receptícios, em que o conhecimento por parte de outras pessoas é irrelevante (testamento, confissão de dívida).

Bilaterais são os que se perfazem com duas manifestações de vontade, coincidentes sobre o objeto. Essa coincidência chama-se consentimento mútuo ou acordo de vontades (contratos em geral). Podem existir várias pessoas no polo ativo e também várias no polo passivo, sem que o contrato deixe de ser bilateral pela existência de duas partes.

Plurilaterais são os contratos que envolvem mais de duas partes, como o contrato de sociedade com mais de dois sócios.

25.2. GRATUITOS E ONEROSOS, NEUTROS E BIFRONTES

Negócios jurídicos gratuitos são aqueles em que só uma das partes aufere vantagens ou benefícios (doação pura).

Direito Civil — Parte Geral

Nos negócios jurídicos onerosos, ambos os contratantes auferem vantagens, às quais, porém, corresponde uma contraprestação (compra e venda, locação etc.).

Há negócios que não podem ser incluídos na categoria dos onerosos, nem dos gratuitos, pois lhes falta atribuição patrimonial. São chamados de neutros e se caracterizam pela destinação dos bens. Em geral coligam-se aos negócios translativos, que têm atribuição patrimonial. Enquadram-se nessa modalidade os negócios que têm por finalidade a vinculação de um bem, como o que o torna indisponível pela cláusula de inalienabilidade e o que impede a sua comunicação ao outro cônjuge, mediante cláusula de incomunicabilidade. A instituição do bem de família também se inclui na categoria dos negócios de destinação, isto é, de afetação de um bem a fim determinado, não se qualificando como oneroso, nem como gratuito, embora seja patrimonial. A renúncia abdicativa, que não aproveita a quem quer que seja, e a doação remuneratória também podem ser lembradas.

Bifrontes são os contratos que podem ser onerosos ou gratuitos, segundo a vontade das partes, como o mútuo, o mandato e o depósito. A conversão só se torna possível se o contrato é definido na lei como negócio gratuito, pois a vontade das partes não pode transformar um contrato oneroso em benéfico, visto que subverteria sua causa. Frise-se que nem todos os contratos gratuitos podem ser convertidos em onerosos por convenção das partes. A doação e o comodato, por exemplo, ficariam desfigurados se tal acontecesse, pois se transformariam, respectivamente, em venda e locação.

25.3. *INTER VIVOS* E *MORTIS CAUSA*

Os negócios celebrados *inter vivos* destinam-se a produzir efeitos desde logo, isto é, estando as partes ainda vivas, como a promessa de venda e compra. *Mortis causa* são os negócios destinados a produzir efeitos após a morte do agente, como ocorre com o testamento.

25.4. PRINCIPAIS E ACESSÓRIOS

Principais são os que têm existência própria e não dependem, pois, da existência de qualquer outro (compra e venda, locação etc.). Acessórios são os que têm sua existência subordinada à do contrato principal (cláusula penal, fiança etc.). Seguem o destino do principal. Nulo este, nulo será também o negócio acessório, sendo que a recíproca não é verdadeira.

25.5. SOLENES (FORMAIS) E NÃO SOLENES (DE FORMA LIVRE)

Solenes são os negócios que devem obedecer à forma prescrita em lei para se aperfeiçoar. Quando a forma é exigida como condição de validade do negócio, este é solene e a formalidade é *ad solemnitatem*, isto é, constitui a própria substância do ato (escritura pública na alienação de imóvel, testamento etc.). Mas determinada forma pode ser exigida apenas como prova do ato. Nesse caso se diz tratar-se de uma formalidade *ad probationem tantum* (assento do casamento no livro de registro – CC, art. 1.536).

Não solenes são os negócios de forma livre. Como a lei não reclama nenhuma formalidade para o seu aperfeiçoamento, podem ser celebrados por qualquer forma, inclusive a verbal.

25.6. SIMPLES, COMPLEXOS E COLIGADOS

Simples são os negócios que se constituem por ato único.

Complexos são os que resultam da fusão de vários atos sem eficácia independente. Compõem-se de várias declarações de vontade, que se completam, emitidas pelo mesmo sujeito, ou diferentes sujeitos, para a obtenção dos efeitos pretendidos na sua unidade. Como exemplo pode ser mencionada a alienação de um imóvel em prestações, que se inicia pela celebração de um compromisso de compra e venda, mas se completa com a outorga da escritura definitiva; e, ainda, o negócio que exige a declaração de vontade do autor e a de quem deve autorizá-la.

O negócio jurídico complexo é único e não se confunde com o negócio coligado, que se compõe de vários outros (arrendamento de posto de gasolina, coligado pelo mesmo instrumento ao contrato de locação das bombas, de comodato de área para funcionamento de lanchonete, de fornecimento de combustível, de financiamento etc.).

25.7. FIDUCIÁRIOS E SIMULADOS

No negócio fiduciário, o meio excede o fim. Verifica-se, por exemplo, quando alguém transfere a propriedade ou titularidade de um bem ou direito a outra pessoa, para determinado fim (em geral, de administração), com a obrigação de restituí-la ou transmiti-la a terceiro. Trata-se de negócio lícito e sério, perfeitamente válido, e que se desdobra em duas fases. Na primeira, ocorre verdadeiramente a transmissão da propriedade. Na segunda, o adquirente fiduciário se obriga a restituir o bem ao fiduciante. Esses negócios compõem-se de dois elementos: a confiança e o risco. Quanto maior a confiança, maior o risco. A transmissão da propriedade é ato verdadeiro. Tanto que, se o fiduciário recusar-se a restituir o bem, caberá ao fiduciante somente pleitear as perdas e danos, como consequência do inadimplemento da obrigação de o devolver. Não é considerado negócio simulado, malgrado a transferência da propriedade seja feita sem a intenção de que o adquirente se torne verdadeiramente proprietário do bem. Não há a intenção de prejudicar terceiros, nem de fraudar a lei.

Negócio simulado é o que tem aparência contrária à realidade. Embora nesse ponto haja semelhança com o negócio fiduciário, as declarações de vontade são falsas. As partes aparentam conferir direitos a pessoas diversas daquelas a quem realmente os conferem. Ou fazem declarações não verdadeiras, para fraudar a lei ou o fisco. O negócio simulado não é, portanto, válido (CC, art. 167).

Quadro sinótico

Classificação dos negócios jurídicos	a) unilaterais, bilaterais e plurilaterais; b) gratuitos e onerosos, neutros e bifrontes; c) *inter vivos* e *mortis causa*; d) principais e acessórios; e) solenes (formais) e não solenes (de forma livre); f) simples, complexos e coligados; e g) fiduciários e simulados.

26 INTERPRETAÇÃO DO NEGÓCIO JURÍDICO

Não só a lei, mas o contrato, devem ser interpretados. Muitas vezes a sua execução exige, antes, a interpretação de suas cláusulas, nem sempre muito claras.

A vontade das partes exterioriza-se por meio de sinais ou símbolos, dentre os quais as palavras. Nos contratos escritos, a análise do texto conduz, em regra, à descoberta da intenção dos pactuantes. Parte-se, portanto, da declaração escrita para se chegar à vontade dos contratantes. Quando, no entanto, determinada cláusula mostra-se obscura e passível de dúvida, alegando um dos contratantes que não representa com fidelidade a vontade manifestada por ocasião da celebração da avença, e tal alegação resta demonstrada, deve-se conside-

Direito Civil — Parte Geral

rar verdadeira esta última, pois o art. 112 do Código Civil declara que, nas declarações de vontade, atender-se-á mais à intenção nelas consubstanciada do que ao sentido literal da linguagem. Portanto, o Código Civil brasileiro deu prevalência à teoria da vontade sobre a da declaração. O acréscimo da expressão "neles consubstanciada", inexistente no art. 85 do Código Civil de 1916, correspondente ao atual art. 112, mostra que se deve atender à intenção manifestada no contrato, e não ao pensamento íntimo do declarante.

Preceitua, também, o art. 113 do Código Civil que os negócios jurídicos "devem ser interpretados conforme a boa-fé e os usos do lugar de sua celebração". Deve o intérprete presumir que os contratantes procedem com lealdade e que tanto a proposta como a aceitação foram formuladas dentro do que podiam e deviam eles entender razoável, segundo a regra da boa-fé. Esta, portanto, se presume; a má-fé, ao contrário, deve ser provada. Também devem ser considerados os usos e costumes de cada localidade.

Dispõe, ainda, o art. 114 do Código Civil que "os negócios jurídicos benéficos e a renúncia interpretam-se estritamente". **Benéficos** ou **gratuitos** são os que envolvem uma liberalidade: somente um dos contratantes se obriga, enquanto o outro apenas aufere um benefício. A doação pura constitui o melhor exemplo dessa espécie. Devem ter interpretação estrita porque representam renúncia de direitos.

Há outros poucos artigos esparsos no Código Civil e em leis especiais, estabelecendo regras sobre interpretação de determinados negócios: quando houver no contrato de adesão cláusulas ambíguas ou contraditórias, dever-se-á adotar a interpretação mais favorável ao aderente (art. 423); a transação interpreta-se restritivamente (art. 843); a fiança não admite interpretação extensiva (art. 819); sendo a cláusula testamentária suscetível de interpretações diferentes, prevalecerá a que melhor assegure a observância da vontade do testador (art. 1.899); as cláusulas contratuais serão interpretadas de maneira mais favorável ao consumidor (art. 47 do CDC).

Algumas regras práticas podem ser observadas no tocante à interpretação dos contratos. A melhor maneira de apurar a intenção dos contratantes é verificar o modo pelo qual o vinham executando, de comum acordo. Deve-se interpretar o contrato, na dúvida, da maneira menos onerosa para o devedor. As cláusulas contratuais não devem ser interpretadas isoladamente, mas em conjunto com as demais.

Quadro sinótico

Interpretação do negócio jurídico	a) Nas declarações de vontade se atenderá mais à intenção nelas consubstanciada do que ao sentido literal da linguagem (art. 112). Prevalência da teoria da vontade. b) Os negócios jurídicos devem ser interpretados conforme a boa-fé e os usos do lugar de sua celebração (art. 113). c) Os negócios jurídicos benéficos e a renúncia interpretam-se restritivamente (art. 114). d) Quando houver no contrato de adesão cláusulas ambíguas ou contraditórias, dever-se-á adotar a interpretação mais favorável ao aderente (art. 423). e) A transação interpreta-se restritivamente (art. 843). f) A fiança não admite interpretação extensiva (art. 819). g) A intenção das partes pode ser apurada pelo modo como vinham executando o contrato, de comum acordo. h) Deve-se interpretar o contrato, na dúvida, da maneira menos onerosa para o devedor. i) As cláusulas contratuais não devem ser interpretadas isoladamente, mas em conjunto com as demais.

27 ELEMENTOS DO NEGÓCIO JURÍDICO

Alguns elementos do negócio jurídico podem ser chamados de essenciais, porque constituem requisitos de existência e de validade. Outros, porém, são chamados de acidentais, porque não exigidos pela lei, mas introduzidos pela vontade das partes, em geral como requisitos de eficácia do negócio, como a condição, o termo, o prazo etc. Assim, o negócio jurídico pode ser estudado em três planos: o da existência, o da validade e o da eficácia.

Os requisitos de existência do negócio jurídico são os seus elementos estruturais, sendo que não há uniformidade, entre os autores, sobre a sua enumeração. Preferimos dizer que são os seguintes: a declaração de vontade, a finalidade negocial e a idoneidade do objeto. Faltando qualquer deles, o negócio inexiste.

A vontade é pressuposto básico do negócio jurídico e é imprescindível que se exteriorize. A manifestação de vontade pode ser expressa (palavra falada ou escrita, gestos, mímica etc.), tácita (a que se infere da conduta do agente) ou presumida (a declaração não realizada expressamente, mas que a lei deduz de certos comportamentos do agente); nos contratos, pode ser tácita, quando a lei não exigir que seja expressa. Dispõe o art. 111 do Código Civil, com efeito, que o "silêncio importa anuência, quando as circunstâncias ou os usos o autorizarem, e não for necessária a declaração de vontade expressa". Portanto, o silêncio pode ser interpretado como manifestação tácita da vontade quando a lei der a ele tal efeito, como acontece nos arts. 539 (doação pura), 659 (mandato) etc., ou quando tal efeito ficar convencionado em um pré-contrato ou ainda resultar dos usos e costumes (CC, art. 432).

Pelo tradicional princípio da autonomia da vontade as pessoas têm liberdade de, em conformidade com a lei, celebrar negócios jurídicos, criando direitos e contraindo obrigações. Esse princípio sofre algumas limitações pelo princípio da supremacia da ordem pública, pois muitas vezes, em nome da ordem pública e do interesse social, o Estado interfere nas manifestações de vontade, especialmente para evitar a opressão dos economicamente mais fortes sobre os mais fracos. Em nome desse princípio surgiram diversas leis: Lei do Inquilinato, Lei da Economia Popular, Código de Defesa do Consumidor etc.

A vontade, uma vez manifestada, obriga o contratante. Esse princípio é o da obrigatoriedade dos contratos (*pacta sunt servanda*) e significa que o contrato faz lei entre as partes, não podendo ser modificado pelo Judiciário. Destina-se, também, a dar segurança aos negócios em geral. Opõe-se a ele o princípio da revisão dos contratos ou da onerosidade excessiva, baseado na cláusula *rebus sic stantibus* e na teoria da imprevisão e que autoriza o recurso ao Judiciário para se pleitear a revisão dos contratos, ante a ocorrência de fatos extraordinários e imprevisíveis.

A finalidade negocial ou jurídica é a vontade de criar, conservar, modificar ou extinguir direitos. Sem essa intenção, a manifestação de vontade pode desencadear determinado efeito, preestabelecido no ordenamento jurídico, praticando o agente, então, um ato jurídico. A existência do negócio jurídico, porém, depende da manifestação de vontade com finalidade negocial, isto é, com a finalidade de produzir os efeitos supramencionados.

A idoneidade do objeto é necessária para a realização do negócio que se tem em vista. Assim, se a intenção é celebrar um contrato de mútuo, a manifestação de vontade deve recair sobre coisa fungível. No comodato, o objeto deve ser coisa infungível. Para a constituição de uma hipoteca é necessário que o bem dado em garantia seja imóvel, navio ou avião. Os demais bens são inidôneos para a celebração de tal negócio.

O atual Código não adotou a tricotomia existência-validade-eficácia. Na realidade, não há necessidade de mencionar os requisitos de existência, pois esse conceito encontra-se na base do sistema dos fatos jurídicos. A sistemática seguida é a mesma do Código de 1916. Depois de se estabelecerem os requisitos de validade do negócio jurídico, são tratados dois

Direito Civil — Parte Geral

aspectos ligados à manifestação da vontade: a interpretação e a representação. Em seguida, disciplinam-se a condição, o termo e o encargo, que são autolimitações da vontade. Finalmente, surge a parte patológica do negócio jurídico: seus defeitos e invalidade.

Os requisitos de validade do negócio jurídico, de caráter geral, são: capacidade do agente (condição subjetiva); objeto lícito, possível, determinado ou determinável (condição objetiva); e forma prescrita ou não defesa em lei (CC, art. 104, I a III). Os de caráter específico são aqueles pertinentes a determinado negócio jurídico. A compra e venda, por exemplo, têm como elementos essenciais a coisa, o preço e o consentimento.

A capacidade do agente é a aptidão para intervir em negócios jurídicos como declarante ou declaratário. A incapacidade de exercício é suprida, porém, pelos meios legais: a representação e a assistência (CC, art. 1.634, V). Os absolutamente incapazes não participam do ato, sendo representados pelos pais, tutores ou curadores. Os relativamente incapazes já participam do ato, junto com os referidos representantes, que assim os assistem.

A incapacidade não se confunde com os impedimentos ou falta de legitimação. Esta é a incapacidade para a prática de determinados atos. O ascendente não estará legitimado a vender bens a um descendente enquanto não obtiver o consentimento do seu cônjuge e dos demais descendentes (CC, art. 496), embora não seja um incapaz, genericamente, para realizar negócios jurídicos. A proibição imposta ao tutor de adquirir bens do pupilo, mesmo em hasta pública, cria um impedimento ou falta de legitimação que não importa em incapacidade genérica.

A validade do negócio jurídico requer, ainda, objeto lícito. Objeto lícito é o que não atenta contra a lei, a moral ou os bons costumes. Quando o objeto do contrato é imoral, os tribunais por vezes aplicam o princípio de direito de que ninguém pode valer-se da própria torpeza (*nemo auditur propriam turpitudinem allegans*). Tal princípio é aplicado pelo legislador, por exemplo, no art. 150 do Código Civil, que reprime o dolo ou torpeza bilateral.

O objeto deve ser, também, possível. Quando impossível, o negócio é nulo. A impossibilidade do objeto pode ser física ou jurídica. Impossibilidade física é a que emana de leis físicas ou naturais. Deve ser absoluta, isto é, atingir a todos, indistintamente. A relativa, que atinge o devedor mas não outras pessoas, não constitui obstáculo ao negócio jurídico (CC, art. 106). Impossibilidade jurídica do objeto ocorre quando o ordenamento jurídico proíbe, expressamente, negócios a respeito de determinado bem, como a herança de pessoa viva (CC, art. 426), alguns bens fora do comércio etc. A ilicitude do objeto é mais ampla, pois abrange os contrários à moral e aos bons costumes.

O objeto do negócio jurídico deve ser, também, determinado ou determinável (indeterminado relativamente ou suscetível de determinação no momento da execução). Admite-se, assim, a venda de coisa incerta, indicada ao menos pelo gênero e pela quantidade (CC, art. 243), que será determinada pela escolha, bem como a venda alternativa, cuja indeterminação cessa com a concentração (CC, art. 252).

O terceiro requisito de validade do negócio jurídico é a forma. Deve ser a prescrita ou não defesa em lei. Em regra, a forma é livre. As partes podem celebrar o contrato por escrito, público ou particular, ou verbalmente, a não ser nos casos em que a lei, para dar maior segurança e seriedade ao negócio, exija a forma escrita, pública ou particular (CC, art. 107). É nulo o negócio jurídico quando "não revestir a forma prescrita em lei" ou "for preterida alguma solenidade que a lei considere essencial para a sua validade" (art. 166, IV e V). Em alguns casos a lei reclama também a publicidade, mediante o sistema de Registros Públicos (CC, art. 221).

Na mesma esteira, estabelece o art. 406 do Código de Processo Civil: "Quando a lei exigir instrumento público como da substância do ato, nenhuma outra prova, por mais especial que seja, pode suprir-lhe a falta". Por sua vez, estatui o art. 188 do mesmo diploma: "Os

SINOPSES JURÍDICAS

atos e termos processuais independem de forma determinada, salvo quando a lei expressamente a exigir, considerando-se válidos os que, realizados de outro modo, lhe preencham a finalidade essencial".

Podem ser distinguidas três espécies de formas: forma livre, forma especial (ou solene) e forma contratual.

a) **Forma livre** – É a predominante no direito brasileiro. É qualquer meio de manifestação da vontade, não imposto obrigatoriamente pela lei (palavra escrita ou falada, escrito público ou particular, gestos, mímicas etc.).

b) **Forma especial** (ou **solene**) – É a exigida pela lei, como requisito de validade de determinados negócios jurídicos. Em regra, a exigência de que o ato seja praticado com observância de determinada solenidade tem por finalidade assegurar a autenticidade dos negócios, garantir a livre manifestação da vontade, demonstrar a seriedade do ato e facilitar a sua prova. A forma especial pode ser única ou múltipla (plural). Forma **única** é a que, por lei, não pode ser substituída por outra. Exemplos: o art. 108, que considera a escritura pública essencial à validade das alienações imobiliárias, não dispondo a lei em contrário; o art. 1.964, que autoriza a deserdação somente por meio de testamento; os arts. 1.535 e 1.536, que estabelecem formalidades para o casamento etc. Forma **múltipla** (ou **plural**) diz-se quando o ato é solene mas a lei permite a formalização do negócio por diversos modos, podendo o interessado optar validamente por um deles. Como exemplos citam-se o reconhecimento voluntário do filho, que pode ser feito de quatro modos, de acordo com o art. 1.609 do Código Civil; a transação, que pode efetuar-se por termos nos autos ou escritura pública (CC, art. 842); a instituição de uma fundação, que pode ocorrer por escritura pública ou por testamento (art. 62); a renúncia da herança, que pode ser feita por escritura pública ou termo judicial (art. 1.806).

c) **Forma contratual** – É a convencionada pelas partes. O art. 109 do Código Civil dispõe que, no "negócio jurídico celebrado com a cláusula de não valer sem instrumento público, este é da substância do ato". Os contratantes podem, portanto, mediante convenção, determinar que o instrumento público torne-se necessário para a validade do negócio.

Também se diz que a forma pode ser *ad solemnitatem* ou *ad probationem tantum*. A primeira, quando determinada forma é da substância do ato, indispensável para que a vontade produza efeitos. Exemplo: a escritura pública, na aquisição de imóvel (art. 108), e os modos de reconhecimento de filhos (art. 1.609). A segunda, quando a forma se destina a facilitar a prova do ato. Clóvis Beviláqua critica essa distinção, afirmando que não há mais formas impostas exclusivamente para prova dos atos. Estes ou têm forma especial, exigida por lei, ou a forma é livre, podendo, nesse caso, ser demonstrada por todos os meios admitidos em direito (CPC, art. 369). Entretanto, a lavratura do assento de casamento no livro de registro (art. 1.536) pode ser mencionada como exemplo de formalidade *ad probationem tantum*, pois destina-se a facilitar a prova do casamento, embora não seja essencial à sua validade.

Não se deve confundir **forma**, que é meio para exprimir a vontade, com **prova** do ato ou negócio jurídico, que é meio para demonstrar a sua existência (*v.* arts. 212 e s.).

Quadro sinótico

Requisitos de validade	a) Capacidade do agente: aptidão para intervir em negócios jurídicos como declarante ou declaratário. A incapacidade de exercício é suprida, porém, pelos meios legais: a representação e a assistência (art. 1.634, V). Não se confunde com falta de legitimação, que é a incapacidade para a prática de determinados atos.

Direito Civil — Parte Geral

Requisitos de validade	b) Objeto lícito é o que não atenta contra a lei, a moral ou os bons costumes. O objeto deve ser também possível. Quando impossível, o negócio é nulo. Impossibilidade física é a que emana de leis físicas ou naturais. Deve ser absoluta. Ocorre a impossibilidade jurídica do objeto quando o ordenamento jurídico proíbe negócios a respeito de determinado bem (art. 426). A ilicitude do objeto é mais ampla, pois abrange os contrários à moral e aos bons costumes, além de não ser impossível o cumprimento da prestação. O objeto deve ser, também, determinado ou determinável. c) Forma: deve ser a prescrita ou não defesa em lei. Em regra, a forma é livre, a não ser nos casos em que a lei exija a forma escrita, pública ou particular (art. 107). Há três espécies de formas: livre, especial ou solene (é a exigida pela lei) e contratual (convencionada pelas partes (art. 109). A forma pode ser, também, *ad solemnitatem* e *ad probationem tantum*. A primeira, quando determinada forma é da substância do ato, indispensável, como a escritura pública na aquisição de imóvel (art. 108); a segunda, quando a forma se destina a facilitar a prova do ato (lavratura do assento de casamento no livro do registro (art. 1.536).

28 RESERVA MENTAL

Prescreve o art. 110 do Código Civil: "A manifestação de vontade subsiste ainda que o seu autor haja feito a reserva mental de não querer o que manifestou, salvo se dela o destinatário tinha conhecimento".

Ocorre a **reserva mental** quando um dos declarantes oculta a sua verdadeira intenção, isto é, quando não quer um efeito jurídico que declara querer. Tem por objetivo enganar o outro contratante ou declaratário. Se este, entretanto, não soube da reserva, o ato subsiste e produz os efeitos que o declarante não desejava. A reserva, isto é, o que se passa na mente do declarante, é indiferente ao mundo jurídico e irrelevante no que se refere à validade e eficácia do negócio jurídico.

Se o declaratário conhece a reserva, a solução é outra. O Código Civil português manda aplicar, nesse caso, o regime da simulação, considerando nula a declaração. No sistema do atual Código Civil brasileiro, porém, configura-se hipótese de ausência de vontade, considerando-se **inexistente** o negócio jurídico (cf. art. 110, *retro*). Podem ser citados, como exemplos de reserva mental, a declaração do autor de obra literária, ao anunciar que o produto da venda dos livros terá destinação filantrópica, com o único objetivo, porém, de vender maior número de exemplares; o casamento realizado por estrangeiro com mulher do país em que está residindo, com a única finalidade de não ser expulso (se a mulher não tiver conhecimento da reserva, o casamento é válido e não poderá ser anulado; se tiver dela conhecimento, em tese poderá o casamento ser anulado ou declarado inexistente, conforme a legislação desse país).

Quadro sinótico

Requisitos de existência	a) Manifestação da vontade, que pode ser expressa, tácita ou presumida. O silêncio pode ser interpretado como manifestação tácita quando a lei, as circunstâncias ou os usos o autorizarem (art. 111). A vontade, uma vez manifestada, obriga o contratante, segundo o princípio da obrigatoriedade dos contratos (*pacta sunt servanda*), ao qual se opõe o da onerosidade excessiva (art. 478). A manifestação da vontade "subsiste ainda que o seu autor haja feito a reserva mental de não querer o que manifestou, salvo se dela o destinatário tinha conhecimento" (art. 110). Ocorre a reserva mental quando um dos declarantes oculta a sua

Requisitos de existência	verdadeira intenção. O negócio é considerado inexistente (não subsiste) se o declaratário tinha conhecimento da reserva, tudo não passando de uma farsa. Como o contrato é um acordo de vontades, não se admite a existência de contrato consigo mesmo, salvo se o permitir a lei ou o representado (art. 117). b) Finalidade negocial: intenção de criar, conservar, modificar ou extinguir direitos. c) Idoneidade do objeto: a vontade deve recair sobre objeto apto, que possibilite a realização do negócio que se tem em vista, uma vez que cada contrato tem objeto específico.

Capítulo II
DA REPRESENTAÇÃO

29 **INTRODUÇÃO**

O presente capítulo (arts. 115 a 120) trata dos **preceitos gerais** sobre a representação legal e a voluntária. Preceitua o art. 115 que os "poderes de representação conferem-se por lei ou pelo interessado". E o art. 120 aduz: "Os requisitos e os efeitos da representação legal são os estabelecidos nas normas respectivas; os da representação voluntária são os da Parte Especial deste Código". Esta última é disciplinada no capítulo concernente ao mandato, uma vez que, em nosso sistema jurídico, a representação é da essência desse contrato (cf. art. 653).

É de destacar, no presente capítulo, o art. 119, que dispõe: "É anulável o negócio concluído pelo representante em conflito de interesses com o representado, se tal fato era ou devia ser do conhecimento de quem com aquele tratou". O parágrafo único estabelece o prazo decadencial de cento e oitenta dias, a contar da conclusão do negócio ou da cessação da incapacidade, para pleitear-se a anulação prevista no *caput* do artigo.

30 **CONTRATO CONSIGO MESMO (AUTOCONTRATO)**

O art. 117 do Código Civil trata do **autocontrato** ou **contrato consigo mesmo**, considerando-o, em princípio, anulável, nestes termos: "Salvo se o permitir a lei ou o representado, é anulável o negócio jurídico que o representante, no seu interesse ou por conta de outrem, celebrar consigo mesmo". Aduz o parágrafo único: "Para esse efeito, tem-se como celebrado pelo representante o negócio realizado por aquele em quem os poderes houverem sido substabelecidos".

Como o contrato, por definição, é um acordo de vontades, não se admite a existência de contrato consigo mesmo, salvo se o permitir a lei ou o representado. O que há, na realidade, são situações que se assemelham a negócio dessa natureza, como ocorre no cumprimento de **mandato em causa própria**, previsto no art. 685 do Código Civil, em que o mandatário recebe poderes para alienar determinado bem, por determinado preço, a terceiros ou a si próprio. Na última hipótese aparece apenas uma pessoa ao ato da lavratura da escritura, mas só aparentemente, porque o mandatário está ali representando o mandante. Este, quando da outorga da procuração, já fez uma declaração de vontade. Preceitua a Súmula 60 do Superior Tribunal de Justiça: "É nula a obrigação cambial assumida por procurador do mutuário vinculado ao mutuante, no exclusivo interesse deste". A razão é que tal situação configura modalidade de contrato consigo mesmo. Pela nova sistemática do Código Civil, porém, a obrigação cambial é apenas anulável.

Capítulo III
DA CONDIÇÃO, DO TERMO E DO ENCARGO

31 INTRODUÇÃO

Além dos elementos essenciais, que constituem requisitos de existência e de validade do negócio jurídico, pode este conter outros elementos meramente acidentais, introduzidos facultativamente pela vontade das partes, não necessários à sua essência. Uma vez convencionados, passam, porém, a integrá-lo, de forma indissociável. O atual Código abandonou o título "Das modalidades do ato jurídico", do diploma anterior, por impróprio.

São três os elementos acidentais no direito brasileiro: a condição, o termo e o encargo (modo). Essas convenções acessórias constituem autolimitações da vontade e são admitidas nos atos de natureza patrimonial em geral (com algumas exceções, como na aceitação e renúncia da herança), mas não podem integrar os de caráter eminentemente pessoal, como os direitos de família puros e os direitos personalíssimos. Não comportam condição, por exemplo, o casamento, o reconhecimento de filho, a adoção, a emancipação etc.

> **Quadro sinótico**

Elementos acidentais do negócio jurídico	São de três espécies: condição, termo e encargo. Tais elementos acidentais são introduzidos facultativamente pela vontade das partes e não são necessários à essência do negócio jurídico.

32 CONDIÇÃO

O conceito de condição nos é dado pelo art. 121 do Código Civil: é a cláusula que, derivando exclusivamente da vontade das partes, subordina o efeito do negócio jurídico a evento futuro e incerto. A frase "derivando exclusivamente da vontade das partes" afasta do terreno das condições em sentido técnico as condições impostas pela lei. Os requisitos, portanto, para que se configure o negócio condicional são a futuridade e a incerteza.

Quanto à futuridade, pode-se dizer que não se considera condição o fato passado ou presente, mas somente o futuro. Exemplo clássico é o de Spencer Vampré, em que alguém promete certa quantia a outrem se estiver premiado o seu bilhete de loteria corrido no dia anterior. Nesse caso, ou o bilhete não foi premiado e, então, a declaração é ineficaz, ou o foi e a obrigação é pura e simples e não condicional. Malgrado chamadas de condições impróprias, na realidade não constituem propriamente condições. O evento, a que se subordina o efeito do negócio, deve também ser *incerto*. Se for certo, como a morte, condição não haverá, mas sim termo.

Há várias espécies de condições que podem ser classificadas quanto:

a) **À licitude** – Sob esse aspecto, as condições podem ser lícitas ou ilícitas. Dispõe o art. 122 do Código Civil que são lícitas, em geral, "todas as condições não contrárias à lei, à ordem pública ou aos bons costumes". A *contrario sensu*, serão ilícitas todas as que atentarem contra proibição expressa ou virtual do ordenamento jurídico, a moral ou os bons costumes. É ilícita, por exemplo, a cláusula que obriga alguém a mudar de religião, por contrariar a liberdade de credo assegurada na Constituição Federal, bem como a de alguém se entregar à prostituição. Em geral, as cláusulas que afetam a liberdade das pessoas só são consideradas ilícitas quando absolutas, como a que proíbe o casamento ou exige a

Direito Civil — Parte Geral

conservação do estado de viuvez. Sendo relativas, como a de se casar ou de não se casar com determinada pessoa, não se reputam proibidas. O Código Civil, nos arts. 122 e 123, proíbe expressamente as condições que privarem de todo efeito o ato (perplexas); as que o sujeitarem ao puro arbítrio de uma das partes (puramente potestativas); as física ou juridicamente impossíveis; e as incompreensíveis ou contraditórias.

b) **À possibilidade** – As condições podem ser possíveis e impossíveis. Estas podem ser física ou juridicamente impossíveis. **Fisicamente impossíveis** são as que não podem ser cumpridas por nenhum ser humano, como a de colocar toda a água dos oceanos em um pequeno copo, por exemplo. Desde que a impossibilidade física seja genérica, não restrita ao devedor, têm-se por inexistentes, quando **resolutivas** (CC, art. 124), isto é, serão consideradas não escritas. A mesma solução aplica-se às juridicamente impossíveis. Condição **juridicamente impossível** é a que esbarra em proibição expressa do ordenamento jurídico ou fere a moral ou os bons costumes. Como exemplo da primeira hipótese pode ser mencionada a condição de adotar pessoa da mesma idade ou a de realizar negócio que tenha por objeto herança de pessoa viva; e, da segunda, a condição de cometer crime ou de se prostituir.

Preceitua o art. 123 do Código Civil que as condições física ou juridicamente impossíveis **invalidam** os negócios jurídicos que lhes são subordinados, quando **suspensivas** (I). Assim, tanto a condição como o contrato são nulos. Segundo ainda dispõe o mencionado dispositivo, também contaminam todo o contrato "as condições ilícitas, ou de fazer coisa ilícita" (II), e "as condições incompreensíveis ou contraditórias" (III).

c) **À fonte de onde promanam** – Sob esse ângulo, as condições classificam-se em casuais, potestativas e mistas, segundo promanem de evento fortuito, da vontade de um dos contraentes ou, ao mesmo tempo, da vontade de um dos contraentes e de outra circunstância, como a vontade de terceiro. Podem ser acrescentadas, também, as perplexas e as promíscuas.

Casuais são as que dependem do acaso, do fortuito, de fato alheio à vontade das partes. Opõem-se às potestativas. Exemplo clássico: "dar-te-ei tal quantia se chover amanhã". **Potestativas** são as que decorrem da vontade de uma das partes, dividindo-se em **puramente** potestativas e **simplesmente** potestativas. Somente as primeiras são consideradas ilícitas pelo art. 122 do Código Civil, que as inclui entre as condições defesas por sujeitarem todo o efeito do ato "ao puro arbítrio de uma das partes", sem a influência de qualquer fator externo. É a cláusula *si voluero* (se me aprouver), muitas vezes sob a forma de "se eu quiser", "se eu levantar o braço" e outras, que dependem de mero capricho. As simplesmente (ou meramente) potestativas são admitidas por depender não só da manifestação de vontade de uma das partes, como também de algum acontecimento ou circunstância exterior que escapa ao seu controle. Por exemplo: "dar-te-ei tal bem se fores a Roma". Tal viagem não depende somente da vontade, mas também da obtenção de tempo e dinheiro. Tem-se entendido que a cláusula "pagarei quando puder" ou "quando possível" não constitui arbítrio condenável. **Mistas** são as condições que dependem simultaneamente da vontade de uma das partes e da vontade de um terceiro. Exemplos: "dar-te-ei tal quantia se casares com tal pessoa" ou "se constituíres sociedade com fulano". A eficácia da liberalidade, nesses casos, não depende somente da vontade do beneficiário mas, também, do consentimento de terceira pessoa para o casamento ou para a constituição da sociedade.

O art. 122 do Código Civil inclui, ainda, entre as condições defesas, "as que privarem de todo efeito o negócio jurídico". São as condições **perplexas**. As condições puramente potestativas podem perder esse caráter em razão de algum acontecimento inesperado, casual, que venha a dificultar sua realização. É, de início, puramente potestativa a condição de escalar determinado morro. Mas perderá esse caráter se o agente, inesperadamente, vier a padecer de algum problema físico que dificulte e torne incerto o implemento da condição. Nesse caso, a condição transforma-se em **promíscua**. As potestativas eram chamadas de promíscuas pelos romanos porque de um momento para outro podiam deixar de sê-lo, passando a reger-se pelo acaso. Não se confundem, no entanto, com as mistas, porque nestas a combinação da vontade e do acaso é proposital.

Não se considera condição a cláusula que não deriva exclusivamente da vontade das partes, mas decorra necessariamente da natureza do direito a que acede. Assim, a de alienar determinado imóvel se for por escritura pública ou a fórmula "se o comodato for gratuito" não constituem verdadeiramente uma condição, pois trata-se de elementos que fazem parte da essência desses negócios (escritura pública e gratuidade do comodato), sendo chamados de *conditiones juris*.

d) **Ao modo de atuação** – Assim considerada, a condição pode ser suspensiva ou resolutiva. A primeira (**suspensiva**) impede que o ato produza efeitos até a realização do evento futuro e incerto. Exemplo: "dar-te-ei tal bem se lograres tal feito". Não se terá adquirido o direito enquanto não se verificar a condição suspensiva (CC, art. 125). **Resolutiva** é a que extingue, resolve o direito transferido pelo negócio, ocorrido o evento futuro e incerto. Por exemplo: o beneficiário da doação, depois de recebido o bem, casa-se com a pessoa que o doador proibira, tendo este conferido ao eventual casamento o caráter de condição resolutiva; ou alguém constitui uma renda em favor de outrem, enquanto este estudar.

As condições podem ser consideradas sob três estados. Enquanto não se verifica ou não se frustra o evento futuro e incerto, a condição encontra-se pendente. A verificação da condição chama-se **implemento**. Não realizada, ocorre a **frustração** da condição. Pendente a condição suspensiva, não se terá adquirido o direito a que visa o negócio jurídico. Na condição resolutiva, o direito é adquirido desde logo, mas pode extinguir-se, para todos os efeitos, se ocorrer o seu implemento. Mas, "se aposta a um negócio de execução continuada ou periódica, a sua realização, salvo disposição em contrário, não tem eficácia quanto aos atos já praticados, desde que compatíveis com a natureza da condição pendente e conforme aos ditames de boa-fé" (CC, art. 128). O art. 130 permite ao titular de direito eventual, nos casos de condição suspensiva ou resolutiva, o exercício de atos destinados a conservá-lo, como a interrupção da prescrição, a exigência de caução ao fiduciário (art. 1.953, parágrafo único) etc.

Verificada a condição suspensiva, o direito é adquirido. Embora a incorporação ao patrimônio do titular ocorra somente por ocasião do implemento da condição, o direito condicional constituir-se-á na data da celebração do negócio, como se desde o início não fosse condicional. Frustrada a condição, considera-se nunca tendo existido o negócio. Preceitua o art. 129: "Reputa-se verificada, quanto aos efeitos jurídicos, a condição cujo implemento for maliciosamente obstado pela parte a quem desfavorecer, considerando-se, ao contrário, não verificada a condição maliciosamente levada a efeito por aquele a quem aproveita o seu implemento". Como exemplo pode ser mencionada a condição de pagar somente se as ações de determinada empresa alcançarem certo valor, e houver manipulação na Bolsa de Valores, pelo interessado, para evitar que o valor estipulado se verifique.

A condição resolutiva pode ser **expressa** ou **tácita**. O atual Código suprimiu a referência que o parágrafo único do art. 119 do diploma de 1916 fazia à condição resolutiva tácita, por não se tratar propriamente de condição em sentido técnico, considerando-se que esta só se configura se aposta ao negócio jurídico. E a denominada condição resolutiva expressa – que é, juridicamente, condição – opera, como qualquer outra condição em sentido técnico, de pleno direito. Em qualquer caso, no entanto, a resolução precisa ser judicialmente pronunciada. Em todos os contratos bilaterais ou sinalagmáticos presume-se a existência de uma cláusula resolutiva tácita (CC, art. 475), que não é propriamente condição e depende de interpelação, sendo denominada *conditiones juris*.

Direito Civil — Parte Geral

Prescreve, por fim, o art. 126 do Código Civil que, "se alguém dispuser de uma coisa sob condição suspensiva, e, pendente esta, fizer quanto àquela novas disposições, estas não terão valor, realizada a condição, se com ela forem incompatíveis". Exemplo: doação sob condição suspensiva e posterior oferecimento em penhor, a terceiro, do mesmo bem; realizada a condição, extingue-se o penhor. Trata-se de aplicação do princípio da **retroatividade** das condições, reafirmado no art. 1.359 do Código Civil: "Resolvida a propriedade pelo implemento da condição ou pelo advento do termo, entendem-se também resolvidos os direitos reais concedidos na sua pendência, e o proprietário, em cujo favor se opera a resolução, pode reivindicar a coisa do poder de quem a possua ou detenha". Quem adquire domínio resolúvel está assumindo um risco, não podendo alegar prejuízo se advier a resolução. Em regra, extinguem-se os direitos constituídos *pendente conditione*, valendo apenas os atos de administração, bem como os de percepção dos frutos (CC, arts. 1.214 e s.). A retroatividade da condição suspensiva não é aplicável, contudo, aos direitos reais, uma vez que só há transferência do domínio após a entrega do objeto sobre o qual versam ou após o registro da escritura.

Quadro sinótico

Condição	**Conceito:** é a cláusula que, derivando exclusivamente da vontade das partes, subordina o efeito do negócio jurídico a evento futuro e incerto (art. 121). Só são consideradas condição, portanto, as convencionais, e não as impostas pela lei. **Elementos:** futuridade e incerteza. As condições subordinadas a evento passado ou presente são denominadas condições impróprias. **Classificação:** a) Quanto à licitude: podem ser lícitas e ilícitas (art. 122, 1ª parte). b) Quanto à possibilidade: possíveis e impossíveis. c) Promíscuas são as condições no início puramente potestativas, que se convertem em simplesmente potestativas em razão de fato superveniente. d) Quanto ao modo de atuação: suspensivas e resolutivas. **Efeitos:** as condições impossíveis invalidam os negócios jurídicos que lhes são subordinados, quando suspensivas, assim como as ilícitas, incompreensíveis e contraditórias (art. 123). Têm-se por inexistentes as condições impossíveis, quando resolutivas (art. 124).

33 **TERMO**

Termo é o dia em que começa ou se extingue a eficácia do negócio jurídico. **Termo convencional** é a cláusula contratual que subordina a eficácia do negócio a evento futuro e **certo**. Difere da condição, que a subordina a evento futuro e **incerto**. Apesar dessa distinção, pode ocorrer que o termo, embora certo e inevitável no futuro, seja incerto quanto à data de sua verificação. Exemplo: determinado bem passará a pertencer a tal pessoa a partir da morte de seu proprietário. A morte é certa, mas não se sabe quando ocorrerá (a data é incerta). Sob esse aspecto, o termo pode ser dividido em **incerto**, como no referido exemplo, e **certo**, quando se reporta a determinada data do calendário ou a determinado lapso de tempo. Termo **de direito** é o que decorre da lei. E termo **de graça** é a dilação de prazo concedida ao devedor.

O termo pode ser, também, **inicial** ou suspensivo (*dies a quo*) e **final** ou resolutivo (*dies ad quem*). Se for celebrado, por exemplo, um contrato de locação no dia vinte de determinado mês para ter vigência no dia primeiro do mês seguinte, esta data será o termo inicial. Se também ficar estipulada a data em que cessará a locação, esta constituirá o termo final. O termo inicial suspende o exercício, mas não a aquisição do direito (CC, art. 131). Por suspender o exercício do direito, assemelha-se à condição suspensiva, que produz também tal efeito. Diferem, no entanto, porque a condição suspensiva, além de suspender o exercício do direito, suspende também a sua aquisição. O termo não suspende a aquisição do direito, mas somente protela o seu exercício. A segunda diferença já foi apontada: na condição suspensiva, o evento do qual depende a eficácia do ato é futuro e **incerto**, enquanto no termo é futuro e **certo**.

Em razão de tal semelhança, dispõe o art. 135 do Código Civil que: "Ao termo inicial e final aplicam-se, no que couber, as disposições relativas à condição suspensiva e resolutiva". Assim, o termo não obsta ao exercício dos atos destinados a conservar o direito a ele subordinado, como o de interromper a prescrição ou de rechaçar atos de esbulho ou turbação.

Termo não se confunde com prazo, também regulamentado pelo Código Civil. **Prazo** é o intervalo entre o termo *a quo* e o termo *ad quem*, estando regulamentado nos arts. 132 a 134 do Código Civil. Na contagem dos prazos, exclui-se o dia do começo e inclui-se o do vencimento (art. 132). Se este cair em feriado, considerar-se-á prorrogado o prazo até o seguinte dia útil (§ 1º). **Meado** considera-se, em qualquer mês, o seu décimo quinto dia (§ 2º). "Os prazos de meses e anos expiram no dia de igual número do de início, ou no imediato, se faltar exata correspondência" (§ 3º), como ocorre em ano bissexto. "Os prazos fixados por hora contar-se-ão de minuto a minuto" (§ 4º), como no pedido de falência, por exemplo.

Nos **testamentos**, presume-se o prazo em favor do herdeiro (CC, art. 133). Assim, se o testador fixar prazo para a entrega do legado, entender-se-á que foi estabelecido em favor do herdeiro, obrigado ao pagamento, e não do legatário. Nos **contratos**, presume-se em proveito do devedor. Desse modo, pode o devedor renunciar ao prazo e antecipar o pagamento da dívida, para livrar-se, por exemplo, de um índice de atualização monetária que estaria vigorando na data do seu vencimento, sem que o credor possa impedi-lo. No entanto, se do teor do instrumento, ou das circunstâncias, resultar que o prazo se estabeleceu a benefício do credor ou de ambos os contratantes (CC, art. 133, 2ª parte), tal renúncia não poderá ocorrer sem a anuência do credor, salvo se a avença for regida pelo Código de Defesa do Consumidor. Permite esse Código, sem distinção, a liquidação antecipada do débito, com redução proporcional dos juros (art. 52, § 2º).

Os negócios jurídicos entre vivos, para os quais não se estabelece prazo, são exequíveis desde logo. A regra, entretanto, não é absoluta, como ressalva o art. 134 do Código Civil, pois alguns atos dependem de certo tempo, seja porque terão de ser praticados em lugar diverso, seja pela sua própria natureza. Em um contrato de empreitada para a construção de uma casa, por exemplo, sem fixação de prazo, não se pode exigir a imediata execução e conclusão da obra, que depende, naturalmente, de certo tempo. Na compra de uma safra, o prazo necessário será a época da colheita. A obrigação de entregar bens, como animais, por exemplo, que deverão ser transportados para localidade distante, não pode ser cumprida imediatamente.

Quadro sinótico

Termo	Conceito: é o momento em que começa ou se extingue a eficácia do negócio jurídico. Espécies: a) termo convencional, termo de direito, termo de graça; b) termo inicial (*dies a quo*) e final (*dies ad quem*); c) termo certo e incerto; d) termo impossível (art. 135); e) termo essencial e não essencial. É essencial quando o efeito pretendido deva ocorrer em momento bem preciso, sob pena de, verificado depois, não ter mais valor (data para a entrega de vestido para uma cerimônia). Prazo: é o intervalo entre o termo inicial e o final (arts. 132 a 134).

Direito Civil — Parte Geral

34 ENCARGO OU MODO

Trata-se de cláusula acessória às liberalidades (doações, testamentos), pela qual se impõe um **ônus** ou **obrigação** ao beneficiário. É admissível, também, em declarações unilaterais da vontade, como na promessa de recompensa. É comum nas doações feitas ao município, em geral com a obrigação de construir um hospital, escola, creche ou algum outro melhoramento público; e nos testamentos, em que se deixa a herança a alguém, com a obrigação de cuidar de determinada pessoa ou de animais de estimação. Em regra, é identificada pelas expressões "para que", "a fim de que", "com a obrigação de".

Segundo dispõe o art. 136 do Código Civil, o "encargo não suspende a aquisição nem o exercício do direito...". Assim, aberta a sucessão, o domínio e a posse dos bens transmitem-se desde logo aos herdeiros nomeados, com a obrigação, porém, de cumprir o encargo a eles imposto. Se esse encargo não for cumprido, a liberalidade poderá ser revogada.

Dispõe o art. 553 do Código Civil que "o donatário é obrigado a cumprir os encargos da doação, caso forem a benefício do doador, de terceiro, ou do interesse geral". Acrescenta o parágrafo único: "Se desta última espécie for o encargo, o Ministério Público poderá exigir sua execução, depois da morte do doador, se este não tiver feito". O art. 1.938 acresce que ao legatário, nos legados com encargo, aplica-se o disposto quanto às doações de igual natureza, o mesmo acontecendo com o substituto, por força do art. 1.949. E o art. 562 prevê que a doação onerosa pode ser revogada por inexecução do encargo, se o donatário incorrer em mora. Tal dispositivo aplica-se, por analogia, às liberalidades *causa mortis*. O terceiro beneficiário pode exigir o cumprimento do encargo, mas não está legitimado a propor ação revocatória. Esta é privativa do instituidor, podendo os herdeiros apenas prosseguir na ação por ele intentada, caso venha a falecer depois do ajuizamento. O instituidor também pode reclamar o cumprimento do encargo. O Ministério Público só poderá fazê-lo depois da morte do instituidor, se este não o tiver feito e se o encargo foi imposto no interesse geral.

O encargo difere da **condição suspensiva** porque esta impede a aquisição do direito, enquanto aquele não suspende a aquisição nem o exercício do direito. A condição suspensiva é imposta com o emprego da partícula "se", e o encargo com as expressões "para que", "com a obrigação de" etc. Difere, também, da **condição resolutiva**, porque não conduz, por si, à revogação do ato. O instituidor do benefício poderá ou não propor a ação revocatória, cuja sentença não terá efeito retroativo. O encargo pode ser imposto como condição suspensiva e com efeitos próprios deste elemento acidental, desde que tal disposição seja expressa (art. 136, 2ª parte).

Preenchendo lacuna do Código Civil de 1916, o atual disciplina o encargo **ilícito** ou **impossível**, dispondo, no art. 137: "considera-se não escrito o encargo ilícito ou impossível, salvo se constituir o motivo determinante da liberalidade, caso em que se invalida o negócio jurídico".

Quadro sinótico

Encargo ou modo	Conceito: cláusula acessória às liberalidades, pela qual se impõe um ônus ou obrigação ao beneficiário. É admissível também em declarações unilaterais, como na promessa de recompensa.
	Efeitos: o encargo não suspende a aquisição nem o exercício do direito (art. 136). Sendo ilícito ou impossível, considera-se não escrito (art. 137). Difere da condição suspensiva porque esta impede a aquisição do direito. E da resolutiva, porque não conduz, por si só, à revogação do ato. O instituidor do benefício poderá ou não propor a ação revocatória, cuja sentença não terá efeito retroativo.

Capítulo IV
DOS DEFEITOS DO NEGÓCIO JURÍDICO

35 INTRODUÇÃO

Este capítulo trata das hipóteses em que a vontade se manifesta com algum vício que torne o negócio anulável. O Código Civil brasileiro menciona e regula seis defeitos: erro, dolo, coação, estado de perigo, lesão e fraude contra credores. O art. 171, II, diz ser anulável o negócio jurídico que contenha tais vícios. É de **quatro anos** o prazo de **decadência** para pleitear-se a anulação do negócio jurídico, contado: **a)** no caso de coação, do dia em que ela cessar; **b)** no de erro, dolo, fraude contra credores, estado de perigo ou lesão, do dia em que se realizou o negócio jurídico (art. 178, I e II).

Os referidos defeitos, exceto a fraude contra credores, são chamados de **vícios do consentimento** porque provocam uma manifestação de vontade não correspondente com o íntimo e verdadeiro querer do agente. Criam uma divergência, um conflito entre a vontade manifestada e a real intenção de quem a exteriorizou. A fraude contra credores não conduz a um descompasso entre o íntimo querer do agente e a sua declaração. A vontade manifestada corresponde exatamente ao seu desejo. Mas é exteriorizada com a intenção de prejudicar terceiros. Por essa razão é considerada **vício social**. A **simulação**, que também é chamada de vício social, porque objetiva iludir terceiros ou violar a lei, constava também deste capítulo, no Código Civil de 1916. O atual, entretanto, trouxe uma relevante alteração nessa parte, disciplinando-a no capítulo que trata da invalidade do negócio jurídico. O art. 167 do referido diploma declara **nulo** o negócio jurídico simulado, subsistindo porém o dissimulado, se válido for na substância e na forma.

Quadro sinótico

Espécies de vícios do negócio jurídico	Vícios do consentimento: erro, dolo, coação, estado de perigo, lesão. Vício social: fraude contra credores. Tornam anulável o negócio jurídico (art. 171, II). É de 4 anos o prazo decadencial para a propositura da ação anulatória (art. 178).

36 ERRO OU IGNORÂNCIA

No erro, o agente engana-se sozinho. Quando é induzido em erro pelo outro contratante ou por terceiro, caracteriza-se o dolo. Poucas são as ações anulatórias ajuizadas com base no erro, porque difícil se torna penetrar no íntimo do autor para descobrir o que se passou em sua mente no momento da celebração do negócio. Por isso, são mais comuns as ações fundadas no dolo, pois o induzimento pode ser comprovado e aferido objetivamente.

O Código equiparou os efeitos do erro à ignorância. Erro é a ideia falsa da realidade. Ignorância é o completo desconhecimento da realidade. Dispõe o art. 138 que são "anuláveis os negócios jurídicos, quando as declarações de vontade emanarem de erro substancial que poderia ser percebido por pessoa de diligência normal, em face das circunstâncias do negócio". Pessoa de diligência normal é a parte que erra. Não adotou o Código o critério da cognoscibilidade do erro pela outra parte.

Não é, porém, qualquer espécie de erro que torna anulável o negócio jurídico. Para tanto deve ser substancial (ou essencial), escusável e real.

Direito Civil — Parte Geral

Erro **substancial** é o erro sobre circunstâncias e aspectos relevantes do negócio. Há de ser a causa determinante, ou seja, se conhecida a realidade, o negócio não seria celebrado. Segundo o art. 139, é o que: **a)** interessa à **natureza do negócio** (*error in negotio*). Exemplo: o contrato é de compra e venda e o adquirente imagina tratar-se de doação; concerne ao **objeto principal** da declaração (*error in corpore*). Exemplo: aquisição de um terreno que se supõe valorizado porque situado em rua importante, mas que na verdade tem pouco valor, pois se situa em rua do mesmo nome, porém de outra localidade; versa sobre **qualidades essenciais** do objeto (*error in substantia*). Exemplo: aquisição de candelabros prateados, mas de material inferior, como se fossem de prata; compra de um relógio dourado como se fosse de ouro; **b)** diz respeito à **identidade** ou à **qualidade essencial da pessoa** a quem se refira a declaração de vontade (*error in persona*), desde que tenha influído nesta de modo relevante. Exemplo: doação ou deixa testamentária a pessoa que o doador imagina, equivocadamente, ser seu filho natural ou, ainda, a que lhe salvou a vida; **c)** sendo **de direito** (*error juris*) e não implicando recusa à aplicação da lei, for o motivo único ou principal do negócio jurídico. Exemplo: pessoa que contrata a importação de determinada mercadoria ignorando existir lei que proíbe tal importação. Como tal ignorância foi a causa determinante do ato, pode ser alegada para anular o contrato, sem com isso se pretender que a lei seja descumprida.

Embora a teoria dos vícios redibitórios se assente na existência de um erro e guarde semelhança com este quanto às qualidades essenciais do objeto, não se confundem os dois institutos. O vício redibitório é erro objetivo sobre a coisa, que contém um defeito oculto. O seu fundamento é a obrigação que a lei impõe a todo alienante de garantir ao adquirente o uso da coisa. Provado o defeito oculto, não facilmente perceptível, cabem as ações edilícias (redibitória e *quanti minoris* – ou estimatória), respectivamente para rescindir o contrato e pedir abatimento do preço, sendo decadencial e exíguo o prazo para a sua propositura (trinta dias, se tratar-se de bem móvel, e um ano, se for imóvel). O erro quanto às qualidades essenciais do objeto é subjetivo, pois reside na manifestação da vontade. Dá ensejo ao ajuizamento de ação anulatória, sendo de quatro anos o prazo decadencial. Se alguém adquire um relógio que funciona perfeitamente, mas não é de ouro, como o adquirente imaginava (e somente por essa circunstância o adquiriu), trata-se de erro quanto à qualidade essencial do objeto. Se, no entanto, o relógio é mesmo de ouro, mas não funciona em razão do defeito de uma peça interna, a hipótese é de vício redibitório.

Erro escusável é o **erro justificável, desculpável**, exatamente o contrário de erro grosseiro, de erro decorrente do não emprego da diligência ordinária. O art. 138 do Código Civil, ao proclamar que são anuláveis os negócios jurídicos quando as declarações de vontade emanarem de "erro substancial que poderia ser percebido por pessoa de diligência normal, em face das circunstâncias do negócio", explicitou a necessidade de que o erro seja escusável, adotando um padrão abstrato, o do homem médio (*homo medius*), para a aferição da escusabilidade. Adotou, assim, o critério de comparar a conduta do agente com a da média das pessoas, malgrado a jurisprudência dominante à época da promulgação do referido diploma preferisse o critério do caso concreto, considerando, em cada hipótese levada aos tribunais, as condições pessoais (de desenvolvimento mental, cultural, profissional etc.) de quem alega o erro. Assim, pode-se considerar escusável, pelo referido critério, a alegação de erro quanto à natureza do negócio (celebração de contrato de compra e venda julgando tratar-se de doação, p. ex.) feita por uma pessoa rústica e analfabeta e, por outro lado, considerá-la inescusável, injustificável, quando feita por um advogado. O critério do caso concreto foi adotado, porém, pelo Código, para a aferição da gravidade da coação (art. 152).

Sustentam alguns autores, porém, que o negócio só é anulável se o vício era conhecido ou poderia ser reconhecido pelo contratante beneficiado, entendendo que o atual Código exigiu apenas a cognoscibilidade e não a escusabilidade como requisito do erro. Nesse sentido o Enunciado n. 12 da Jornada de Direito Civil, promovida pelo Conselho de Justiça Federal: "Na sistemática do art. 138, é irrelevante ser ou não escusável o erro, porque o dispositivo adota o princípio da confiança".

O erro, para anular o negócio, deve ser também real, isto é, efetivo, causador de real prejuízo ao interessado. Assim, o erro sobre o ano de fabricação do veículo adquirido (1994, em vez de 1999) é substancial e real, porque, se o adquirente tivesse conhecimento da realidade, não o teria comprado. Tendo-o adquirido, sofreu grande prejuízo. No entanto, se o erro dissesse respeito somente à cor do veículo (preto, em vez de azul-escuro), seria acidental e não tornaria o negócio anulável.

Acidental, portanto, é o erro que se opõe ao substancial e real, porque se refere a circunstâncias de somenos importância e que não acarretam efetivo prejuízo, ou seja, a qualidades secundárias do objeto ou da pessoa. Se conhecida a realidade, mesmo assim o negócio seria realizado.

O direito alemão considera tão grave o erro sobre a natureza do negócio e sobre o objeto principal da declaração que nem os considera vícios do consentimento. São chamados de erro obstativo (erro obstáculo) ou impróprio, pois impedem ou obstam a própria formação do negócio, que se considera inexistente. No direito italiano e no francês assim são chamados somente os erros sobre a natureza do negócio. No direito brasileiro, porém, não se faz essa distinção, pois se considera o erro, qualquer que seja a hipótese (*in negotio, in corpore, in substantia, in persona* ou *juris*), vício de consentimento e causa de anulabilidade do negócio.

O Código, ao enumerar os casos em que há erro substancial (art. 139), contempla, ao lado das hipóteses de erro de fato, que decorre de uma noção falsa das circunstâncias, o erro de direito (*error juris*), desde que não se objetive, com a sua alegação, descumprir a lei ou subtrair-se à sua força imperativa e seja o motivo único ou principal do negócio jurídico, pois *ignorantia legis neminem excusat* (LINDB, art. 3º). Pode-se invocar o erro de direito, por exemplo, para afastar a imputação de má-fé.

O Código Civil equipara o erro à transmissão defeituosa da vontade (art. 141). Se o declarante não se encontra na presença do declaratário e se vale de um intermediário (interposta pessoa ou núncio) ou de um meio de comunicação (fax, telégrafo, Internet etc.) e a transmissão da vontade, nesses casos, não se faz com fidelidade, estabelecendo-se uma divergência entre o querido e o que foi transmitido erroneamente (mensagem truncada), caracteriza-se o vício que propicia a anulação do negócio.

O motivo do negócio não precisa ser mencionado pelas partes. Motivos são as ideias, as razões subjetivas, interiores, consideradas acidentais e sem relevância para a apreciação da validade do negócio. Em uma compra e venda, os motivos podem ser diversos: a necessidade de venda, investimento, edificação de moradia etc. São estranhos ao direito e não precisam ser mencionados. O Código Civil não se refere a eles, a não ser, excepcionalmente, no art. 140, ao prescrever que o "falso motivo só vicia a declaração de vontade quando expresso como razão determinante". Quando expressamente mencionados como razão determinante, os motivos passam à condição de elementos essenciais do negócio. O art. 140 do Código Civil permite, portanto, que as partes promovam o erro acidental a erro relevante. Os casos mais comuns são de deixas testamentárias, com expressa declaração do motivo determinante (filiação, parentesco, p. ex.), que entretanto se revelam, posteriormente, falsos.

Segundo dispõe o art. 142 do Código Civil, o erro na indicação da pessoa ou da coisa, a que se referir a declaração de vontade, não viciará o negócio quando, por seu contexto e pelas circunstâncias, se puder identificar a coisa ou pessoa cogitada. No direito das sucessões há regra semelhante (art. 1.903). Trata-se de erro acidental ou sanável. Por exemplo, o doador ou testador beneficia o seu sobrinho Antônio. Na realidade, não tem nenhum sobrinho com esse nome. Apura-se, porém, que tem um afilhado de nome Antônio, a quem sempre

Direito Civil — Parte Geral

chamou de sobrinho. Trata-se de dispositivo legal que complementa o art. 138, segundo o qual a anulação de um negócio só é admissível em caso de erro substancial.

O art. 143 é expresso no sentido de que o **erro de cálculo** apenas autoriza a retificação da declaração de vontade. Por sua vez, o art. 144 preceitua que o "erro não prejudica a validade do negócio jurídico quando a pessoa, a quem a manifestação de vontade se dirige, se oferecer para executá-la na conformidade da vontade real do manifestante". Tal oferta afasta o prejuízo do que se enganou, deixando o erro de ser real e, portanto, anulável.

Questão pouco comentada, quando se estuda o erro, é a relativa ao **interesse negativo**, que decorre do fato de o vendedor ver-se surpreendido com uma ação anulatória, julgada procedente, com os consectários da sucumbência, sem que tenha concorrido para o erro do outro contratante – o que se configura injusto, máxime já tendo dado destinação ao numerário recebido. O Código alemão prevê, para esses casos, que a doutrina chama de "interesse negativo", uma compensação para o contratante que não concorreu para o erro. O Código Civil brasileiro não prevê a hipótese, mas ela decorre dos princípios gerais de direito, especialmente o que protege a boa-fé. Poderá, porém, o declaratário, como já mencionado, evitar a anulação, oferecendo-se para executar a avença na conformidade da vontade real do manifestante, se lhe for possível (art. 144).

Quadro sinótico

Erro	Erro escusável	Critérios para sua aferição	a) critério do homem médio (*homo medius*). Compara a conduta do agente com a da média das pessoas. Foi adotado no art. 138 do Código Civil; b) critério do caso concreto: considera, em cada hipótese, as condições pessoais de quem alega o erro.
	Erro real		É o erro efetivo, causador de real prejuízo ao interessado.
	Erro acidental		É o que se opõe ao substancial e real, porque se refere a circunstâncias de somenos importância e que não acarretam efetivo prejuízo, ou seja, a qualidades secundárias do objeto ou da pessoa.
	Erro obstativo ou impróprio		É o que impede ou obsta a própria formação do negócio, tal a gravidade do engano, tornando-o inexistente, como acontece no direito italiano no tocante ao erro sobre a natureza do negócio. No Brasil, porém, tal erro torna o negócio apenas anulável.

37 DOLO

Dolo é o induzimento malicioso de alguém à prática de um ato que lhe é prejudicial, mas proveitoso ao autor do dolo ou a terceiro.

Dispõe o art. 145 do Código Civil que são "os negócios jurídicos anuláveis por dolo, quando este for a sua causa". É o dolo chamado de **principal**. É **acidental** quando, "a seu despeito, o negócio seria realizado, embora por outro modo". Este "só obriga à satisfação das perdas e danos" (CC, art. 146). Diz respeito, portanto, às condições do negócio.

O dolo pode ser proveniente do outro contratante ou de terceiro, estranho ao negócio (CC, art. 148). O **dolo de terceiro**, no entanto, somente ensejará a anulação do negócio "se a parte a quem aproveite dele tivesse ou devesse ter conhecimento". Se o beneficiado pelo dolo de terceiro não adverte a outra parte, está tacitamente aderindo ao expediente astucioso, tornando-se cúmplice. Por exemplo, se o adquirente é convencido por um terceiro de que o relógio que está adquirindo é de ouro, sem que tal afirmação tenha sido feita pelo vendedor, e este ouve as palavras de induzimento utilizadas pelo terceiro e não alerta o comprador, o negócio torna-se anulável. Entretanto, se a parte a quem aproveite (no exemplo *supra*, o vendedor) não soube do dolo de terceiro, não se anula o negócio. Mas o lesado poderá reclamar perdas e danos do autor do dolo (art. 148, 2ª parte), pois este praticou um ato ilícito (art. 186).

Vem do direito romano a classificação do dolo em **bonus** e **malus**. **Dolus bonus** é o dolo tolerável no comércio em geral. É considerado normal, e até esperado, o fato de os comerciantes exagerarem as qualidades das mercadorias que estão vendendo. Não torna anulável o negócio jurídico, porque de certa maneira as pessoas já contam com ele e não se deixam envolver, a menos que não tenham a diligência que se espera do homem médio. Somente vicia o ato o **dolus malus,** exercido com o propósito de causar prejuízo.

Pode, o dolo, tanto ser praticado por ação (dolo **positivo**) como por omissão (dolo **negativo**, **reticência** ou **omissão dolosa**). O último é definido, no art. 147 do Código Civil, como o silêncio intencional de uma das partes a respeito de fato ou qualidade que a outra parte haja ignorado. Provando-se que, sem a omissão, o negócio não se teria celebrado, pode ser pleiteada a sua anulação. Esteia-se tal dispositivo no princípio da boa-fé, que deve nortear todos os negócios. Tal princípio é reiterado em outros dispositivos do Código Civil que cuidam de hipóteses de omissão dolosa, como o art. 180, que pune o menor que oculta dolosamente a sua idade, e o art. 766, que acarreta a perda do direito ao recebimento do seguro se o estipulante de seguro de vida oculta dolosamente ser portador de doença grave quando da estipulação.

O dolo do **representante** é tratado no art. 149 do Código Civil, que distingue o representante legal do convencional. Torna, também, anulável o negócio jurídico se constituir a sua causa determinante. Se o dolo for acidental, só obrigará à satisfação das perdas e danos. Responde pela indenização o representante, como autor do dolo. O dolo do representante **legal** de uma das partes só obriga o representado a responder civilmente até a importância do proveito que teve. Se o dolo for do representante **convencional**, o representado responderá solidariamente com ele por perdas e danos (art. 149), por ter escolhido mal o mandatário.

O dolo pode ser, também, **bilateral**, isto é, de ambas as partes (CC, art. 150). Nesse caso, se ambas têm culpa, uma vez que cada qual quis prejudicar a outra, nenhuma delas pode alegá-lo para anular o negócio, ou reclamar indenização. Há uma compensação, porque ninguém pode valer-se da própria torpeza (*nemo auditur propriam turpitudinem allegans*).

O chamado **dolo de aproveitamento** constitui o elemento subjetivo de outro defeito do negócio jurídico, que é a **lesão**. Configura-se quando alguém se aproveita da situação de premente necessidade ou da inexperiência do outro contratante para obter lucro exagerado, manifestamente desproporcional à natureza do negócio (CC, art. 157).

Quadro sinótico

Dolo	Conceito	É o induzimento malicioso de alguém à prática de um ato que lhe é prejudicial, mas proveitoso ao autor do dolo ou a terceiro.
	Espécies	a) Dolo principal (quando é a causa do negócio) e dolo acidental (quando, a seu despeito, o negócio seria realizado, embora por outro modo). Só o primeiro acarreta a anulabilidade. b) *Dolus bonus* e *dolus malus*. O primeiro é tolerável no comércio em geral. O segundo causa a anulação do negócio.

Direito Civil — Parte Geral

Dolo	Espécies	c) Dolo positivo e dolo negativo (reticência ou omissão dolosa – art. 147). d) Dolo unilateral e dolo bilateral (de ambas as partes). Na última hipótese, nenhuma delas pode reclamar em juízo, porque ninguém pode valer-se da própria torpeza. e) Dolo da outra parte ou de terceiro. O de terceiro só acarreta a anulabilidade se a outra parte, beneficiada, o conhecia. Se não, cabe apenas pedido de perdas e danos contra o autor do dolo (art. 148). f) Dolo da parte e do representante. O do representante legal de uma das partes só obriga o representado a responder até a importância do proveito que teve. Se for do representante convencional, o representado responderá solidariamente com ele por perdas e danos, por ter escolhido mal o mandatário (art. 149).

38 COAÇÃO

O que caracteriza a coação é o emprego da violência psicológica para viciar a vontade. Coação é toda ameaça ou pressão exercida sobre um indivíduo para forçá-lo, contra a sua vontade, a praticar um ato ou realizar um negócio.

Já o direito romano distinguia a coação absoluta ou física (*vis absoluta*) da relativa ou moral (*vis compulsiva*). Na coação absoluta inocorre qualquer consentimento ou manifestação da vontade. A vantagem pretendida pelo coator é obtida mediante o emprego de força física. Por exemplo: a colocação da impressão digital do analfabeto no contrato, agarrando-se à força o seu braço. Embora, por inexistir nesse caso qualquer manifestação de vontade, os autores em geral considerem nulo o negócio, trata-se na realidade de caso de inexistência do negócio jurídico, por ausência do primeiro e principal requisito de existência, que é a vontade.

A coação que constitui vício da vontade e torna anulável o negócio é a relativa ou moral. Nesta, deixa-se uma opção ou escolha à vítima: praticar o ato exigido pelo coator ou correr o risco de sofrer as consequências da ameaça por ele feita. Trata-se, portanto, de uma coação psicológica.

Embora o Código Civil não faça a distinção, a doutrina entende existir coação principal e acidental, como no dolo. Aquela seria a causa determinante do negócio; esta influenciaria apenas as condições da avença, ou seja, sem ela, o negócio assim mesmo se realizaria, mas em condições menos desfavoráveis à vítima. A coação principal constitui causa de anulação do negócio; a acidental somente obriga ao ressarcimento do prejuízo.

Nem toda ameaça, entretanto, configura coação. O art. 151 do Código Civil especifica os requisitos para que a coação possa viciar o consentimento. Assim:

a) Deve ser a causa do ato – Deve haver uma relação de causalidade entre a coação e o ato extorquido, ou seja, o negócio deve ter sido realizado somente por ter havido grave ameaça ou violência, que provocou na vítima fundado receio de dano à sua pessoa, à sua família ou aos seus bens. Sem ela, o negócio não se teria concretizado.

b) Deve ser grave – A coação deve ser de tal intensidade que efetivamente incuta ao paciente um fundado temor de dano a bem que considera relevante.

Para aferir a gravidade ou não da coação, não se considera o critério do homem médio (padrão abstrato), ou seja, não se compara a reação da vítima com a do homem médio ou normal. Por esse critério, se a média das pessoas se sentir atemorizada na situação da vítima, então a coação será considerada grave. Segue-se o critério do caso concreto, ou seja, o de avaliar, em cada caso, as condições particulares ou pessoais da vítima. Algumas pessoas, em razão de diversos fatores, são mais suscetíveis de se sentir atemorizadas do que outras. Por essa razão, determina o art. 152 do Código Civil que, no apreciar a coação, "ter-se-ão em conta o sexo, a idade, a condição, a saúde, o temperamento do paciente e todas as demais circunstâncias que possam influir na gravidade dela".

O art. 153, 2ª parte, do mesmo diploma não considera coação "o simples temor reverencial". Assim, não se reveste de gravidade suficiente para anular o ato o receio de desgostar os pais ou outras pessoas a quem se deve obediência e respeito, como os superiores hierárquicos. O emprego do vocábulo "simples" evidencia que o temor reverencial não vicia o consentimento quando desacompanhado de outros atos de violência. Pode, entretanto, ter tal consequência se acompanhado de ameaças ou violências. Assim, no casamento, consideram-se coação, e não simples temor reverencial, as graves ameaças de castigo à filha, para obrigá-la a casar.

c) Deve ser injusta – Tal expressão deve ser entendida como ilícita, contrária ao direito, ou abusiva.

Prescreve, com efeito, o art. 153, 1ª parte, do Código Civil: "Não se considera coação a ameaça do exercício normal de um direito". Assim, não constitui coação a ameaça feita pelo credor de protestar ou executar o título de crédito. O referido dispositivo emprega o adjetivo normal, referindo-se ao exercício do direito. Desse modo, configura-se a coação não apenas quando o ato praticado pelo coator contraria o direito, como também quando sua conduta, conquanto jurídica, constitui exercício anormal ou abusivo de um direito. Assim, é injusta a conduta de quem se vale dos meios legais para obter vantagem indevida. Por exemplo: a do credor que ameaça proceder à execução da hipoteca contra sua devedora caso esta não concorde em desposá-lo; a do indivíduo que, surpreendendo alguém a praticar algum crime, ameaça denunciá-lo caso não realize com ele determinado negócio.

d) Deve ser de dano atual ou iminente – A lei refere-se ao dano próximo e provável, afastando, assim, o impossível, remoto ou eventual. Tem em vista aquele prestes a se consumar, variando a apreciação temporal segundo as circunstâncias de cada caso.

e) Deve acarretar justo receio de dano – Não mais se exige que este seja igual, pelo menos, ao decorrente do dano extorquido, visto que essa proporção ou equilíbrio entre o sacrifício exigido e o mal evitado, prevista no Código de 1916, era alvo de críticas e não consta em outras legislações.

f) Deve constituir ameaça de prejuízo à pessoa ou a bens da vítima, ou a pessoas de sua família – O termo "família" tem, hoje, acepção ampla, compreendendo não só a que resulta do casamento, como também a decorrente de união estável. Também não se faz distinção entre parentesco legítimo ou ilegítimo ou decorrente da adoção, qualquer que seja a sua espécie (CF, art. 227, § 6º). Para os fins de intimidação, incluem-se também as ameaças a parentes afins, como cunhados, sogros etc.

A doutrina já vinha entendendo que a referência do texto a familiares, no *codex* anterior, era meramente exemplificativa, admitindo uma exegese ampliadora. Aceitava-se, assim, que a ameaça dirigida a pessoa não ligada ao coacto por laços familiares, como um amigo íntimo, noiva ou noivo, podia caracterizar a coação se ficasse demonstrado que ela tinha sido bastante para sensibilizá-lo e intimidá-lo. Por essa razão, o Código consignou, no parágrafo único do art. 151, que, se a coação "disser respeito a pessoa não pertencente à família do paciente, o juiz, com base nas circunstâncias, decidirá se houve coação". O texto é bastante amplo, abrangendo inclusive pessoas não ligadas ao coacto por laços de amizade.

A coação vicia o ato, ainda quando exercida por terceiro, se dela tivesse ou devesse ter conhecimento a parte a que aproveite, e esta responderá solidariamente com aquele por perdas e danos (CC, art. 154). Subsistirá, no entanto, o negócio jurídico se a coação decorrer de terceiro, sem que a parte a que aproveite dela tivesse ou devesse ter conhecimento; mas o autor da coação responderá por todas as perdas e danos que houver causado ao coacto (art. 155). A disciplina é similar à do dolo exercido por terceiro.

Direito Civil — Parte Geral

Quadro sinótico

Coação	Conceito	É toda ameaça ou pressão exercida sobre um indivíduo para forçá-lo, contra a sua vontade, a praticar um ato ou realizar um negócio.
	Espécies	a) **Absoluta**, exercida mediante o emprego de força física. Inocorre qualquer manifestação da vontade e, por isso, o negócio é inexistente. b) **Relativa ou moral**, em que o coator faz uma grave ameaça à vítima, deixando-lhe uma opção: praticar o ato exigido ou correr o risco de sofrer as consequências de ameaça que lhe foi feita. Trata-se de uma coação psicológica. É esta que torna anulável o negócio jurídico. c) **Da outra parte ou de terceiro**. A de terceiro só acarreta a anulabilidade se a outra parte, beneficiada, a conhecia. Se não, cabe apenas pedido de perdas e danos contra o autor da coação (art. 155).
	Requisitos da coação	a) Deve ser a causa determinante do negócio. b) Deve ser grave, ou seja, incutir na vítima um fundado temor. Levam-se em conta as condições pessoais da vítima, no apreciar a gravidade da ameaça. Não se considera coação o simples temor reverencial (art. 153, 2ª parte). c) Deve ser injusta, contrária ao direito. Não se considera coação a ameaça do exercício normal de um direito (art. 153, 1ª parte). d) A ameaça deve ser de causar dano atual ou iminente. e) Deve constituir ameaça de prejuízo à pessoa ou a bens da vítima, ou a pessoas de sua família. Se a coação disser respeito a pessoa não pertencente à família do paciente, o juiz, com base nas circunstâncias, decidirá se houve coação (art. 151, parágrafo único).

39 ESTADO DE PERIGO

Configura-se o **estado de perigo** quando alguém, premido da necessidade de salvar-se, ou a pessoa de sua família, de grave dano conhecido pela outra parte, assume obrigação excessivamente onerosa. Tratando-se de pessoa não pertencente à família do declarante, o juiz decidirá segundo as circunstâncias (CC, art. 156, parágrafo único). Considerou o legislador que, na prática, podem ocorrer vínculos de afetividade que atuem psicologicamente de forma tão intensa como a do parentesco. Deixou, então, ao juiz a tarefa de verificar, no exame do caso concreto, a ocorrência ou não de liame similar ao que normalmente se presume existir entre os membros da família.

O estado de perigo ocorre, assim, quando alguém se encontra em situação equiparada ao "estado de necessidade" e, por isso, assume obrigação excessivamente onerosa. O exemplo clássico é o da pessoa que se está afogando e, desesperada, promete toda sua fortuna para ser salva. Compõe-se de dois elementos: o **objetivo**, que é a assunção de "obrigação excessivamente onerosa"; e o **subjetivo**, caracterizado pelo constrangimento causado pela necessidade de "salvar-se" ou de "salvar pessoa de sua família" do risco grave existente. Este último deve ser complementado pela adesão da parte beneficiada ao desvio psicológico, que há de ser conhecedora do grave perigo por que passa o declarante.

Sustenta uma parte da doutrina que o estado de perigo se aproxima da **coação moral**, pois a vítima não se encontra em condições de declarar livremente a sua vontade. Não se confundem, contudo, esses dois vícios do consentimento. No estado de perigo inocorre a hipótese de um dos contratantes constranger o outro à prática de determinado ato ou a consentir na celebração de determinado contrato.

SINOPSES JURÍDICAS

O art. 178, II, do Código Civil declara **anulável** o negócio jurídico celebrado em estado de perigo. Segundo alguns, nesse caso, a pessoa beneficiada, e que não provocara a situação de perigo, será prejudicada. Outros, no entanto, acham que, não se anulando o negócio, a vítima experimentará um empobrecimento desproporcional ao serviço prestado. Parece mais equânime não anular o contrato, mas reduzir o valor do pagamento ao justo limite pelo serviço prestado. O Código Civil brasileiro, no entanto, considera anulável o negócio e, "ao contrário do que sucede no direito italiano (art. 1.447, segunda parte), que determina que o juiz, ao rescindir o negócio, pode, segundo as circunstâncias, fixar compensação equitativa à outra parte pelo serviço prestado, não estabelece regra semelhante, o que implica dizer que o prestador do serviço só se ressarcirá se se configurar hipótese de enriquecimento sem causa" (José Carlos Moreira Alves, *A Parte Geral do Projeto de Código Civil brasileiro*, 2. ed., Saraiva, 2003, p. 113). Não se anulará o contrato se a obrigação assumida não for excessivamente onerosa. Se o for, deverá o juiz, para evitar o enriquecimento sem causa, apenas reduzi-la a uma proporção razoável, anulando o excesso e não todo o negócio jurídico.

Quadro sinótico

Estado de perigo	Conceito	Configura-se quando alguém, premido da necessidade de salvar-se, ou a pessoa de sua família, de grave dano conhecido pela outra parte, assume obrigação excessivamente onerosa. Tratando-se de pessoa não pertencente à família do declarante, o juiz decidirá segundo as circunstâncias (art. 156, parágrafo único).
	Efeitos	O Código Civil considera anulável o negócio realizado em estado de perigo. Não será anulado, todavia, se a obrigação assumida não for excessivamente onerosa. Se o for, deverá o juiz, para evitar o enriquecimento sem causa, apenas reduzi-la a uma proporção razoável, anulando o excesso e não todo o negócio jurídico.

40 LESÃO

O Código Civil brasileiro incluiu também a **lesão** no rol dos vícios do consentimento. Configura-se quando alguém obtém um lucro exagerado, desproporcional, aproveitando-se da inexperiência ou da situação de necessidade do outro contratante. Segundo dispõe o art. 157 do Código Civil, ocorre o referido vício do consentimento "quando uma pessoa, sob premente necessidade, ou por inexperiência, se obriga a prestação manifestamente desproporcional ao valor da prestação oposta". Não se contenta o dispositivo com qualquer desproporção: há de ser **manifesta**. Exige-se, ainda, que a avaliação da desproporção entre as prestações seja feita "segundo os valores vigentes ao tempo em que foi celebrado o negócio jurídico" (§ 1º).

O Código Civil de 1916 não disciplinou o instituto da lesão. A sua aplicação, no entanto, era feita, por analogia, aos contratos em geral, com base na Lei da Economia Popular (Lei n. 1.521/51), cujo art. 4º exigia desproporção superior a um quinto do valor recebido em troca. Posteriormente, o Código de Defesa do Consumidor considerou nulas as cláusulas abusivas, reprimindo a prática da lesão nos contratos de consumo (art. 51, IV).

A lesão compõe-se de dois elementos: o **objetivo**, consistente na manifesta desproporção entre as prestações recíprocas, geradora de lucro exagerado; e o **subjetivo**, caracterizado pela "inexperiência" ou "premente necessidade" do lesado. O contrato é anulável porque foi viciado o consentimento da parte prejudicada, mesmo que o outro contratante não tenha tido conhecimento das suas condições de necessidade ou inexperiência, pois o Código Civil

Direito Civil — Parte Geral

brasileiro não se preocupa em punir a atitude maliciosa do favorecido, como sucede no direito italiano e no português. Malgrado a parte beneficiada tire vantagem da situação (alguns denominam a hipótese "dolo de aproveitamento"), não se exige que tenha induzido a vítima a celebrar o contrato lesivo, nem que tivesse ciência de sua premente necessidade ou inexperiência. Diversamente do que ocorre no **dolo**, o contratante não induz o outro à prática do ato lesivo, mas apenas tira proveito de sua situação.

Não se confunde a lesão também com o **estado de perigo**, pois exige desequilíbrio de prestações, enquanto este último pode conduzir a negócios unilaterais em que a prestação assumida seja unicamente da vítima (promessa de recompensa, doação etc.). A lesão ocorre quando não há estado de perigo, decorrente da necessidade de salvar-se. A "premente necessidade" mencionada no art. 157 pode ser a de obter recursos. No estado de perigo alguém se obriga a uma prestação de dar ou fazer, por uma contraprestação sempre de fazer. Por essa razão, não é admitida a suplementação da contraprestação para validar o negócio. O § 2º do mencionado art. 157, ao disciplinar a lesão, admite a referida suplementação. Tal fato demonstra que ela só ocorre em contratos comutativos (não nos aleatórios, pois nestes as prestações envolvem risco e, por sua própria natureza, não precisam ser equilibradas), em que a contraprestação é um dar, e não um fazer. Além disso, não se exige, para a caracterização da lesão, que a outra parte saiba da necessidade ou da inexperiência do lesado, enquanto no estado de perigo tal ciência é considerada requisito essencial para a sua configuração.

O Código considera a lesão um vício do consentimento, que torna anulável o contrato (art. 178, II). Faz, porém, uma ressalva: não se decretará a anulação do negócio "se for oferecido suplemento suficiente, ou se a parte favorecida concordar com a redução do proveito" (art. 157, § 2º). O lesado poderá, assim, optar pela **anulação** ou pela **revisão** do contrato. Mesmo que escolha a anulação, será facultado ao outro contratante ilidir a pretensão de ruptura do negócio, mediante o referido suplemento, suficiente para afastar a manifesta desproporção entre as prestações e recompor o patrimônio daquele.

A doutrina denomina a lesão **usurária** ou **real** quando a lei exige, além da necessidade ou inexperiência do lesionado, o dolo de aproveitamento da outra; e **especial**, **enorme** ou simplesmente **lesão** quando a lei se limita à mesma exigência de vantagem desproporcional, sem indagação, porém, da má-fé da parte beneficiada.

Quadro sinótico

Lesão	Conceito	É o prejuízo resultante da enorme desproporção existente entre as prestações de um contrato, no momento de sua celebração, determinada pela premente necessidade ou inexperiência de uma das partes (art. 157).
	Elementos da lesão	a) elemento objetivo: manifesta desproporção entre as prestações recíprocas; b) elemento subjetivo: inexperiência ou premente necessidade.
	Espécies	a) usurária ou real: quando a lei exige, além da necessidade ou inexperiência do lesionado, o dolo de aproveitamento da outra parte; b) lesão especial ou lesão enorme: quando a lei se limita à exigência de obtenção de vantagem desproporcional, sem indagação da má-fé da parte beneficiada. É a espécie adotada pelo Código Civil de 2002.
	Efeitos	O Código considera a lesão um vício do consentimento, que torna anulável o negócio (art. 178, II). Faz, porém, uma ressalva: não se decretará a anulação "se for oferecido suplemento suficiente ou se a parte favorecida concordar com a redução do proveito" (art. 157, § 2º).

41 FRAUDE CONTRA CREDORES

A fraude contra credores é vício social. É praticada com o intuito de prejudicar terceiros, ou seja, os credores. A sua regulamentação jurídica assenta-se no princípio do direito das obrigações, segundo o qual o patrimônio do devedor responde por suas obrigações. É o princípio da responsabilidade patrimonial. O patrimônio do devedor constitui a garantia geral dos credores. Se ele o desfalca maliciosa e substancialmente, a ponto de não garantir mais o pagamento de todas as dívidas, tornando-se assim insolvente, com o seu passivo superando o ativo, configura-se a fraude contra credores. Esta só se caracteriza, porém, se o devedor já for insolvente, ou tornar-se insolvente em razão do desfalque patrimonial promovido. Se for solvente, isto é, se o seu patrimônio bastar, com sobra, para o pagamento de suas dívidas, ampla é a sua liberdade de dispor de seus bens.

Ao tratar do assunto, o legislador teve de optar entre proteger o interesse dos credores ou o do adquirente de boa-fé. Preferiu proteger o interesse deste. Assim, se ignorava a insolvência do alienante, nem tinha motivos para conhecê-la, conservará o bem, não se anulando o negócio. Desse modo, o credor somente logrará invalidar a alienação se provar a má-fé do terceiro adquirente, isto é, a ciência deste da situação de insolvência do alienante. Este é o elemento subjetivo da fraude: o *consilium fraudis*, ou conluio fraudulento. Não se exige, no entanto, que o adquirente esteja mancomunado ou conluiado com o alienante para lesar os credores deste. Basta a prova da ciência da sua situação de insolvência.

A lei (CC, art. 159) presume a má-fé do adquirente quando a insolvência do alienante for notória (títulos protestados, várias execuções em andamento) ou quando houver motivo para ser conhecida do primeiro (parentesco próximo, preço vil, continuação dos bens alienados na posse do devedor etc.).

O elemento objetivo da fraude é o *eventus damni* (prejuízo decorrente da insolvência). O autor da ação anulatória (pauliana ou revocatória) tem assim o ônus de provar, nas transmissões onerosas, o *eventus damni* e o *consilium fraudis*.

41.1. HIPÓTESES LEGAIS

Não só nas transmissões onerosas pode ocorrer fraude aos credores. O Código Civil regulamenta, também, a ocorrida em atos de transmissão gratuita de bens ou remissão de dívida, no pagamento antecipado de dívidas vincendas e na constituição de garantias a algum credor quirografário.

O art. 158 declara que poderão ser anulados pelos credores quirografários os atos de transmissão gratuita de bens (doações), ou remissão de dívida (perdão), quando os pratique o devedor já insolvente, ou por eles reduzido à insolvência, ainda quando o ignore. O estado de insolvência, segundo Clóvis (*Código Civil comentado*, Francisco Alves, v. 1, p. 377), é objetivo – existe, ou não, independentemente do conhecimento, ou não, do insolvente. Nesses casos os credores não precisam provar o conluio fraudulento (*consilium fraudis*), pois a lei presume a existência do propósito de fraude. Tendo de optar entre o direito dos credores, que procuram evitar um prejuízo, e o dos donatários (em geral, filhos ou parentes próximos do doador insolvente), que procuram assegurar um lucro, o legislador desta vez preferiu proteger os primeiros, que buscam evitar um prejuízo. A remissão de dívida também constitui uma liberalidade, que reduz o patrimônio do devedor. Daí a sua inclusão no aludido dispositivo legal.

Há fraude, também, quando o devedor já insolvente paga a credor quirografário dívida ainda não vencida. A intenção da lei é colocar em situação de igualdade todos os credores. Presume-se, na hipótese, o intuito fraudulento, e o credor beneficiado ficará obrigado a repor, em proveito do acervo sobre que se tenha de efetuar o concurso de credores, aquilo que recebeu (CC, art. 162). Se a dívida já estiver vencida, o pagamento será considerado normal.

Direito Civil — Parte Geral

Também se presume o intuito fraudulento na **concessão de garantias de dívidas** (hipoteca, penhor, anticrese) pelo devedor já **insolvente** a algum credor, colocando-o em posição mais vantajosa do que os demais, em detrimento da igualdade que deve existir entre os credores (CC, art. 163). O que se anula, na hipótese, é somente a garantia, a preferência concedida a um dos credores (art. 165, parágrafo único). Continua ele, porém, como credor, retornando à condição de quirografário.

Presumem-se, porém, de boa-fé e valem os negócios ordinários indispensáveis à manutenção de estabelecimento mercantil, rural, ou industrial, ou à subsistência do devedor e de sua família (CC, art. 164). Assim, o dono de uma loja não fica, só pelo fato de estar insolvente, impedido de continuar a vender as mercadorias expostas nas prateleiras de seu estabelecimento. Não poderá, contudo, alienar o próprio estabelecimento. Admite-se, também, que o adquirente dos bens do devedor insolvente, que ainda não tiver pago o preço e desde que este seja, aproximadamente, o corrente, evite a **consumação da fraude** e a anulação do negócio, depositando-o em juízo, com a citação de todos os interessados, bem como que possa conservá-los, se o preço for inferior ao corrente, depositando em juízo a quantia que corresponda ao valor real (art. 160, parágrafo único).

41.2. AÇÃO PAULIANA

A ação anulatória do negócio celebrado em fraude contra os credores é chamada de "pauliana" (em atenção ao pretor Paulo, que a introduziu no direito romano) ou **revocatória**. O atual diploma civil manteve o sistema do anterior, segundo o qual a fraude contra credores acarreta a anulabilidade do negócio jurídico. Não adotou, assim, a tese de que se trataria, na hipótese, de ineficácia relativa, defendida por grande parte da doutrina, segundo a qual, demonstrada a fraude ao credor, a sentença não anulará a alienação, mas simplesmente, como nos casos de fraude à execução, declarará a ineficácia do ato fraudatório perante o credor, permanecendo o negócio válido entre os contratantes, o executado-alienante e o terceiro adquirente.

Para alguns, como Humberto Theodoro Júnior (*RT*, 780:11), o sistema adotado pelo atual Código Civil representa um retrocesso, pois o próprio direito positivo brasileiro, após o Código Civil de 1916, já havia dispensado a esse tipo de fenômeno o tratamento adequado da ineficácia em relação à fraude praticada no âmbito do direito falimentar e do direito processual civil. Contudo, malgrado tratar-se de questão polêmica, o Superior Tribunal de Justiça, nos precedentes que levaram à edição da Súmula 195, adiante transcrita, criados antes da promulgação do atual diploma civil, já vinha aplicando, por maioria de votos, a tese da anulabilidade do negócio, e não a da ineficácia (cf. REsp 20.166-8-RJ, 27.903-7-RJ e 13.322-0-RJ).

Só estão legitimados a ajuizar ação pauliana (**legitimação ativa**) os credores **quirografários** e que já o eram ao tempo da alienação fraudulenta (CC, art. 158, *caput* e § 2º). Os que se tornaram credores depois da alienação já encontraram desfalcado o patrimônio do devedor e mesmo assim negociaram com ele. Nada podem, pois, reclamar. Os credores com **garantia real** não podem, em princípio, ajuizá-la porque já existe um bem determinado especialmente afetado à solução da dívida. Se for alienado, o credor privilegiado poderá exercer o direito de sequela, penhorando-o nas mãos de quem quer que esteja. Poderão propô-la, no entanto, se a garantia se tornar insuficiente (§ 1º).

A ação pauliana deve ser intentada (**legitimação passiva**) contra o devedor insolvente e também contra a pessoa que com ele celebrou a estipulação considerada fraudulenta, bem como contra terceiros adquirentes que hajam procedido de má-fé, conforme dispõe o art. 161

do Código Civil. Embora o referido dispositivo legal use o verbo poderá, que dá a impressão de ser uma faculdade do credor propor ação contra todos, na verdade ele assim deverá proceder para que a sentença produza efeitos em relação também aos adquirentes. De nada adianta acionar somente o alienante se o bem se encontra em poder dos adquirentes. O art. 506 do Código de Processo Civil estabelece, com efeito, que "a sentença faz coisa julgada às partes entre as quais é dada, não prejudicando terceiros".

41.3. FRAUDE CONTRA CREDORES E FRAUDE À EXECUÇÃO. PRINCIPAIS DIFERENÇAS

A fraude contra credores não se confunde com fraude à execução, pois a primeira visa à anulação e a segunda, à declaração de ineficácia da alienação fraudulenta. Encontra-se, hoje, superado o entendimento de que a fraude contra credores torna o ato anulável e a fraude à execução o torna nulo. Na realidade, nos casos de fraude à execução, a alienação é apenas considerada ineficaz em face do credor. Assim, se o devedor-alienante, que se encontra em estado de insolvência, conseguir, em razão de algum fato eventual (loteria, p. ex.), pagar a dívida, mantém-se válida a alienação.

A fraude contra credores é defeito do negócio jurídico regulado no Código Civil. A fraude à execução é incidente do processo disciplinado pelo direito público. A primeira caracteriza-se quando ainda não existe nenhuma ação ou execução em andamento contra o devedor, embora possam existir protestos cambiários. A segunda pressupõe demanda em andamento, capaz de reduzir o alienante à insolvência (CPC, art. 792, IV). A jurisprudência dominante nos tribunais é no sentido de que esta somente se caracteriza quando o devedor já havia sido citado, na época da alienação. A doutrina, entretanto, considera fraude à execução qualquer alienação efetivada depois que a ação fora proposta (distribuída, segundo o art. 312 do CPC). Sem dúvida, é a corrente mais justa, por impedir que o réu se oculte, enquanto cuida de dilapidar o seu patrimônio, para só depois então aparecer para ser citado, e a que mais se ajusta às expressões do art. 792, IV, do Código de Processo Civil: "quando, ao tempo da alienação ou oneração, tramitava contra o devedor ação capaz de reduzi-lo à insolvência". Para evitar o emprego de tal artifício, entretanto, deve o credor obter certidão de distribuição da execução e diligenciar a averbação no registro de imóveis, registro de veículos ou registro de outros bens sujeitos à penhora ou arresto, como permitido pelo art. 828, *caput*, do Código de Processo Civil de 2015, a fim de que negócios posteriores se considerem fraude à execução (§ 3º).

A fraude contra credores deve ser pronunciada em ação pauliana, enquanto a fraude à execução pode ser reconhecida mediante simples petição, nos próprios autos. Não se tem, atualmente, admitido a alegação de fraude contra credores em embargos de terceiro, mesmo tendo sido aprovada, por maioria, no VI ENTA (Encontro Nacional de Tribunais de Alçada) a tese de que: "A fraude contra credores pode ser apreciada em embargos de terceiro, desde que todos os interessados participem ou tenham sido convocados ao processo". Apesar do grande número de decisões nesse sentido, bem como do entendimento de vários doutrinadores sobre encontrar-se superado o conceito de que o negócio é anulável, sendo apenas ineficaz em face dos credores (portanto, a sentença que reconhece a fraude contra credores não anula o ato, tendo natureza declaratória de ineficácia), devendo-se, por isso, admitir a sua discussão em embargos de terceiro, o Superior Tribunal de Justiça firmou entendimento contrário, editando a propósito do tema a Súmula 195, do seguinte teor: "Em embargos de terceiro não se anula ato jurídico, por fraude contra credores".

Pode ser lembrado, por último, que a caracterização da fraude contra credores, nas alienações onerosas, depende de prova do *consilium fraudis*, isto é, da má-fé do terceiro (prova

Direito Civil — Parte Geral

esta dispensável quando se trata de alienação a título gratuito ou de remissão de dívida), enquanto a referida má-fé, para a corrente tradicional, é sempre presumida na fraude à execução. Sendo de natureza relativa, a presunção de fraude pela alienação do bem, estando em curso execução contra o alienante, cede passo para proteger o terceiro adquirente comprovadamente de boa-fé. Aduza-se que, se o adquirente, porventura, já transferiu o bem a outra pessoa, não se presume a má-fé desta (a qual deve, então, ser demonstrada), salvo se a alienação se deu depois do registro da penhora do bem. A Súmula 375, editada em março de 2009, do STJ estatui: "O reconhecimento da fraude à execução depende do registro da penhora do bem alienado ou da prova de má-fé do terceiro adquirente".

A propósito, dispõe o art. 792, I, do Código de Processo Civil de 2015 que a alienação ou a oneração de bem é considerada fraude à execução "quando sobre o bem pender ação fundada em direito real ou com pretensão reipersecutória, desde que a pendência do processo tenha sido averbada no respectivo registro público, se houver".

A 3ª Turma do Superior Tribunal de Justiça proclamou que a venda de bens pessoais por parte de sócio de empresa executada não configura fraude à execução, desde que a alienação ocorra antes da *desconsideração da personalidade jurídica* da sociedade (REsp 1.391.830, Rel. Min. Nancy Andrighi, j. 22.11.2016).

Quadro sinótico

Fraude contra credores	Conceito	É vício social. Configura-se quando o devedor desfalca o seu patrimônio, a ponto de se tornar insolvente, com o intuito de prejudicar os seus credores. Caracteriza-se a insolvência quando o ativo, ou seja, o patrimônio de devedor, não é suficiente para responder pelo seu passivo.
	Hipóteses legais	a) Nas transmissões onerosas. Para anulá-las os credores terão de provar: o *eventus damni* (que a alienação reduziu o devedor à insolvência) e o *consilium fraudis* (a má-fé do terceiro adquirente). b) Nas alienações a título gratuito (art. 158). Nesses casos os credores não precisam provar o *consilium fraudis*, pois a lei presume o propósito de fraude. A remissão (ou perdão) de dívida também constitui uma liberalidade, que reduz o patrimônio do devedor. c) Quando o devedor já insolvente paga a credor quirografário dívida ainda não vencida (art. 162). d) Quando o devedor já insolvente concede garantias de dívidas a algum credor, colocando-o em posição mais vantajosa do que os demais (art. 163).
	Ação pauliana ou revocatória	Tem natureza desconstitutiva: anula as alienações ou concessões fraudulentas, determinando o retorno do bem ao patrimônio do devedor. Legitimação ativa: dos credores quirografários, que já o eram ao tempo da alienação fraudulenta (art. 158). Os credores com garantia real só poderão ajuizá-la se a garantia se tornar insuficiente (art. 158, § 1º). Legitimação passiva: do devedor insolvente e da pessoa que com ele celebrou a estipulação considerada fraudulenta, bem como dos terceiros adquirentes, que hajam procedido de má-fé (art. 161).
	Fraude à execução	a) é incidente do processo civil, regulado pelo direito público, enquanto a fraude contra credores é regulada no direito civil; b) pressupõe demanda em andamento, capaz de reduzir o alienante à insolvência (CPC, art. 792, IV). Configura-se quando o devedor já havia sido citado. A alienação fraudulenta feita antes da citação caracteriza fraude contra credores;

Fraude contra credores	Fraude à execução	c) pode ser reconhecida mediante simples petição, nos próprios autos. A fraude contra credores deve ser pronunciada em ação pauliana, não podendo ser reconhecida em embargos de terceiro (STJ, Súmula 195);
		d) a má-fé do terceiro adquirente deve ser provada, para a caracterização da fraude contra credores nas alienações onerosas, bem como da fraude à execução, conforme dispõe a Súmula 375 do STJ;
		e) torna ineficaz, em face dos credores, o negócio jurídico; a fraude contra credores o torna anulável.

Capítulo V
DA INVALIDADE DO NEGÓCIO JURÍDICO

42 **INTRODUÇÃO**

A expressão "invalidade" abrange a nulidade e a anulabilidade do negócio jurídico. É empregada para designar o negócio que não produz os efeitos desejados pelas partes, o qual será classificado pela forma retromencionada de acordo com o grau de imperfeição verificado.

O Código Civil não acolheu a distinção entre anulabilidade e rescindibilidade, por entender o legislador que não há razão de fundo para sua adoção. Também não seguiu a tricotomia existência-validade-eficácia do negócio jurídico, destacada particularmente por Pontes de Miranda. O ato válido, mas sujeito a termo ou condição suspensiva, não se reveste de eficácia imediata, visto que somente após o implemento do termo ou da condição terá possibilidade de produzir o efeito desejado pelas partes. Não foram aceitas, porém, as sugestões para que, após o capítulo referente aos defeitos do negócio jurídico, se abrisse um específico para a condição, termo e encargo, com a denominação "Da Eficácia dos Negócios Jurídicos". Optou-se por considerar tais institutos como autolimitações da vontade, disciplinando-os depois de se estabelecerem os requisitos de validade do negócio jurídico e de se tratar de dois aspectos ligados à manifestação de vontade: a interpretação do negócio jurídico e a representação.

⌐ Quadro sinótico

Invalidade do negócio jurídico	A expressão "invalidade" abrange a nulidade e a anulabilidade do negócio jurídico. A doutrina menciona também o negócio jurídico inexistente (quando lhe falta algum elemento estrutural, como o consentimento, p. ex.). O negócio é nulo quando ofende preceitos de ordem pública, que interessam à sociedade (arts. 166 e 167). É anulável quando a ofensa atinge o interesse particular de pessoas que o legislador pretendeu proteger (art. 171).

---

43 **ATO INEXISTENTE, NULO E ANULÁVEL**

O negócio é inexistente quando lhe falta algum elemento estrutural, como o consentimento (manifestação da vontade), por exemplo. Se não houve qualquer manifestação de vontade, o negócio não chegou a se formar; inexiste, portanto. Se a vontade foi manifestada mas encontra-se eivada de erro, dolo ou coação, por exemplo, o negócio existe mas é anulável. Se a vontade emana de um absolutamente incapaz, maior é o defeito e o negócio existe mas é nulo.

A teoria do negócio jurídico inexistente é, hoje, admitida em nosso direito. Concebida no século XIX para contornar, em matéria de casamento, o princípio de que não há nulidade sem texto legal (porque as hipóteses de identidade de sexo, de falta de celebração e de ausência de consentimento não estão catalogadas expressamente nos casos de nulidade), ingressou também no campo dos negócios jurídicos. Por se constituir em um nada no mundo jurídico, não reclama ação própria para combatê-lo, nem há necessidade de o legislador mencionar os requisitos de existência, visto que o seu conceito se encontra na base do sistema dos fatos jurídicos. Às vezes, no entanto, a aparência material do ato apresenta evidências que enganam, justificando-se a propositura de ação para discutir e declarar a sua inexistência. Para efeitos práticos, tal declaração terá as mesmas consequências da declaração de nulidade.

O negócio é **nulo** quando ofende preceitos de ordem pública, que interessam à sociedade. Assim, quando o interesse público é lesado, a sociedade o repele, fulminando-o de nulidade, evitando que venha a produzir os efeitos esperados pelo agente. Quando a ofensa atinge o interesse particular de pessoas que o legislador pretendeu proteger, sem estar em jogo interesses sociais, faculta-se a estas, se desejarem, promover a anulação do ato. Trata-se de negócio **anulável**, que será considerado válido se o interessado se conformar com os seus efeitos e não o atacar, nos prazos legais, ou o confirmar.

44 DIFERENÇAS ENTRE NULIDADE E ANULABILIDADE

O Código Civil brasileiro, no capítulo dedicado à invalidade do negócio jurídico, trata da nulidade absoluta e da relativa (anulabilidade). Levando em conta o respeito à ordem pública, formula exigências de caráter subjetivo, objetivo e formal. Assim, considera nulo o ato quando "praticado por pessoa absolutamente incapaz" (art. 166, I), quando "for ilícito, impossível ou indeterminável o seu objeto" (inciso II), quando "o motivo determinante, comum a ambas as partes, for ilícito" (inciso III), quando "não revestir a forma prescrita em lei" (inciso IV); ou "for preterida alguma solenidade que a lei considere essencial para a sua validade" (inciso V); quando "tiver por objetivo fraudar lei imperativa" (inciso VI); e, finalmente, quando "a lei taxativamente o declarar nulo, ou proibir-lhe a prática, sem cominar sanção" (inciso VII). O art. 167 declara também nulo o negócio jurídico **simulado**, aduzindo que, no entanto, subsistirá o que se dissimulou, se válido for na substância e na forma.

O inciso III do art. 166 é preceito novo. Confere relevância jurídica ao **motivo determinante**, fulminando de nulidade o negócio jurídico quando, sendo comum a ambas as partes, for ilícito. Também não constava do Código Civil de 1916 o inciso VI, que considera nulo o negócio jurídico quanto "tiver por objeto fraudar lei imperativa". Refere-se o dispositivo ao negócio celebrado em fraude a preceito de ordem pública, a norma cogente, que a jurisprudência já vinha considerando nulo antes mesmo da mencionada inovação legislativa.

Quanto ao inciso VII do art. 166, observa-se que algumas vezes, com efeito, a lei expressamente declara nulo determinado negócio (exs.: "Art. 489. Nulo é o contrato de compra e venda, quando se deixa ao arbítrio exclusivo de uma das partes a fixação do preço"; e, ainda, arts. 548, 549, 1.428, 1.475, 1.548 etc.). Nesses casos, diz-se que a nulidade é **expressa** ou **textual**. Outras vezes a lei não declara expressamente a nulidade do ato, mas proíbe a sua prática ou submete a sua validade à observância de certos requisitos de interesse geral. Utiliza-se, então, de expressões como "Não pode" (arts. 426 e 1.521), "Não se admite" (art. 380), "ficará sem efeito" (arts. 483 e 485) etc. Em tais hipóteses, dependendo da natureza da disposição violada, a nulidade está subentendida, sendo chamada de **virtual** ou **implícita**.

A **anulabilidade** visa à proteção do consentimento ou refere-se à incapacidade do agente. Assim, o art. 171 do Código Civil declara que, além dos casos expressamente declarados na lei, é anulável o negócio jurídico por "incapacidade relativa do agente" (inciso I) e por "vício resultante de erro, dolo, coação, estado de perigo, lesão ou fraude contra credores (inciso II)".

Outras diferenças entre **anulabilidade** e **nulidade** podem ser apontadas:

a) A primeira é decretada no interesse privado da pessoa prejudicada. Nela não se vislumbra o interesse público mas a mera conveniência das partes. A segunda é de ordem pública e decretada no interesse da própria coletividade.

b) A anulabilidade pode ser suprida pelo juiz, a requerimento das partes (CC, art. 168, parágrafo único, *a contrario sensu*), ou sanada, expressa ou tacitamente, pela confirmação (art. 172). Quando a anulabilidade do ato resultar da falta de autorização de terceiro, será validado se este a der posteriormente (art. 176). A nulidade não pode ser sanada pela

Direito Civil — Parte Geral

confirmação nem suprida pelo juiz. O atual Código Civil, para atender à melhor técnica, substituiu o termo "ratificação" por "confirmação".

A confirmação pode ser **expressa** ou **tácita** e retroage à data do ato. Expressa, quando há uma declaração de vontade que contenha a substância do negócio celebrado, sendo necessário que a vontade de mantê-lo seja explícita (art. 173), devendo observar a mesma forma do ato praticado. Tácita, quando a obrigação já foi cumprida em parte pelo devedor, ciente do vício que a inquinava (art. 174), ou quando deixa consumar-se a decadência de seu direito. Expressa ou tácita, importa a extinção de todas as ações, ou exceções, de que dispusesse o devedor contra o negócio anulável (art. 175). A confirmação não poderá, entretanto, ser efetivada se prejudicar terceiro (CC, art. 172). Seria a hipótese, por exemplo, da venda de imóvel feita por relativamente incapaz, sem estar assistido, e que o vendeu também a terceiro, assim que completou a maioridade. Nesse caso, não poderá confirmar a primeira alienação para não prejudicar os direitos do segundo adquirente.

c) A anulabilidade não pode ser pronunciada de ofício. Depende de provocação dos interessados (CC, art. 177) e não opera antes de julgada por sentença. O efeito de seu reconhecimento é, portanto, **ex nunc**. A nulidade, ao contrário, deve ser pronunciada de ofício pelo juiz (CC, art. 168, parágrafo único) e seu efeito é **ex tunc**, pois retroage à data do negócio, para lhe negar efeitos. A manifestação judicial, nesse caso, é, então, de natureza meramente declaratória. Na anulabilidade, a sentença é de natureza desconstitutiva, pois o negócio anulável vai produzindo efeitos, até ser pronunciada a sua invalidade. A anulabilidade, assim, deve ser pleiteada em ação judicial. A nulidade quase sempre opera de pleno direito e deve ser pronunciada de ofício pelo juiz, quando conhecer do negócio jurídico ou dos seus efeitos e a encontrar provada (art. 168, parágrafo único). Somente se justifica a propositura de ação para esse fim quando houver controvérsia sobre os fatos constitutivos da nulidade (dúvida sobre a existência da própria nulidade). Se tal não ocorre, ou seja, se ela consta do instrumento, ou se há prova literal, o juiz a pronuncia de ofício.

d) A anulabilidade só pode ser alegada pelos interessados, isto é, pelos prejudicados (o relativamente incapaz e o que manifestou vontade viciada), sendo que os seus efeitos aproveitam apenas aos que a alegaram, salvo o caso de solidariedade, ou indivisibilidade (CC, art. 177). A nulidade pode ser alegada por qualquer interessado, em nome próprio, ou pelo Ministério Público, quando lhe couber intervir, em nome da sociedade que representa (CC, art. 168, *caput*). O menor, entre dezesseis e dezoito anos, não pode, para eximir-se de uma obrigação, invocar a sua idade se dolosamente a ocultou quando inquirido pela outra parte, ou se, no ato de obrigar-se, espontaneamente declarou-se maior (CC, art. 180), perdendo, por isso, a proteção da lei.

e) Ocorre a decadência da anulabilidade em prazos mais ou menos curtos. Quando a lei dispuser que determinado ato é anulável, sem estabelecer prazo para pleitear-se a anulação, será este de dois anos, a contar da data da conclusão do ato (CC, art. 179). Negócio nulo não se valida com o decurso do tempo, nem é suscetível de confirmação (CC, art. 169). Mas a alegação do direito pode esbarrar na usucapião consumada em favor do terceiro.

f) O negócio anulável produz efeitos até o momento em que é decretada a sua invalidade. O efeito dessa decretação é, pois, *ex nunc* (natureza desconstitutiva). O ato nulo não produz nenhum efeito (*quod nullum est nullum producit effectum*). O pronunciamento judicial de nulidade produz efeitos *ex tunc*, isto é, desde o momento da emissão da vontade (natureza declaratória).

Deve-se ponderar, porém, que a afirmação de que o ato nulo não produz nenhum efeito não tem um sentido absoluto e significa, na verdade, que é destituído dos efeitos que normalmente lhe pertencem. Isto porque, algumas vezes, determinadas consequências emanam do

SINOPSES JURÍDICAS

ato nulo, como ocorre no casamento putativo. Outras vezes, a venda nula não acarreta a transferência do domínio, mas vale como causa justificativa da posse de boa-fé. No direito processual, a citação nula por incompetência do juiz interrompe a prescrição e constitui o devedor em mora (CPC, art. 240).

Quadro sinótico

Nulidade e anulabilidade	Espécies de nulidade	a) absoluta e relativa (anulabilidade); b) expressa ou textual (quando a lei declara nulo determinado negócio) e virtual ou implícita (quando a lei se utiliza de expressões como "não pode", "não se admite" etc.).
	Diferenças	a) A anulabilidade é decretada no interesse privado da pessoa prejudicada. A nulidade é de ordem pública e decretada no interesse da própria coletividade. b) A anulabilidade pode ser suprida pelo juiz, a requerimento das partes (art. 168, parágrafo único), ou sanada pela confirmação (art. 172). A nulidade não pode ser sanada pela confirmação nem suprida pelo juiz. c) A anulabilidade não pode ser pronunciada de ofício. A nulidade, ao contrário, deve ser pronunciada *ex officio* pelo juiz (art. 168, parágrafo único). d) A anulabilidade só pode ser alegada pelos prejudicados, enquanto a nulidade pode ser arguida por qualquer interessado, ou pelo Ministério Público (art. 168). e) Ocorre a decadência da anulabilidade em prazos mais ou menos curtos. A nulidade nunca prescreve (art. 169). f) O negócio anulável produz efeitos até o momento em que é decretada a sua invalidade. O efeito é, pois, *ex nunc* (natureza desconstitutiva). O pronunciamento judicial de nulidade produz efeitos *ex tunc*, isto é, desde o momento da emissão da vontade (natureza declaratória).

45 DISPOSIÇÕES ESPECIAIS

A invalidade do instrumento não induz a do negócio jurídico sempre que este puder provar-se por outro meio (CC, art. 183). Assim, por exemplo, a nulidade da escritura de mútuo de pequeno valor não invalida o contrato, porque pode ser provado por testemunhas. Mas será diferente se a escritura pública for da substância do ato, como no contrato de mútuo com garantia hipotecária.

Dispõe o art. 184 do Código Civil que, respeitada a intenção das partes, "a invalidade parcial de um negócio jurídico não o prejudicará na parte válida, se esta for separável". Trata-se de aplicação do princípio *utile per inutile non vitiatur*. Assim, por exemplo, se o testador, ao mesmo tempo em que dispôs de seus bens para depois de sua morte, aproveitou a cédula testamentária para reconhecer filho havido fora do casamento, invalidada esta por inobservância das formalidades legais, não será prejudicado o referido reconhecimento, que pode ser feito até por instrumento particular, sem formalidades (CC, art. 1.609, II, e Lei n. 8.560/92). A invalidade da hipoteca também, por falta de outorga uxória, impede a constituição do ônus real, mas é aproveitável como confissão de dívida.

O referido art. 184 ainda prescreve que "a invalidade da obrigação principal implica a das obrigações acessórias, mas a destas não induz a da obrigação principal". A regra consiste em aplicação do princípio *accessorium sequitur suum principale*. Assim, a nulidade da obriga-

Direito Civil — Parte Geral

ção principal acarreta a nulidade da cláusula penal e a da dívida contratada acarreta a da hipoteca. Mas a nulidade da obrigação acessória não importa a da obrigação principal.

Tratando dos efeitos da invalidação do negócio jurídico, dispõe o art. 182 do Código Civil que, anulado o negócio jurídico (havendo nulidade ou anulabilidade), "restituir-se-ão as partes ao estado em que antes dele se achavam, e, não sendo possível restituí-las, serão indenizadas com o equivalente". A parte final aplica-se às hipóteses em que a coisa não mais existe ou foi alienada a terceiro de boa-fé. O Código abre exceção em favor dos incapazes, ao dispor que: "Ninguém pode reclamar o que, por uma obrigação anulada, pagou a um incapaz, se não provar que reverteu em proveito dele a importância paga" (art. 181). Provado que o pagamento nulo reverteu em proveito do incapaz, determina-se a restituição, porque ninguém pode locupletar-se à custa alheia. Sem tal prova, mantém-se inalterada a situação. O ônus da prova incumbe a quem pagou.

O art. 169 do atual Código Civil, que não constava do anterior, proclama que o "negócio jurídico nulo não é suscetível de confirmação, nem convalesce pelo decurso do tempo". Mas admite-se a sua conversão, por força do art. 170, também novo, que prescreve: "Se, porém, o negócio jurídico nulo contiver os requisitos de outro, subsistirá este quando o fim a que visavam as partes permitir supor que o teriam querido, se houvessem previsto a nulidade".

A teoria das nulidades do negócio jurídico sofre algumas exceções quando aplicada ao casamento. Assim, embora os negócios nulos não produzam efeitos, o casamento putativo produz alguns. Malgrado a nulidade deva ser decretada de ofício pelo juiz, a decretação de nulidade do casamento do enfermo mental que não tenha o necessário discernimento, e do celebrado com infringência a impedimento, pode ser promovida mediante ação direta, por qualquer interessado, ou pelo Ministério Público (CC, art. 1.549).

Quadro sinótico

Disposições especiais	a) A invalidade do instrumento não induz a do negócio jurídico sempre que este puder provar-se por outro meio (art. 183). b) A invalidade parcial de um negócio jurídico não o prejudicará na parte válida, se esta for separável (art. 184). c) Se o negócio jurídico for nulo, mas contiver os requisitos de outro, poderá o juiz fazer a sua conversão, sem decretar a nulidade (art. 170).

46 SIMULAÇÃO

Simulação é uma declaração falsa, enganosa, da vontade, visando a aparentar negócio diverso do efetivamente desejado. Negócio simulado, assim, é o que tem aparência contrária à realidade. A simulação é produto de um conluio entre os contratantes, visando a obter efeito diverso daquele que o negócio aparenta conferir. Difere do dolo, porque neste a vítima participa da avença, sendo induzida em erro, porém. Na simulação, a vítima lhe é estranha. É chamada de vício social porque objetiva iludir terceiros ou violar a lei.

Pode ser **absoluta** e **relativa**. Na primeira, as partes na realidade não realizam nenhum negócio. Apenas fingem, para criar uma aparência, uma ilusão externa, sem que na verdade desejem o ato. Em geral, destina-se a prejudicar terceiro, subtraindo os bens do devedor à execução ou partilha. Exemplos: a emissão de títulos de crédito em favor de amigos e posterior dação em pagamento de bens, em pagamento desses títulos, por marido que pretende separar-se da esposa e subtrair da partilha tais bens; a falsa confissão de dívida perante amigo, com concessão de garantia real, para esquivar-se da execução de credores quirografários.

Na simulação **relativa**, as partes pretendem realizar determinado negócio, prejudicial a terceiro ou em fraude à lei. Para escondê-lo, ou dar-lhe aparência diversa, realizam outro negócio. Compõe-se, pois, de dois negócios: um deles é o **simulado**, aparente, destinado a enganar; o outro é o **dissimulado**, oculto, mas verdadeiramente desejado. O negócio aparente, simulado, serve apenas para ocultar a efetiva intenção dos contratantes, ou seja, o negócio real. É o que acontece, por exemplo, quando o homem casado, para contornar a proibição legal de fazer doação à concubina, simula a venda a um terceiro, que transferirá o bem àquela; ou quando, para pagar imposto menor e burlar o fisco, as partes passam a escritura por preço inferior ao real.

Simulação não se confunde, pois, com **dissimulação**, embora em ambas haja o propósito de enganar. Na simulação, procura-se aparentar o que não existe; na dissimulação, oculta-se o que é verdadeiro. Na simulação, há o propósito de enganar sobre a existência de situação não verdadeira; na dissimulação, sobre a inexistência de situação real.

O atual Código Civil afastou-se, ao disciplinar a simulação, do sistema observado pelo anterior, não mais a tratando como defeito, ou vício social, que acarreta a anulabilidade do negócio jurídico. No novo regime, a simulação, seja a relativa, seja a absoluta, acarreta a **nulidade** do negócio simulado. Se relativa, subsistirá o negócio dissimulado, se válido for na substância e na forma (CC, art. 167). Ressalvam-se, porém, os direitos de terceiros de boa-fé em face dos contraentes do negócio jurídico simulado (§ 2º). Assim, no exemplo da escritura pública lavrada por valor inferior ao real, anulado o valor aparente, subsistirá o real, dissimulado, porém, lícito.

O § 1º do art. 167 do Código Civil dispõe que haverá simulação: **a)** por **interposição de pessoa** (relembre-se o exemplo do terceiro que adquire bem do homem casado e o transfere à concubina deste); **b)** por **ocultação da verdade** na declaração (declaração de valor inferior, na escritura, ao real); **c)** por **falsidade de data**.

Não mais se distingue a simulação **inocente** da **fraudulenta** ou "maliciosa". O art. 103 do Código Civil de 1916 considerava inocente a simulação quando não houvesse intenção de prejudicar a terceiros, ou de violar disposição de lei. Seria fraudulenta, e defeito do negócio jurídico, quando houvesse essa intenção (art. 104). No primeiro caso, não constituía defeito do negócio jurídico (hipótese, p. ex., de doação feita pelo homem solteiro à sua concubina, mas sob a forma de venda). Como não havia nenhum impedimento legal para essa doação, a concretização do ato sob a forma de venda era considerada simulação inocente, por não objetivar a fraude à lei.

Tendo em vista a dificuldade para se provar o ardil, o expediente astucioso, admite-se a **prova** da simulação por **indícios** e **presunções** (CPC/39, art. 252; CPC/73, arts. 332 e 335; CPC/2015, arts. 369 e 375).

Quadro sinótico

Simulação	Conceito	É uma declaração enganosa da vontade, visando a aparentar negócio diverso do efetivamente desejado.
	Espécies	a) absoluta: as partes não realizam nenhum negócio. Apenas fingem, para criar uma aparência de realidade;

Direito Civil — Parte Geral

Simulação	Espécies	b) relativa: as partes procuram ocultar o negócio verdadeiro, prejudicial a terceiro ou realizado em fraude à lei, dando-lhe aparência diversa. Compõe-se de dois negócios: o simulado, aparente, e o dissimulado, oculto, mas verdadeiramente desejado.
	Efeitos	Acarreta a nulidade do negócio simulado. Se relativa, subsistirá o negócio dissimulado, se válido for na substância e na forma (art. 167).

Título II
DOS ATOS JURÍDICOS LÍCITOS

Dispõe o art. 185 do Código Civil que, aos "atos jurídicos lícitos, que não sejam negócios jurídicos, aplicam-se, no que couber, as disposições do Título anterior".

Os atos jurídicos em geral são ações humanas lícitas ou ilícitas. **Lícitos** são os atos humanos a que a lei defere os efeitos almejados pelo agente. Praticados em conformidade com o ordenamento jurídico, produzem efeitos jurídicos voluntários, queridos pelo agente. Os **ilícitos**, por serem praticados em desacordo com o prescrito no ordenamento jurídico, embora repercutam na esfera do direito, produzem efeitos jurídicos involuntários, mas impostos por esse ordenamento. Em vez de direitos, criam deveres. Hoje se admite que os atos ilícitos integram a categoria dos atos jurídicos, pelos efeitos que produzem (geram a obrigação de reparar o prejuízo – CC, arts. 186, 187 e 927).

Os atos jurídicos lícitos dividem-se em: ato jurídico em sentido estrito, negócio jurídico e ato-fato jurídico. Como as ações humanas que produzem efeitos jurídicos demandam disciplina diversa, conforme a lei lhes atribua consequências, com base no maior ou menor relevo que confira à vontade de quem as pratica, o Código Civil adotou a técnica moderna de distinguir, de um lado, o negócio jurídico, que exige vontade qualificada (contrato de compra e venda, p. ex.), e, de outro, os demais atos jurídicos lícitos (*v.* n. 24, *retro*): o ato jurídico em sentido estrito (ocupação decorrente da pesca, p. ex., em que basta a simples intenção de tornar-se proprietário da *res nullius*, que é o peixe) e o ato-fato jurídico (encontro de tesouro, que demanda apenas o ato material de achar, independentemente da vontade ou consciência do inventor). Aos dois últimos manda o Código aplicar, apenas no que couber (não se pode falar em fraude contra credores em matéria de ocupação, p. ex.), os princípios disciplinadores do negócio jurídico.

Título III
DOS ATOS JURÍDICOS ILÍCITOS

O capítulo referente aos atos ilícitos, no Código Civil, contém apenas três artigos: o 186, o 187 e o 188. Mas a verificação da culpa e a avaliação da responsabilidade regulam-se pelos arts. 927 a 943 ("Da Obrigação de Indenizar") e 944 a 954 ("Da Indenização").

47 CONCEITO

Ato ilícito é o praticado com infração ao dever legal de não lesar a outrem. Tal dever é imposto a todos no art. 186 do Código Civil, que prescreve: "Aquele que, por ação ou omissão voluntária, negligência ou imprudência, violar direito e causar dano a outrem, ainda que exclusivamente moral, comete ato ilícito". Também o comete aquele que pratica abuso de direito (art. 187). Em consequência, o autor do dano fica obrigado a repará-lo (art. 927).

Ato ilícito é, portanto, fonte de obrigação: a de indenizar ou ressarcir o prejuízo causado. É praticado com infração a um dever de conduta, por meio de ações ou omissões culposas ou dolosas do agente, das quais resulta dano para outrem.

O atual Código aperfeiçoou o conceito de ato ilícito, ao dizer que o pratica quem "violar direito e causar dano a outrem" (art. 186), substituindo o "ou" ("violar direito ou causar dano a outrem") que constava do art. 159 do diploma de 1916. Com efeito, o elemento subjetivo da culpa é o dever violado. A responsabilidade é uma reação provocada pela infração a um dever preexistente. No entanto, ainda mesmo que haja violação de um dever jurídico e que tenha havido culpa, e até mesmo dolo, por parte do infrator, nenhuma indenização será devida, uma vez que não se tenha verificado prejuízo. Se, por exemplo, o motorista comete várias infrações de trânsito, mas não atropela nenhuma pessoa nem colide com outro veículo, nenhuma indenização será devida, malgrado a ilicitude de sua conduta. A obrigação de indenizar decorre, pois, da existência da violação de direito e do dano, concomitantemente.

Quadro sinótico

Atos jurídicos ilícitos	Ato ilícito é o praticado com infração ao dever legal de não lesar a outrem. Tal dever é imposto a todos nos arts. 186 e 927 do Código Civil. Também o comete aquele que pratica abuso de direito (art. 187).

48 RESPONSABILIDADE CONTRATUAL E EXTRACONTRATUAL

Uma pessoa pode causar prejuízo a outrem por descumprir uma obrigação contratual (dever contratual). Por exemplo: o ator que não comparece para dar o espetáculo contratado; o comodatário que não devolve a coisa que lhe foi emprestada porque, por sua culpa, ela pereceu. O inadimplemento contratual acarreta a responsabilidade de indenizar as perdas e danos, nos termos do art. 389 do Código Civil. Quando a responsabilidade não deriva de contrato, mas de infração ao dever de conduta (dever legal) imposto genericamente no art. 927 do mesmo diploma, diz-se que ela é extracontratual ou aquiliana.

Embora a consequência da infração ao dever legal e ao dever contratual seja a mesma (obrigação de ressarcir o prejuízo causado), o Código Civil brasileiro distinguiu as duas espécies de responsabilidade, acolhendo a teoria dualista e afastando a unitária, disciplinando a **extracontratual** nos arts. 186 e 187, sob o título "Dos Atos Ilícitos", complementando a regulamentação nos arts. 927 e s., e a **contratual**, como consequência da inexecução das obrigações, nos arts. 389, 395 e s., omitindo qualquer referência diferenciadora. No entanto, algumas diferenças podem ser apontadas: **a)** na responsabilidade contratual, o inadimplemento presume-se culposo. O credor lesado encontra-se em posição mais favorável, pois só está obrigado a demonstrar que a prestação foi descumprida, sendo presumida a culpa do inadimplente (caso do passageiro de um ônibus que fica ferido em colisão deste com outro veículo, por ser contratual (contrato de adesão) a responsabilidade do transportador, que assume, ao vender a passagem, a obrigação de transportar o passageiro são e salvo (cláusula de incolumidade) a seu destino); na extracontratual, ao lesado incumbe o ônus de provar culpa ou dolo do causador do dano (caso do pedestre que é atropelado pelo ônibus e tem o ônus de provar a imprudência do condutor); **b)** a contratual tem origem na convenção, enquanto a extracontratual a tem na inobservância do dever genérico de não lesar a outrem (*neminem laedere*); **c)** a capacidade sofre limitações no terreno da responsabilidade contratual, sendo mais ampla no campo da extracontratual.

Quadro sinótico

Responsabilidade contratual e extracontratual	Conceito	O inadimplemento contratual acarreta a responsabilidade de indenizar as perdas e danos (art. 389). Quando a responsabilidade deriva de infração ao dever legal (art. 927), diz-se que ela é extracontratual ou aquiliana.
	Consequência	Nas duas a consequência é a mesma: obrigação de ressarcir o prejuízo causado. Na contratual, o inadimplemento se presume culposo. Na segunda, a culpa deve ser provada.

49 RESPONSABILIDADE CIVIL E PENAL

A ilicitude é chamada de civil ou penal tendo em vista exclusivamente a norma jurídica que impõe o dever violado pelo agente. Na responsabilidade penal, o agente infringe uma norma penal, de direito público. O interesse lesado é o da sociedade. Na responsabilidade civil, o interesse diretamente lesado é o privado. O prejudicado poderá pleitear ou não a reparação. Se, ao causar dano, o agente transgride, também, a lei penal, ele torna-se, ao mesmo tempo, obrigado civil e penalmente. A responsabilidade penal é pessoal, intransferível. Responde o réu com a privação de sua liberdade. A responsabilidade civil é patrimonial: é o patrimônio do devedor que responde por suas obrigações. Ninguém pode ser preso por dívida civil, exceto o devedor de pensão oriunda do direito de família.

A responsabilidade penal é pessoal também em outro sentido: a pena não pode ultrapassar a pessoa do delinquente. No cível, há várias hipóteses de responsabilidade por ato de outrem (cf. art. 932 do CC, p. ex.). A tipicidade é um dos requisitos genéricos do crime. No cível, no entanto, qualquer ação ou omissão pode gerar a responsabilidade, desde que viole direito e cause dano a outrem (CC, arts. 186 e 927). A culpabilidade é bem mais ampla na área cível (a culpa, ainda que levíssima, obriga a indenizar). Na esfera criminal exige-se, para a condenação, que a culpa tenha certo grau ou intensidade. Na verdade, a diferença é apenas de grau ou de critério de aplicação, porque substancialmente a culpa civil e a culpa penal são iguais, pois têm os mesmos elementos. A imputabilidade também é tratada de modo diverso. Somente os maiores de dezoito anos são responsáveis criminalmente. No cível, o menor de dezoito anos responde pelos prejuízos que causar, se as pessoas por ele responsáveis não tive-

Direito Civil — Parte Geral

rem obrigação de fazê-lo ou não dispuserem de meios suficientes, e se a indenização, que deverá ser equitativa, não o privar do necessário ao seu sustento, ou ao das pessoas que dele dependem (CC, art. 928, *caput*, e parágrafo único).

Quadro sinótico

Responsabilidade penal	O agente infringe uma norma penal, de direito público.
Responsabilidade civil	O interesse diretamente lesado é o privado. A primeira é pessoal: responde o réu com a privação de liberdade. A responsabilidade civil é patrimonial: é o patrimônio do devedor que responde por suas obrigações.

50 RESPONSABILIDADE SUBJETIVA E OBJETIVA

A teoria clássica, também chamada de teoria da culpa ou subjetiva, pressupõe a culpa como fundamento da responsabilidade civil. Em não havendo culpa, não há responsabilidade. Diz-se, pois, ser subjetiva a responsabilidade quando se esteia na ideia de culpa. A prova da culpa (em sentido lato, abrangendo o dolo ou a culpa em sentido estrito) passa a ser pressuposto necessário do dano indenizável.

A lei impõe, entretanto, a certas pessoas, em determinadas situações, a reparação de um dano cometido sem culpa. Quando isto acontece, diz-se que a responsabilidade é legal ou objetiva, porque prescinde da culpa e se satisfaz apenas com o dano e o nexo de causalidade. Essa teoria, dita objetiva ou do risco, tem como postulado que todo dano é indenizável e deve ser reparado por quem a ele se liga por um nexo de causalidade, independentemente de culpa. Nos casos de responsabilidade objetiva, não se exige prova de culpa do agente para que seja obrigado a reparar o dano.

Uma das teorias que procuram justificar a responsabilidade objetiva é a teoria do risco. Para essa teoria, toda pessoa que exerce alguma atividade cria um risco de dano para terceiros. E deve ser obrigada a repará-lo, ainda que sua conduta seja isenta de culpa. A responsabilidade civil desloca-se da noção de culpa para a ideia de risco, ora encarada como "risco-proveito", que se funda no princípio de que é reparável o dano causado a outrem em consequência de uma atividade realizada em benefício do responsável (*ubi emolumentum, ibi onus*, isto é, quem aufere os cômodos (lucros) deve suportar os incômodos, ou riscos); ora mais genericamente como "risco criado", a que se subordina todo aquele que, sem indagação de culpa, expuser alguém a suportá-lo, em razão de uma atividade perigosa; ora, ainda, como "risco profissional", decorrente da atividade ou profissão do lesado, como ocorre nos acidentes de trabalho.

O Código Civil brasileiro filiou-se à teoria subjetiva. É o que se pode verificar no art. 186, que erigiu o dolo e a culpa como fundamentos para a obrigação de reparar o dano. A responsabilidade subjetiva subsiste como regra necessária, sem prejuízo da adoção da responsabilidade objetiva em dispositivos vários e esparsos (arts. 936, 937 e 938 – que tratam, respectivamente, da responsabilidade do dono do animal, do dono do prédio em ruína e do habitante da casa da qual caírem coisas –, além de outros, como os arts. 929, 930, 939 e 940), e da responsabilidade objetiva independentemente de culpa, no parágrafo único do art. 927, "nos casos especificados em lei, ou quando a atividade normalmente desenvolvida pelo autor do dano implicar, por sua natureza, risco para os direitos de outrem". Os "casos especificados em lei" são os previstos no próprio Código Civil (art. 933, p. ex.) e em leis esparsas, como a Lei de Acidentes do Trabalho, o Código Brasileiro de Aeronáutica, a Lei n.

6.453/77 (que estabelece a responsabilidade do operador de instalação nuclear), o Decreto--Lei n. 2.681, de 1912 (que regula a responsabilidade civil das estradas de ferro), a Lei n. 6.938/81 (que trata dos danos causados ao meio ambiente) e outras. E quando a estrutura ou natureza de um negócio jurídico – como o de transporte, ou de trabalho, por exemplo – implica a existência de riscos inerentes à atividade desenvolvida, impõe-se a responsabilidade objetiva de quem dela tira proveito, haja ou não culpa.

Isso significa que a responsabilidade objetiva não substitui a subjetiva, mas fica circunscrita aos seus justos limites. Na realidade, as duas formas de responsabilidade se conjugam e dinamizam. Sendo a teoria subjetiva insuficiente para atender às imposições do progresso, cumpre ao legislador fixar especialmente os casos em que deverá ocorrer a obrigação de reparar, independentemente daquela noção.

Quadro sinótico

Responsabilidade subjetiva e responsabilidade objetiva	Diz-se ser subjetiva a responsabilidade quando se esteia na ideia de culpa. A prova da culpa passa a ser pressuposto necessário do dano indenizável. A teoria objetiva se funda no risco. Prescinde da culpa e se satisfaz apenas com o dano e o nexo de causalidade. O Código Civil filiou-se, como regra, à teoria subjetiva, sem prejuízo da adoção da responsabilidade objetiva em vários dispositivos esparsos (arts. 927, parágrafo único, 933 etc.).

51 IMPUTABILIDADE E RESPONSABILIDADE

O art. 186 do Código Civil pressupõe o elemento imputabilidade, ou seja, a existência, no agente, da livre determinação de vontade. Para que alguém pratique um ato ilícito e seja obrigado a reparar o dano causado, é necessário que tenha capacidade de discernimento. Aquele que não pode querer e entender, não incorre em culpa e, por isso, não pratica ato ilícito.

51.1. A RESPONSABILIDADE DOS PRIVADOS DE DISCERNIMENTO

A concepção clássica considera que, sendo o privado de discernimento (amental) um inimputável, não é ele responsável civilmente. Se vier a causar dano a alguém, o ato equipara-se à força maior ou ao caso fortuito. Se a responsabilidade não puder ser atribuída ao encarregado de sua guarda, a vítima ficará irressarcida. Pessoas assim geralmente têm um curador incumbido de sua guarda ou vigilância. E o art. 932, II, do Código Civil responsabiliza o curador pelos atos dos curatelados que estiverem sob sua autoridade e em sua companhia, independentemente de culpa de sua parte (art. 933). Contudo, se as pessoas por eles responsáveis não tiverem obrigação de responder pelos prejuízos que causarem, ou não dispuserem de meios suficientes, respondem os próprios curatelados. A indenização, que deverá ser equitativa, não terá lugar se privar do necessário o incapaz ou as pessoas que dele dependem (CC, art. 928, *caput* e parágrafo único). Nesse caso, ficará a vítima irressarcida, da mesma maneira que ocorreria na hipótese de caso fortuito. A solução acolhida no aludido dispositivo legal, que constitui inovação do atual Código Civil, consta dos códigos de vários países, como Suíça, Portugal, México, Espanha e outros.

Aguiar Dias entende que, se o alienado mental não tem curador nomeado, mas vive em companhia do pai, este responde pelo ato do filho, não com base no art. 932, I, mas sim no art. 186, pois decorre de omissão culposa na vigilância de pessoa privada de discernimento, não a fazendo internar ou não a obstando do ato danoso. E, se o amental não está sob o poder

Direito Civil — Parte Geral

de ninguém, responderão seus próprios bens pela reparação, pois "a reparação do dano causado por pessoas nessas condições se há de resolver fora dos quadros da culpa" (*Da responsabilidade civil*, 4. ed., Forense, p. 561 e 574). Seria, nesse caso, uma hipótese de responsabilidade objetiva.

A questão é que a Lei n. 13.146, de 6 de julho de 2015, proclama, no art. 6º, que: "A deficiência não afeta a plena capacidade civil da pessoa". A consequência direta e imediata dessa alteração legislativa é exatamente essa: o deficiente é agora considerado pessoa plenamente capaz. Desse modo, o amental, o louco ou o demente não mais respondem apenas subsidiariamente por seus atos, mas sim diretamente.

O referido sistema do Código Civil sofreu, efetivamente, profunda alteração introduzida pela mencionada Lei n. 13.146, de 6 de julho de 2015, denominada "Estatuto da Pessoa com Deficiência", considerando o deficiente, o enfermo ou o excepcional pessoas plenamente capazes. A referida lei revogou expressamente os incisos II e III do art. 3º do Código Civil, que consideravam absolutamente incapazes os que, "por enfermidade ou deficiência mental, não tiverem o necessário discernimento para a prática desses atos" e os que, "mesmo por causa transitória, não puderem exprimir sua vontade". Revogou também a parte final do inciso II do art. 4º, que definia como relativamente incapazes os que, "por deficiência mental, tenham o discernimento reduzido", e deu nova redação ao inciso III, afastando "os excepcionais, sem desenvolvimento mental completo" da condição de incapazes.

As pessoas mencionadas nos dispositivos revogados, sendo agora "capazes", responderão pela indenização com os seus próprios bens, afastada a responsabilidade subsidiária prevista no mencionado art. 928 do Código Civil, mesmo que, "quando necessário", sejam interditadas e tenham um curador, como o permite o art. 84, § 1º, da retromencionada Lei n. 13.146/2015.

Quadro sinótico

Responsabilidade dos privados de discernimento	Sendo o privado de discernimento um inimputável, não é ele responsável civilmente. A responsabilidade é atribuída ao seu representante legal (curador, tutor, genitor). Se este, todavia, não dispuser de meios suficientes, responde o próprio incapaz. A indenização, que deverá ser equitativa, não terá lugar se privá-lo do necessário (art. 928, *caput*, e parágrafo único). Nesse caso, a vítima ficará irressarcida.

51.2. A RESPONSABILIDADE DOS MENORES

Como já mencionado, o art. 186 do Código Civil pressupõe o elemento imputabilidade, ou seja, a existência, no agente, da livre determinação de vontade. Aquele que não pode querer e entender, não incorre em culpa e, por isso, não pratica ato ilícito.

A maioridade civil é alcançada somente aos dezoito anos (CC, art. 5º). Os menores de dezesseis anos são absolutamente incapazes. E os maiores de dezesseis e menores de dezoito anos são relativamente incapazes. Considera-se, portanto, no primeiro caso, que não têm o necessário discernimento para a prática dos atos da vida civil; e, no segundo, que têm o discernimento reduzido. Ora, para que alguém pratique um ato ilícito e seja obrigado a reparar o dano causado, é necessário que tenha plena capacidade de discernimento.

O art. 932, I, do Código Civil responsabiliza os pais pelos atos praticados pelos filhos menores que estiverem sob sua autoridade e companhia. Desse modo, a vítima não ficará irressarcida. Os pais são responsáveis pelo ato do filho menor de dezoito anos. Este só responde pelos prejuízos que causar se as pessoas por ele responsáveis não tiverem obrigação de fazê-lo ou não dispuserem de meios suficientes (CC, art. 928, *caput*). A indenização, nesse caso, que deverá ser equitativa, não terá lugar se privar do necessário o incapaz ou as pessoas que dele dependem (parágrafo único).

Se o menor estiver sob tutela, a responsabilidade nesses casos será do tutor (art. 932, II). Se o pai emancipa o filho, voluntariamente, a emancipação produz todos os efeitos naturais do ato, menos o de isentar o primeiro da responsabilidade pelos atos ilícitos praticados pelo segundo, consoante proclama a jurisprudência. Tal não acontece quando a emancipação decorre do casamento ou das outras causas previstas no art. 5º, parágrafo único, do Código Civil.

52 PRESSUPOSTOS DA RESPONSABILIDADE EXTRACONTRATUAL

A análise do art. 186 do Código Civil, que disciplina a responsabilidade extracontratual, evidencia que quatro são os seus elementos essenciais: ação ou omissão, culpa ou dolo do agente, relação de causalidade e dano.

52.1. AÇÃO OU OMISSÃO

Refere-se a lei a qualquer pessoa que, por ação ou omissão, venha a causar dano a outrem. A responsabilidade pode derivar de ato próprio (CC, arts. 939, 940, 953 etc.), de ato de terceiro que esteja sob a guarda do agente (art. 932) e, ainda, de danos causados por coisas (art. 937) e animais (art. 936) que lhe pertençam. Nesse último caso, a culpa do dono é presumida (responsabilidade objetiva imprópria). Para que se configure a responsabilidade por omissão é necessário que exista o dever jurídico de praticar determinado fato (de não se omitir) e que se demonstre que, com a sua prática, o dano poderia ter sido evitado. O dever jurídico de não se omitir pode ser imposto por lei (dever de prestar socorro às vítimas de acidentes imposto a todo condutor de veículos) ou resultar de convenção (dever de guarda, de vigilância, de custódia) e até da criação de alguma situação especial de perigo.

52.2. CULPA OU DOLO DO AGENTE

Ao se referir à ação ou omissão voluntária, o art. 186 do Código Civil cogitou do dolo. Em seguida, referiu-se à culpa em sentido estrito, ao mencionar a "negligência ou imprudência". Dolo é a violação deliberada, intencional, do dever jurídico. A culpa consiste na falta de diligência que se exige do homem médio. Para que a vítima obtenha a reparação do dano, exige o referido dispositivo legal que prove dolo ou culpa *stricto sensu* (aquiliana) do agente (imprudência, negligência ou imperícia), demonstrando ter sido adotada, entre nós, a teoria subjetiva. Como essa prova muitas vezes se torna difícil de ser conseguida, o Código Civil algumas vezes adota a teoria objetiva, como, por exemplo, no parágrafo único do art. 927, segundo o qual haverá obrigação de reparar o dano, "independentemente de culpa, nos casos especificados em lei" (leis especiais admitem, em hipóteses específicas, casos de responsabilidade independentemente de culpa fundada no risco), "ou quando a atividade normalmente desenvolvida pelo autor do dano implicar, por sua natureza, risco para os direitos de outrem". Verifica-se, assim, que a responsabilidade subjetiva subsiste como regra necessária, sem prejuízo da adoção da responsabilidade objetiva, nos casos especificados em lei ou de exercício de atividade perigosa.

A teoria subjetiva faz distinções com base na extensão da culpa. Culpa lata ou grave: imprópria ao comum dos homens e a modalidade que mais se avizinha do dolo; culpa leve: falta evitável com atenção ordinária; culpa levíssima: falta só evitável com atenção extraordinária ou com especial habilidade. A culpa grave ao dolo se equipara (*culpa lata dolus equiparatur*). Assim, se em determinado dispositivo legal constar a responsabilidade do agente

Direito Civil — Parte Geral

por dolo, deve-se entender que também responde por culpa grave (CC, art. 392). No cível, a culpa mesmo levíssima obriga a indenizar (*in lege aquilia levissima culpa venit*). Em geral, não se mede o dano pelo grau de culpa. O montante do dano é apurado com base no prejuízo comprovado pela vítima. Todo o dano provado deve ser indenizado, qualquer que seja o grau de culpa. Preceitua o art. 944 do Código Civil, com efeito, que "A indenização mede-se pela extensão do dano". Aduz o parágrafo único que, no entanto, se houver "excessiva desproporção entre a gravidade da culpa e o dano, poderá o juiz reduzir, equitativamente, a indenização". Em algumas poucas leis especiais, como na Lei de Imprensa (Lei n. 5.250/67), o grau de culpa pode ter influência no arbitramento do dano.

52.3. RELAÇÃO DE CAUSALIDADE

É o nexo causal ou etiológico entre a ação ou omissão do agente e o dano verificado. Vem expressa no verbo "causar", empregado no art. 186. Sem ela não existe a obrigação de indenizar. Se houve o dano, mas sua causa não está relacionada com o comportamento do agente, inexiste a relação de causalidade e, também, a obrigação de indenizar. As excludentes da responsabilidade civil, como a culpa da vítima e o caso fortuito e a força maior (CC, art. 393), rompem o nexo de causalidade, afastando a responsabilidade do agente. Assim, por exemplo, se a vítima, querendo suicidar-se, atira-se sob as rodas do veículo, não se pode afirmar ter o motorista "causado" o acidente, pois na verdade foi mero instrumento da vontade da vítima, esta sim responsável exclusiva pelo evento.

52.4. DANO

Sem a prova do dano ninguém pode ser responsabilizado civilmente. O dano pode ser patrimonial (material) ou extrapatrimonial (moral), ou seja, sem repercussão na órbita financeira do lesado. O Código Civil consigna um capítulo sobre a liquidação do dano, isto é, sobre o modo de se apurarem os prejuízos e a indenização cabível (arts. 944 a 954), com o título "Da Indenização". Mesmo que haja violação de um dever jurídico, e que tenha existido culpa e até mesmo dolo por parte do infrator, nenhuma indenização será devida, uma vez que não se tenha verificado prejuízo. A inexistência de dano torna sem objeto a pretensão à sua reparação. Às vezes a lei presume o dano, como acontece na Lei de Imprensa, que pressupõe a existência de dano moral em casos de calúnia, difamação e injúria praticadas pela imprensa. Acontece o mesmo em ofensas aos direitos da personalidade.

Pode ser lembrada, como exceção ao princípio de que nenhuma indenização será devida se não tiver ocorrido prejuízo, a regra do art. 940 do Código Civil, que obriga a pagar em dobro ao devedor quem demanda dívida já paga, como uma espécie de pena privada pelo comportamento ilícito do credor, mesmo sem prova de prejuízo. E, na responsabilidade contratual, pode ser lembrado o art. 416 do Código Civil, que permite ao credor cobrar a cláusula penal sem precisar provar prejuízo.

Quadro sinótico

Pressupostos da responsabilidade extracontratual	a) ação ou omissão	- ato próprio; - ato de terceiro; - fato da coisa e do animal.

		dolo	
	b) culpa	culpa em sentido estrito	a) imprudência, negligência e imperícia; b) grave, leve e levíssima.
Pressupostos da responsabilidade extracontratual	c) relação de causalidade	É o nexo causal ou etiológico entre a ação ou omissão do agente e o dano verificado. Vem expressa no verbo "causar" empregado no art. 186. Sem ela não existe a obrigação de indenizar.	
	d) dano	É pressuposto inafastável, sem o qual ninguém pode ser responsabilizado civilmente. Pode ser patrimonial (material) ou extrapatrimonial (moral).	

53 ATOS LESIVOS NÃO CONSIDERADOS ILÍCITOS

O art. 188 do Código Civil declara não constituírem atos ilícitos os praticados em legítima defesa ou no exercício regular de um direito reconhecido, ou em estado de necessidade.

53.1. A LEGÍTIMA DEFESA

O art. 188, I, do Código Civil proclama que não constituem atos ilícitos os praticados em "legítima defesa ou no exercício regular de um direito reconhecido". O próprio "cumprimento do dever legal", embora não explicitamente, nele está contido, pois atua no exercício regular de um direito reconhecido aquele que pratica um ato "no estrito cumprimento do dever legal".

Se o ato foi praticado contra o próprio agressor, e em legítima defesa, não pode o agente ser responsabilizado civilmente pelos danos provocados. Entretanto, se, por engano ou erro de pontaria, terceira pessoa foi atingida (ou alguma coisa de valor), nesse caso deve o agente reparar o dano. Mas terá ação regressiva contra o agressor, para se ressarcir da importância desembolsada. Dispõe o parágrafo único do art. 930: "A mesma ação competirá contra aquele em defesa de quem se causou o dano (art. 188, inciso I)". Note-se a remissão feita ao art. 188, I.

Somente a legítima defesa real, e praticada contra o agressor, deixa de ser ato ilícito, apesar do dano causado, impedindo a ação de ressarcimento de danos. Se o agente, por erro de pontaria (*aberratio ictus*), atingir um terceiro, ficará obrigado a indenizar os danos a este causados, ficando, porém, com direito à ação regressiva contra o injusto ofensor, como já dito.

A legítima defesa putativa também não exime o réu de indenizar o dano, pois somente exclui a culpabilidade e não a antijuridicidade do ato. O art. 65 do Código de Processo Penal não faz nenhuma referência às causas excludentes da culpabilidade, ou seja, às denominadas *dirimentes penais*. Uma vez que se trata de erro de fato, não há que cogitar da aplicação do art. 65 do Código de Processo Penal. Na legítima defesa putativa, o ato de quem a pratica é ilícito, embora não punível por ausência de culpabilidade em grau suficiente para a condenação criminal. No cível, entretanto, a culpa, mesmo levíssima, obriga a indenizar. E não deixa de haver negligência na apreciação equivocada dos fatos.

Na esfera civil, o excesso, a extrapolação da legítima defesa, por negligência ou imprudência, configura a situação do art. 186 do Código Civil.

Direito Civil — Parte Geral

53.2. O EXERCÍCIO REGULAR E O ABUSO DE DIREITO

A doutrina do abuso do direito não exige, para que o agente seja obrigado a indenizar o dano causado, que venha a infringir culposamente um dever preexistente. Mesmo agindo dentro do seu direito, pode, não obstante, em alguns casos, ser responsabilizado.

Prevalece na doutrina, hoje, o entendimento de que o abuso de direito prescinde da ideia de culpa. O abuso de direito ocorre quando o agente, atuando dentro dos limites da lei, deixa de considerar a finalidade social de seu direito subjetivo e o exorbita, ao exercê-lo, causando prejuízo a outrem. Embora não haja, em geral, violação aos limites objetivos da lei, o agente desvia-se dos fins sociais a que esta se destina.

O Código Civil de 1916 admitiu a ideia do abuso de direito no art. 160, I, embora não o tenha feito de forma expressa. Sustentava-se a existência da teoria em nosso direito positivo, mediante interpretação *a contrario sensu* do aludido dispositivo. Se ali estava escrito não constituir ato ilícito o praticado no exercício regular de um direito reconhecido, era intuitivo que constituía ato ilícito aquele praticado no exercício irregular de um direito.

Era dessa forma que se encontrava fundamento legal para coibir o exercício anormal do direito em muitas hipóteses. Uma das mais comuns enfrentadas por nossos tribunais era a reiterada purgação da mora pelo inquilino, que passou a ser considerada abusiva pela jurisprudência, até ser limitada pela própria lei do inquilinato.

O atual Código Civil expressamente considera ato ilícito o abuso de direito, ao dispor: "Também comete ato ilícito o titular de um direito que, ao exercê-lo, excede manifestamente os limites impostos pelo seu fim econômico ou social, pela boa-fé ou pelos bons costumes" (art. 187). Também serve de fundamento para a aplicação, entre nós, da referida teoria, o art. 5º da Lei de Introdução às normas do Direito Brasileiro, que determina ao juiz, na aplicação da lei, o atendimento aos fins sociais a que ela se dirige e às exigências do bem comum. É que a ilicitude do ato abusivo se caracteriza sempre que o titular do direito se desvia da finalidade social para a qual o direito subjetivo foi concedido.

Observa-se que a jurisprudência, em regra, e já há muito tempo, considera abuso de direito o ato que constitui o exercício egoístico, anormal do direito, sem motivos legítimos, nocivos a outrem, contrários ao destino econômico e social do direito em geral.

Vários dispositivos legais demonstram que no direito brasileiro há uma reação contra o exercício irregular de direitos subjetivos. O art. 1.277 do Código Civil, inserido no capítulo dos "Direitos de Vizinhança", permite que se reprima o exercício abusivo do direito de propriedade que perturbe o sossego, a segurança ou a saúde do vizinho. Constantes são os conflitos relativos à perturbação do sossego alegada contra clubes de dança, boates, oficinas mecânicas, terreiros de umbandismo etc. Podem ser mencionados, ainda, como exemplos, os arts. 939, 940, 1.637 e 1.638. O Código de Processo Civil também reprime o abuso de direito nos arts. 77 a 81 e também no processo de execução (arts. 771, parágrafo único, e 776).

Observa-se que o instituto do abuso de direito tem aplicação em quase todos os campos do direito, como instrumento destinado a reprimir o exercício antissocial dos direitos subjetivos. O Código de Processo Civil de 2015, *verbi gratia*, também reprime o abuso de direito nos arts. 77 a 81, e ainda no processo de execução (arts. 776 e 771, parágrafo único).

53.3. O ESTADO DE NECESSIDADE

No direito brasileiro, a figura do chamado "estado de necessidade" foi delineada pelo art. 160, II, combinado com os arts. 1.519 e 1.520 do Código Civil de 1916.

O atual diploma trata dessa matéria no art. 188, II, combinado com os arts. 929 e 930. Dispõe o primeiro não constituir ato ilícito "a deterioração ou destruição da coisa alheia, ou a lesão a pessoa, a fim de remover perigo iminente". E o parágrafo único completa: "No caso do inciso II, o ato será legítimo somente quando as circunstâncias o tornarem absolutamente necessário, não excedendo os limites do indispensável para a remoção do perigo". É o estado de necessidade no âmbito civil.

Entretanto, embora a lei declare que o ato praticado em estado de necessidade não é ato ilícito, nem por isso libera quem o pratica de reparar o prejuízo que causou. Se um motorista, por exemplo, atira o seu veículo contra um muro, derrubando-o, para não atropelar uma criança que, inesperadamente, surgiu-lhe à frente, o seu ato, embora lícito e mesmo nobilíssimo, não o exonera de pagar a reparação do muro. Com efeito, o art. 929 do Código Civil estatui que, se a pessoa lesada, ou o dono da coisa (o dono do muro), no caso do inciso II do art. 188, não forem culpados do perigo, assistir-lhes-á o direito à indenização do prejuízo que sofreram (somente se não forem culpados do perigo). Entretanto, o evento ocorreu por culpa *in vigilando* do pai da criança, que é responsável por sua conduta. Desse modo, embora tenha de pagar o conserto do muro, o motorista terá ação regressiva contra o pai do menor para se ressarcir das despesas efetuadas. É o que expressamente dispõe o art. 930 do Código Civil: "No caso do inciso II do art. 188, se o perigo ocorrer por culpa de terceiro, contra este terá o autor do dano ação regressiva para haver a importância que tiver ressarcido ao lesado".

Pelo Código Civil de 1916, os danos porventura decorrentes de ato praticado em estado de necessidade só podiam dizer respeito às coisas e nunca às pessoas (cf. *RT, 100*:533). O novo incluiu, contudo, expressamente, no inciso II do art. 188, a "lesão a pessoa". Embora o art. 188, II, aparente estar em contradição com o citado art. 929, explica-se o teor do último pela intenção de não se deixar irressarcida a vítima inocente de um dano. Por outro lado, justifica-se a afirmação do primeiro, de que o ato praticado em estado de necessidade não é ilícito, por ter o agente direito à ação regressiva contra o terceiro causador da situação de perigo.

O art. 65 do Código de Processo Penal proclama fazer coisa julgada, no cível, a sentença penal que reconhecer ter sido o ato praticado em estado de necessidade. Sendo o réu absolvido criminalmente por ter agido em estado de necessidade, está o juiz cível obrigado a reconhecer tal fato. Mas dará a ele o efeito previsto no Código Civil e não no Código Penal, qual seja, o de obrigá-lo a ressarcir o dano causado à vítima inocente, com direito, porém, à ação regressiva contra o provocador da situação de perigo.

Quadro sinótico

Excludentes da ilicitude	a) Legítima defesa: quando real e praticada contra o próprio agressor (art. 188, I). Se, por erro de pontaria, terceira pessoa foi atingida, o agente deve reparar o dano, mas terá ação regressiva contra o agressor (art. 930). A legítima defesa putativa também não exime o réu de indenizar o dano, pois somente exclui a culpabilidade e não a antijuridicidade do ato. b) Exercício regular de um direito (art. 188, I). Mas o abuso de direito é considerado ato ilícito (art. 187). c) Estado de necessidade (art. 188, II). A deterioração ou destruição da coisa alheia, ou a lesão a pessoa, não constituem atos ilícitos. Nem por isso quem os pratica fica liberado de reparar o prejuízo que causou. Mas terá ação regressiva contra quem criou a situação de perigo (arts. 929 e 930).

Título IV
DA PRESCRIÇÃO E DA DECADÊNCIA

Capítulo I
DA PRESCRIÇÃO

O Código Civil trata das disposições gerais sobre a prescrição extintiva nos arts. 189 a 196; e dos prazos prescricionais nos arts. 205 (geral) e 206 (especiais).

54 INTRODUÇÃO

O decurso do tempo tem influência na aquisição e na extinção de direitos. Distinguem-se, pois, duas espécies de prescrição: a extintiva e a aquisitiva (usucapião). Alguns países tratam conjuntamente dessas duas espécies em um único capítulo. O Código Civil brasileiro regulamentou a extintiva na Parte Geral, dando ênfase à força extintora do direito. No direito das coisas, na parte referente aos modos de aquisição do domínio, tratou da prescrição aquisitiva, em que predomina a força geradora. Em um e outro caso, no entanto, ocorrem os dois fenômenos: alguém ganha e, em consequência, alguém perde. Como o elemento "tempo" é comum às duas espécies de prescrição, dispõe o art. 1.244 do Código Civil que as causas que obstam, suspendem ou interrompem a prescrição também se aplicam à usucapião.

O instituto da prescrição é necessário, para que haja tranquilidade na ordem jurídica, pela consolidação de todos os direitos. Dispensa a infinita conservação de todos os recibos de quitação, bem como o exame dos títulos do alienante e de todos os seus sucessores, sem limite no tempo. Com a prescrição da dívida, basta conservar os recibos até a data em que esta se consuma, ou examinar o título do alienante e os de seus predecessores imediatos, em um período de dez anos apenas.

Para distinguir prescrição de decadência, o atual Código Civil optou por uma fórmula que espanca qualquer dúvida. Prazos de **prescrição são, apenas e de modo exclusivo, os taxativamente discriminados na Parte Geral, nos arts. 205 (regra geral) e 206 (regras especiais), sendo de decadência todos os demais**, estabelecidos como complemento de cada artigo que rege a matéria, tanto na Parte Geral como na Especial. Para evitar a discussão sobre se a ação prescreve ou não, adotou-se a tese da prescrição da **pretensão**, por ser considerada a mais condizente com o direito processual contemporâneo.

55 CONCEITO E REQUISITOS

Para Clóvis Beviláqua, prescrição extintiva "é a perda da ação atribuída a um direito, e de toda a sua capacidade defensiva, em consequência do não uso dela, durante determinado espaço de tempo". Caio Mário da Silva Pereira, entretanto, entende que a prescrição é modo pelo qual se extingue um direito (não apenas a ação) pela inércia do titular durante certo lapso de tempo.

Entretanto, como visto, o atual Código Civil, evitando essa polêmica, adotou o vocábulo "pretensão" para indicar que não se trata do direito subjetivo público abstrato de ação. E, no art. 189, enunciou que a prescrição se inicia no momento em que há violação do direito. A propósito, esclareceu a Comissão Revisora do Projeto que, em se tratando dos denominados direitos potestativos (em que o agente pode influir na esfera de interesses de terceiro, quer ele queira, quer não, como o de anular um negócio jurídico, p. ex.), como são eles invioláveis, não há que falar em prescrição, mas, sim, em decadência. Atendendo-se à circunstância de que a prescrição é instituto de direito material, usou-se o termo "pretensão", que diz respeito à figura jurídica do campo do direito material, conceituando-se o que se entende por essa expressão no art. 189, que tem a virtude de indicar que a prescrição se inicia no momento em que há violação do direito.

A prescrição tem como requisitos: **a)** a inércia do titular, ante a violação de um seu direito; **b)** o decurso do tempo fixado em lei.

Configura-se a **prescrição intercorrente** quando o autor de processo já iniciado permanece inerte, de forma continuada e ininterrupta, durante lapso temporal suficiente para a perda da pretensão. Interrompida a prescrição, o prazo voltará a fluir do último ato do processo ou do próprio ato que a interrompeu (a citação válida, p. ex.).

O Código de Processo Civil inovou ao estabelecer o marco inicial para a contagem da prescrição intercorrente. O art. 921, III, prevê a suspensão do processo de execução "quando o executado não possuir bens penhoráveis". E o § 1º complementa: "Na hipótese do inciso III, o juiz suspenderá a execução pelo prazo de 1 (um) ano, durante o qual se suspenderá a prescrição". Por sua vez, o § 4º proclama: "Decorrido o prazo de que trata o § 1º, sem manifestação do exequente, começa a correr o prazo de prescrição intercorrente".

O referido diploma proíbe a decisão-surpresa, dispondo no § 5º do aludido art. 921: "O juiz, depois de ouvidas as partes, no prazo de 15 (quinze) dias, poderá, de ofício, reconhecer a prescrição de que trata o § 4º e extinguir o processo". E, no art. 924, V, preceitua: "extingue-se a execução quando ocorrer a prescrição intercorrente".

56 PRETENSÕES IMPRESCRITÍVEIS

A pretensão é deduzida em juízo por meio da ação. À primeira vista, tem-se a impressão de que não há ações imprescritíveis, na sistemática do Código Civil, pois a prescrição ocorre em prazos especiais, discriminados no art. 206, ou no prazo geral de dez anos, previsto no art. 205. Entretanto, a doutrina aponta várias pretensões imprescritíveis, afirmando que a prescritibilidade é a regra e a imprescritibilidade, a exceção.

Assim, não prescrevem: **a)** as que protegem os direitos da personalidade, como o direito à vida, à honra, à liberdade, à integridade física ou moral (*v.* n. 8, *retro*); **b)** as que se prendem ao estado das pessoas (estado de filiação, qualidade de cidadania, condição conjugal). Não prescrevem, assim, as ações de separação judicial, de interdição, de investigação de paternidade etc.; **c)** as de exercício facultativo (ou potestativo), em que não existe direito violado, como as destinadas a extinguir o condomínio (ação de divisão ou de venda da coisa comum), a de pedir meação no muro vizinho etc.; **d)** as referentes a bens públicos de qualquer natureza, que são imprescritíveis; **e)** as que protegem o direito de propriedade, que é perpétuo (reivindicatória); **f)** as pretensões de reaver bens confiados à guarda de outrem, a título de depósito, penhor ou mandato.

Quadro sinótico

Prescrição	Espécies	a) aquisitiva (usucapião); b) extintiva.
	Conceito de prescrição extintiva	Para Clóvis Beviláqua, prescrição extintiva "é a perda da ação atribuída a um direito, e de toda a sua capacidade defensiva, em consequência do não uso dela, durante determinado espaço de tempo".

Direito Civil — Parte Geral

Prescrição	Requisitos	a) violação do direito; b) inércia do titular; c) decurso do tempo fixado em lei.
	Pretensões imprescritíveis	a) as que protegem os direitos da personalidade; b) as que se prendem ao estado das pessoas; c) as de exercício facultativo; d) as concernentes a bens públicos; e) as que protegem o direito de propriedade, que é perpétuo; f) as de reaver bens confiados à guarda de outrem.

57 PRESCRIÇÃO E INSTITUTOS AFINS (PRECLUSÃO, PEREMPÇÃO E DECADÊNCIA)

A preclusão consiste na perda de uma faculdade processual, por não ter sido exercida no momento próprio. Impede que se renovem as questões já decididas, dentro da mesma ação. Só produz efeitos dentro do próprio processo em que advém.

A perempção também é de natureza processual. Consiste na perda do direito de ação pelo autor contumaz, que deu causa a três arquivamentos sucessivos (CPC, art. 486, § 3º). Não extingue o direito material nem a pretensão, que passam a ser oponíveis somente como defesa.

Várias foram as tentativas de se encontrar a linha divisória entre prescrição e decadência na vigência do Código Civil de 1916, que só se referia à primeira. No entanto, vários prazos estipulados na Parte Geral eram decadenciais, conforme distinguia a doutrina, dentre eles, por exemplo, os fixados para a propositura de ação negatória de paternidade e para a anulação de casamento. Os critérios eram, em geral, alvo de críticas, por não ter base científica ou por pretender fazer a distinção pelos efeitos ou consequências.

Assim, dizia-se que, quanto aos efeitos, a prescrição não corre contra determinadas pessoas, enquanto a decadência corre contra todos. A prescrição pode suspender-se ou interromper-se, enquanto a decadência tem curso fatal, não se suspendendo nem se interrompendo pelas causas suspensivas ou interruptivas da prescrição, só podendo ser obstada a sua consumação pelo efetivo exercício do direito ou da ação, quando esta constitui o meio pelo qual deve ser exercido o direito. Aduza-se que, modernamente, já se vinha admitindo a suspensão dos prazos decadenciais (ou de caducidade), como ocorreu no Código de Defesa do Consumidor.

O critério clássico, no direito brasileiro, consiste em colocar o elemento diferenciador no campo de incidência de cada um dos institutos. Assim, a prescrição atinge diretamente a ação e, por via oblíqua, faz desaparecer o direito por ela tutelado (o que perece é a ação que protege o direito). A decadência, ao contrário, atinge diretamente o direito e, por via oblíqua, extingue a ação (é o próprio direito que perece).

Hoje, no entanto, predomina o entendimento, na moderna doutrina, de que a prescrição extingue a pretensão, que é a exigência de subordinação de um interesse alheio ao interesse próprio. O direito material, violado, dá origem à pretensão (CC, art. 189), que é deduzida em juízo por meio da ação. Extinta a pretensão, não há ação. Portanto, a prescrição extingue a pretensão, atingindo também a ação. O instituto que extingue somente a ação (conservando o direito material e a pretensão, que só podem ser opostos em defesa) é a perempção.

Como já mencionado, o Código, considerando que a doutrina e a jurisprudência tentaram, durante anos a fio, sem sucesso, distinguir os prazos prescricionais dos decadenciais, optou por uma fórmula segura: prazos de prescrição são unicamente os taxativamente discri-

SINOPSES JURÍDICAS

minados na Parte Geral, nos arts. 205 (regra geral) e 206 (regras especiais), sendo de decadência todos os demais, estabelecidos como complemento de cada artigo que rege a matéria, tanto na Parte Geral como na Especial. Adotou ainda, de forma expressa, a tese da prescrição da pretensão (*Anspruch*).

Acrescente-se que a prescrição resulta exclusivamente da lei, enquanto a decadência pode resultar da lei, do contrato e do testamento; e que, segundo proclama a Súmula 150 do Supremo Tribunal Federal, "prescreve a execução no mesmo prazo de prescrição da ação".

Quadro sinótico

Prescrição e institutos afins	a) Preclusão. É de ordem processual. Consiste na perda de uma faculdade processual, por não ter sido exercida no momento próprio. b) Perempção. Também é de natureza processual. Consiste na perda do direito de ação pelo autor contumaz, que deu causa a três arquivamentos sucessivos (CPC, art. 486, § 3º). Não extingue o direito material nem a pretensão, que passam a ser oponíveis somente como defesa. c) Decadência. Atinge diretamente o direito e, por via oblíqua, extingue a ação (é o próprio direito que perece). A prescrição extingue a pretensão (art. 189).

58 DISPOSIÇÕES LEGAIS SOBRE A PRESCRIÇÃO

Violado o direito, nasce para o titular a pretensão, a qual se extingue, pela prescrição, nos prazos a que aludem os arts. 205 e 206 (CC, art. 189), única e exclusivamente. A exceção prescreve nos mesmos prazos (art. 190).

A justificativa apresentada pela Comissão Revisora para a manutenção da última norma, que constitui inovação, é que se está suprindo uma lacuna do Código Civil, que tem dado problema na prática: saber se a exceção prescreve (havendo quem sustente que qualquer exceção é imprescritível, já que o Código é omisso) e, em caso afirmativo, dentro de que prazo. Ambas as questões são solucionadas pelo art. 190. O que se quer evitar é que, prescrita a pretensão, o direito com pretensão prescrita possa ser utilizado perpetuamente a título de exceção como defesa. A referida Comissão Revisora menciona, a propósito, a seguinte observação de Hélio Tornaghi: "Quando a exceção se funda em um direito do réu (por ex.: a compensação se baseia no crédito do réu contra o autor), prescrito este, não há mais como excepcioná-lo. Se a exceção não prescrevesse, perduraria *ad infinitum...*".

O art. 191 do Código Civil não admite a renúncia prévia da prescrição, isto é, antes que se tenha consumado. Não se admite a renúncia prévia, nem de prescrição em curso, porque o referido instituto é de ordem pública e a renúncia tornaria a ação imprescritível por vontade da parte.

Dois são os requisitos para a validade da renúncia: **a)** que a prescrição já esteja consumada; **b)** que não prejudique terceiro. Terceiros eventualmente prejudicados são os credores, pois a renúncia à possibilidade de alegar a prescrição pode acarretar a diminuição do patrimônio do devedor. Em se tratando de ato jurídico, requer a capacidade do agente.

Observados esses requisitos, a renúncia, isto é, a desistência do direito de arguir a prescrição, pode ser expressa ou tácita. A renúncia expressa decorre de manifestação taxativa, inequívoca, escrita ou verbal, do devedor de que dela não pretende utilizar-se. Tácita, segundo dispõe o art. 191, "é a renúncia quando se presume de fatos do interessado, incompatíveis com a prescrição". Consumada a prescrição, qualquer ato de reconhecimento da dívida por parte do devedor, como o pagamento parcial ou a composição visando à solução futura do débito, será interpretado como renúncia.

Direito Civil — Parte Geral

A Lei n. 11.280, de 16 de fevereiro de 2006, revogou o art. 194 do Código Civil e ainda introduziu o § 5º ao art. 219 do Código de Processo Civil de 1973, tornando obrigatório o pronunciamento da prescrição, de ofício, pelo juiz. Essa obrigatoriedade não retira do devedor a possibilidade de renúncia admitida no mencionado art. 191, pois a ordem jurídica não impede que o obrigado, querendo, pague a dívida já alcançada pela prescrição.

Os prazos de **prescrição** não podem ser alterados por acordo das partes (CC, art. 192). A prescrição em curso não cria direito adquirido, podendo o seu prazo ser reduzido ou ampliado por lei superveniente, ou transformado em prazo decadencial. Não se admite, porém, ampliação ou redução de prazo prescricional pela vontade das partes. No primeiro caso, importaria renúncia antecipada da prescrição, vedada pela lei. A possibilidade de se reduzir o prazo, que constituía questão polêmica, foi também afastada pelo aludido art. 192.

Dispõe o art. 193 que "a prescrição pode ser alegada em qualquer grau de jurisdição, pela parte a quem aproveita". Pode ser arguida em qualquer fase ou estado da causa, em primeira ou em segunda instância. Pode, portanto, ser alegada em qualquer fase do processo de conhecimento, ainda que o réu tenha deixado de invocá-la na contestação, não significando renúncia tácita a falta de invocação na primeira oportunidade em que falar no processo. Considera-se que, se essa defesa não foi, desde o primeiro momento, invocada, é porque o réu, provavelmente, teria confiado nos outros meios de defesa – o que não tolhe o efeito da prescrição.

Na fase de liquidação da sentença é inadmissível a invocação de prescrição, que deve ser objeto de deliberação se arguida na fase cognitiva do processo. A que pode ser alegada, mesmo na fase de execução, é a prescrição superveniente à sentença (CPC, art. 535, VI).

Se a prescrição, entretanto, não foi suscitada na instância ordinária (primeira e segunda instância), é inadmissível a sua arguição no recurso especial, perante o Superior Tribunal de Justiça, ou no recurso extraordinário, interposto perante o Supremo Tribunal Federal, por faltar o prequestionamento exigido nos regimentos internos desses tribunais, que têm força de lei. Dispõe a Súmula 282 do último que "é inadmissível o recurso extraordinário, quando não ventilada, na decisão recorrida, a questão federal suscitada". Igualmente, no tocante à ação rescisória (*RTJ, 71*:1; *RT, 488*:145).

Prescrevia o art. 194 do Código Civil, na redação original, que "o juiz não pode suprir, de ofício, a alegação de prescrição, salvo se favorecer a absolutamente incapaz". Não podia, portanto, conhecer da prescrição, se não fosse invocada pelas partes, salvo em benefício de absolutamente incapaz. Essa ressalva, que não favorecia o relativamente incapaz, constituiu inovação, pois não constava do Código Civil de 1916. O aludido dispositivo foi, todavia, expressamente revogado pelo art. 11 da Lei n. 11.280, de 16 de fevereiro de 2006, que ainda, como foi dito, introduziu o § 5º ao art. 219 do Código de Processo Civil de 1973, tornando obrigatório o pronunciamento da prescrição, de ofício, pelo juiz. O assunto é tratado nos arts. 332, § 1º, e 487, parágrafo único, do diploma processual de 2015. Os direitos não patrimoniais (direitos pessoais, de família) estão sujeitos à decadência ou caducidade. Esta também pode ser declarada de ofício, pelo juiz (CPC, art. 487, II). O art. 210 do Código Civil diz, imperativamente, que o juiz "deve" (é dever e não faculdade), de ofício, conhecer da decadência, "quando estabelecida por lei". Ainda que se trate de direitos patrimoniais, a decadência pode ser decretada de ofício (*RTJ, 130*:1001; *RT, 652*:128 e 656:220), quando estabelecida por lei.

Se a parte, pessoalmente, não invoca a prescrição, poderá fazê-lo o representante do Ministério Público, em nome do incapaz, ou dos interesses que tutela. Não poderá, entretanto, argui-la, em matéria patrimonial, quando atua como mero *custos legis* (STF, REsp 15.265-PR, *DJU*, 17 maio 1993, p. 9316, 1ª col., *JTA, 102*:287). Também poderá alegá-la o curador da lide, em favor do curatelado, bem como o curador especial, nos casos em que lhes caiba intervir.

SINOPSES JURÍDICAS

Os relativamente incapazes e as pessoas jurídicas têm ação contra os seus assistentes ou representantes legais que derem causa à prescrição ou não a alegarem oportunamente (CC, art. 195). Se o tutor do menor púbere, por exemplo, culposamente, permitir que a ação do tutelado prescreva, deverá indenizá-lo pelo prejuízo ocasionado. Trata-se de uma regra de proteção dos incapazes, e das pessoas jurídicas em geral, que reafirma a do art. 186. Entretanto, não abrange os absolutamente incapazes, mencionados no art. 3º, porque contra estes não corre a prescrição (art. 198, I).

A prescrição iniciada contra uma pessoa continua a correr (*accessio praescriptionis*) contra o seu sucessor (CC, art. 196). Assim, o herdeiro do *de cujus* disporá apenas do prazo faltante para exercer a ação, quando esse prazo iniciou-se com o autor da herança. O prazo, desse modo, não se inicia novamente, com a morte deste. Não só o prazo contra mas também o prazo a favor do sucessor, que tanto pode ser *inter vivos* como *causa mortis*, a título universal (herdeiro) como a título singular (legatário), continua a correr.

Quadro sinótico

Disposições legais sobre a prescrição	Dois são os requisitos para a validade da renúncia da prescrição: a) que esta já esteja consumada; b) que não prejudique terceiro (art. 191). Os prazos de prescrição não podem ser alterados por acordo das partes (art. 192). A prescrição pode ser alegada em qualquer grau de jurisdição, pela parte a quem aproveita (art. 193), devendo ser declarada de ofício pelo juiz (CPC, art. 487, II). Os relativamente incapazes e as pessoas jurídicas têm ação contra os seus assistentes ou representantes que derem causa à prescrição ou não a alegarem oportunamente (art. 195). A prescrição iniciada contra uma pessoa continua a correr contra o seu sucessor (art. 196).

59 DAS CAUSAS QUE IMPEDEM OU SUSPENDEM A PRESCRIÇÃO

O Código Civil agrupou as causas que suspendem e impedem a prescrição em uma mesma seção, entendendo que estão subordinadas a uma unidade fundamental. As mesmas causas ora impedem, ora suspendem a prescrição, dependendo do momento em que surgem. Se o prazo ainda não começou a fluir, a causa ou obstáculo impede que comece (ex.: a constância da sociedade conjugal). Se, entretanto, o obstáculo (casamento) surge após o prazo ter-se iniciado, dá-se a suspensão. Nesse caso, somam-se os períodos, isto é, cessada a causa de suspensão temporária, o lapso prescricional volta a fluir somente pelo tempo restante. Diferentemente da interrupção, que será estudada adiante, em que o período já decorrido é inutilizado e o prazo volta a correr novamente por inteiro.

A justificativa para a suspensão da prescrição está na consideração legal de que certas pessoas, por sua condição ou pela situação em que se encontram, estão impedidas de agir. Assim, o art. 197 do Código Civil declara que não corre a prescrição entre os cônjuges, na constância da sociedade conjugal; entre ascendentes e descendentes, durante o poder familiar; entre tutelados ou curatelados e seus tutores ou curadores, durante a tutela ou curatela. O motivo, nos três casos, é a confiança e amizade que existe entre as partes.

O art. 198 menciona que a prescrição também não corre contra os incapazes de que trata o art. 3º; contra os ausentes do País em serviço público da União, dos Estados ou dos Municípios; contra os que se acharem servindo nas Forças Armadas, em tempo de guerra. Denota-se a preocupação de proteger pessoas que se encontram em situações especiais. Não corre prescrição contra os absolutamente incapazes, isto é, contra os menores de 16 anos (quando teriam direito de propor a ação). A prescrição contra o menor só se inicia após

Direito Civil — Parte Geral

completar dezesseis anos de idade. Mas corre a favor dos absolutamente incapazes (quando poderiam ser acionados).

Tendo a Lei n. 13.146, de 6 de julho de 2015 (Estatuto da Pessoa com Deficiência), revogado os incisos do art. 3º do Código Civil e mantido como absolutamente incapazes somente os menores de 16 anos, correrão contra o deficiente (enfermo ou excepcional), considerado agora pessoa plenamente capaz, a prescrição e a decadência.

Outros casos de suspensão foram criados por leis especiais (v. arts. 440 da CLT, 6º da Lei de Falências etc.). A jurisprudência admite a suspensão da prescrição em caso de obstáculo judicial, como greve dos servidores etc.

Estatui o art. 199 que não corre **igualmente** a prescrição pendendo condição suspensiva; não estando vencido o prazo; pendendo ação de evicção. Nas duas primeiras hipóteses o direito ainda não se tornou exigível, não sendo possível, pois, falar em prescrição. Se terceiro propõe a ação de evicção, fica suspensa a prescrição até o seu desfecho final. Nesse dispositivo observa-se a aplicação do princípio da *actio nata* dos romanos, segundo o qual somente se pode falar em fluência de prazo prescricional desde que haja uma ação a ser exercitada, em virtude da violação do direito. Enquanto não nasce a pretensão, não começa a fluir o prazo prescricional. É da violação do direito que nasce a pretensão, que por sua vez dá origem à ação. E a prescrição começa a correr desde que a pretensão teve origem, isto é, desde a data em que a violação do direito se verificou.

Tendo em vista que a sentença penal condenatória constitui título executivo judicial (CC, art. 935; CPC, art. 515, VI; CPP, art. 63), prescreve o art. 200 do Código Civil que, quando "a ação se originar de fato que deva ser apurado no juízo criminal, não correrá a prescrição antes da respectiva sentença definitiva".

Dispõe ainda o art. 201 que, "suspensa a prescrição em favor de um dos credores solidários, só aproveitam os outros se a obrigação for indivisível". A prescrição é benefício pessoal e só favorece as pessoas taxativamente mencionadas, mesmo na solidariedade. Assim, existindo três credores contra devedor comum de importância em dinheiro, sendo um dos credores absolutamente incapaz, por exemplo, a prescrição correrá contra os demais credores, pois a obrigação de efetuar pagamento em dinheiro é divisível, ficando suspensa somente em relação ao menor. Se se tratasse, porém, de obrigação indivisível (de entregar um animal, p. ex.), a prescrição somente começaria a fluir, para todos, quando o incapaz completasse dezesseis anos. Sendo o direito indivisível, a suspensão aproveita a todos os credores.

Quadro sinótico

Causas que impedem ou suspendem a prescrição	Arts. 197, 198, 199 e 200 do Código Civil.

60 DAS CAUSAS QUE INTERROMPEM A PRESCRIÇÃO

A interrupção depende, em regra, de um comportamento ativo do credor. Qualquer ato de exercício ou proteção ao direito interrompe a prescrição, extinguindo o tempo já decorrido, que volta a correr por inteiro. O efeito da interrupção da prescrição é, portanto, instantâneo: "a prescrição interrompida recomeça a correr da data do ato que a interrompeu, ou do último ato do processo para a interromper" (CC, art. 202, parágrafo único). Sempre que possível a opção, ela se verificará pela maneira mais favorável ao devedor.

O art. 202 indica as causas que interrompem a prescrição. De acordo com o inciso I, a prescrição interrompe-se "por despacho do juiz, mesmo incompetente, que ordenar a citação, se o interessado a promover no prazo e na forma da lei processual".

O Código de Processo Civil assim dispõe, no art. 240:

Art. 240. A citação válida, ainda quando ordenada por juízo incompetente, induz litispendência, torna litigiosa a coisa e constitui em mora o devedor, ressalvado o disposto nos arts. 397 e 398 da Lei n. 10.406, de janeiro de 2002 (Código Civil).

§ 1º A interrupção da prescrição, operada pelo despacho que ordena a citação, ainda que proferido por juízo incompetente, retroagirá à data de propositura da ação.

§ 2º Incumbe ao autor adotar, no prazo de 10 (dez) dias, as providências necessárias para viabilizar a citação, sob pena de não se aplicar o disposto no § 1º.

§ 3º A parte não será prejudicada pela demora imputável exclusivamente ao serviço judiciário.

§ 4º O efeito retroativo a que se refere o § 1º aplica-se à decadência e aos demais prazos extintivos previstos em lei.

O comportamento do credor vem previsto nos parágrafos do mencionado art. 240 do estatuto processual. Cumpre-lhe promover, nos dez dias seguintes à prolação do despacho, a citação do réu. Promover a citação é providenciar a extração do mandado de citação, com o recolhimento das custas devidas, inclusive despesas de condução do oficial de justiça. Frise-se que a parte não pode ser prejudicada por obstáculo judicial para o qual não tenha concorrido, isto é, pela demora imputável exclusivamente ao serviço judiciário (CPC, art. 240, § 3º; Súmula 106 do STJ).

Se o prazo legal, de dez dias, for ultrapassado, nem por isso a citação válida deixa de produzir os seus efeitos regulares, exceto quanto ao efeito de interromper a prescrição retroativamente. Se o prazo prescricional já decorreu, haver-se-á por não interrompida a prescrição, não se efetuando a citação no aludido prazo.

Todavia, despacho que determina a emenda da petição inicial não interrompe a prescrição. O mesmo sucede com a sentença que indefere a petição inicial. Nessa linha, decidiu o extinto Segundo Tribunal de Alçada Civil de São Paulo que a interrupção da prescrição "retroage à data da propositura da ação, se a petição inicial preencher os requisitos legais; caso contrário, retroagirá à data em que for regularizada" (E.I. 660.211-01/4, 9ª Câm., Rel. Gil Coelho, j. 10-10-2001).

Para interromper a prescrição, a citação deve preencher os requisitos de existência e de validade, segundo a lei processual. É preciso, pois, que exista, ainda que ordenada por juiz incompetente, e tenha-se completado. A citação ordenada por juiz incompetente interrompe a prescrição, para beneficiar aqueles que de boa-fé peticionam perante juiz incompetente. Não se admitem, porém, abusos. É preciso, também, que seja válida, isto é, não seja nula por inobservância das formalidades legais.

Tem-se entendido que a citação ordenada em processo anulado é idônea para interromper a prescrição, não tendo a nulidade sido decretada exatamente por vício de citação. Assim, decretada a nulidade do processo, sem ser atingida a citação, houve interrupção e continua eficaz. A Comissão Revisora do Projeto, ao rejeitar emendas que pretendiam tornar sem efeito a interrupção da prescrição se extinto o processo sem julgamento do mérito, ou se anulado totalmente o processo, salvo se por incompetência do juiz, observou que "o efeito interruptivo não se dá em atenção à sentença, mas decorre da citação. A propositura da ação demonstra inequivocamente que o autor, cujo direito diz violado, não está inerte. Se o simples protesto judicial basta para interromper a prescrição, porque não bastará a citação em processo que se extinga sem julgamento do mérito?". A referida Comissão acrescentou que "a interrupção da prescrição, pelo Projeto, se dá com a inequivocidade de que o titular do direito violado não está inerte". Se há nulidade processual, nem por isso se deve desproteger o titular do direito violado, que demonstrou não estar inerte, para beneficiar o violador do direito.

Direito Civil — Parte Geral

A prescrição também interrompe-se pelo "protesto, nas condições do inciso antecedente" (art. 202, II). Trata-se do **protesto judicial**, medida cautelar autorizada pelo art. 726, § 2º, do Código de Processo Civil, ainda que ordenado por juiz incompetente. Não se confunde com o **protesto cambial**, que figura em terceiro lugar (inciso III) no rol das causas de interrupção da prescrição porque indica, inequivocamente, que o titular do direito violado não está inerte.

A quarta modalidade de atos interruptivos da prescrição é a "apresentação do título de crédito em juízo de inventário ou em concurso de credores". A habilitação do credor em inventário, nos autos da falência ou da insolvência civil, constitui comportamento ativo que demonstra a intenção do titular do direito em interromper a prescrição.

O inciso V do art. 202 declara, ainda, que a prescrição pode ser interrompida por "qualquer ato judicial que constitua em mora o devedor". Diante da generalização, inclui-se na hipótese toda manifestação ativa do credor, em especial a propositura de medidas cautelares, notadamente notificações e interpelações. A propositura de ação pauliana, necessária para a cobrança eficaz do crédito, já foi considerada hábil para interromper a prescrição.

Por último, dispõe o inciso VI do art. 202 que a prescrição se interrompe por "qualquer ato inequívoco, ainda que extrajudicial, que importe reconhecimento do direito pelo devedor". Esta é a única hipótese em que a interrupção da prescrição ocorre sem a manifestação volitiva do credor. Incluem-se, nesses atos de reconhecimento da dívida, por exemplo, pagamentos parciais, pedidos de prorrogação do prazo ou de parcelamento, pagamento de juros etc.

Ressalte-se que outras causas de interrupção da prescrição são previstas em leis especiais. O art. 202, *caput*, do Código Civil expressamente declara que a interrupção da prescrição "somente poderá ocorrer uma vez". A restrição é benéfica, para não se eternizarem as interrupções da prescrição.

A prescrição pode ser interrompida por qualquer interessado (CC, art. 203), como o próprio titular do direito em via de prescrição, quem legalmente o represente ou, ainda, terceiro que tenha legítimo interesse (herdeiros do prescribente, seus credores e o fiador do devedor).

Os efeitos da prescrição são pessoais. Em consequência, a interrupção da prescrição feita por um credor não aproveita aos outros, assim como aquela promovida contra um devedor não prejudica aos demais coobrigados (CC, art. 204). Essa regra, porém, admite exceção: a interrupção por um dos credores solidários (solidariedade ativa) aproveita aos outros; assim como a interrupção efetuada contra o devedor solidário envolve os demais e seus herdeiros (solidariedade passiva, em que cada devedor responde pela dívida inteira). A interrupção operada contra um dos herdeiros do devedor solidário não prejudica os outros herdeiros ou devedores (o prazo para estes continuará a correr), a não ser quando se trate de obrigações e direitos indivisíveis. Nesse caso, todos os herdeiros ou devedores solidários sofrem os efeitos da interrupção da prescrição, passando a correr contra todos eles o novo prazo prescricional. Já decidiu o Superior Tribunal de Justiça: "Se o direito em discussão é indivisível, a interrupção da prescrição por um dos credores a todos aproveita" (*RSTJ, 43:298*).

Por fim, dispõe o § 3º do art. 204 que a "interrupção produzida contra o principal devedor prejudica o fiador". Como a fiança é contrato acessório, e este segue o destino do principal, se a interrupção for promovida apenas contra o principal devedor ou afiançado, o prazo se restabelece também contra o fiador, que fica, assim, prejudicado. O contrário, entretanto, não é verdadeiro: a interrupção operada contra o fiador não prejudica o devedor, pois o principal não segue o destino do acessório.

Com respeito à retroatividade da lei prescricional, preleciona Camara Leal: "Estabelecendo a nova lei um prazo mais curto de prescrição, essa começará a correr da data da nova lei, salvo se a prescrição iniciada na vigência da lei antiga viesse a completar-se em menos tempo, segundo essa lei, que, nesse caso, continuaria a regê-la, relativamente ao prazo" (*Prescrição e decadência*, 4. ed., Forense, p. 90, n. 67). O Código de Defesa do Consumidor, por exemplo, estabeleceu prazo prescricional de cinco anos para as ações pessoais. Os prazos vintenários do Código Civil de 1916 que estavam em curso, referentes a relações de consumo, recomeçaram a correr por cinco anos, a contar da data da nova lei, nos casos em que o tempo faltante era superior. Quando a lei nova estabelece um prazo mais longo de prescrição, a consumação se dará ao final desse novo prazo, "contando-se, porém, para integrá-lo, o tempo já decorrido na vigência da lei antiga" (Camara Leal, *Prescrição e decadência*, cit., p. 91).

Nas "Disposições Transitórias", o atual Código Civil estabeleceu a seguinte regra: "Serão os da lei anterior os prazos, quando reduzidos por este Código, e se, na data de sua entrada em vigor, já houver transcorrido mais da metade do tempo estabelecido na lei revogada".

Quadro sinótico

Causas que interrompem a prescrição	Art. 202 e seus incisos. Ressalte-se que outras causas de interrupção da prescrição são previstas em leis especiais.

Capítulo II
DA DECADÊNCIA

61 **CONCEITO E CARACTERÍSTICAS**

O Código Civil de 1916 não se referia, expressamente, à decadência. Englobava, indiscriminadamente, em um mesmo capítulo, as causas devidas à fluência do tempo, aparecendo todas sob a denominação genérica de prescrição.

O atual Código, contudo, optou por uma fórmula segura de distinção, considerando **prescricionais somente os prazos taxativamente discriminados na Parte Geral, nos arts. 205** (regra geral) **e 206** (regras especiais), sendo **decadenciais todos os demais**, estabelecidos como complemento de cada artigo que rege a matéria, tanto na Parte Geral como na Especial. Para evitar discussões sobre se ação prescreve, ou não, o Código adotou a tese da prescrição da pretensão, por ser considerada a mais condizente com o direito processual contemporâneo (*v.* n. 54 e 57, *infra*).

Na decadência, que é instituto do direito substantivo, há a perda de um direito previsto em lei. O legislador estabelece que certo ato terá de ser exercido dentro de determinado tempo, fora do qual ele não poderá mais efetivar-se porque dele decaiu o seu titular. A decadência se consubstancia, pois, no decurso infrutífero de um termo prefixado para o exercício do direito. O tempo age em relação à decadência como um requisito do ato, pelo que a própria decadência é a sanção consequente da inobservância de um termo.

Segundo entendimento da Comissão Revisora do Projeto, que se transformou no atual Código Civil, manifestado para justificar a desnecessidade de se definir decadência, esta ocorre "quando um *direito potestativo* não é exercido, extrajudicialmente ou judicialmente (nos casos em que a lei – como sucede em matéria de anulação, desquite etc. – exige que o direito de anular, o direito de desquitar-se só possa ser exercido em Juízo, ao contrário, por exemplo, do direito de resgate, na retrovenda, que se exerce extrajudicialmente), dentro do prazo para exercê-lo, o que provoca a decadência desse direito potestativo. Ora, os direitos potestativos são direitos sem pretensão, pois são insuscetíveis de violação, já que a eles não se opõe um dever de quem quer que seja, mas uma sujeição de alguém (o meu direito de anular um negócio jurídico não pode ser violado pela parte a quem a anulação prejudica, pois esta está apenas sujeita a sofrer as consequências da anulação decretada pelo juiz, não tendo, portanto, dever algum que possa descumprir)".

Na sequência, aduziu a referida Comissão: "Assim, se a hipótese não é de violação de direito (quando se exercer, judicialmente, o direito de anular um negócio jurídico, não se está pedindo condenação de ninguém por violação de direito, mas, apenas, exercendo um direito por via judicial), mas há prazo para exercer esse direito – prazo esse que não é nem do art. 205, nem do art. 206, mas se encontra em outros artigos –, esse prazo é de decadência".

Quadro sinótico

Decadência	Conceito	É a perda do direito potestativo pela inércia do seu titular no período determinado em lei.

		O Código de 2002 optou por uma fórmula segura: são prescricionais
Decadência	Distinção entre prescrição e decadência	somente os prazos discriminados na Parte Geral, nos arts. 205 (regra geral) e 206 (regras especiais), sendo decadenciais todos os demais, estabelecidos como complemento de cada artigo que rege a matéria. Para evitar discussões sobre se a ação prescreve, ou não, o Código adotou a tese da prescrição da pretensão.

62 DISPOSIÇÕES LEGAIS SOBRE A DECADÊNCIA

Com relação à decadência, o Código Civil trata apenas de suas regras gerais. Distingue a decadência legal da convencional, para estabelecer que, quanto a esta, "a parte a quem aproveita pode alegá-la em qualquer grau de jurisdição, mas o juiz não pode suprir a alegação" (art. 211). Contudo, o art. 210 diz, imperativamente, que o juiz "deve" (é dever e não faculdade), de ofício, conhecer da decadência, "quando estabelecida por lei". Ainda que se trate de direitos patrimoniais, a decadência pode ser decretada de ofício (*RTJ, 130*:1001; *RT, 652*:128 e 656:220), quando estabelecida por lei.

Prescreve o art. 207 do Código Civil: "Salvo disposição legal em contrário, não se aplicam à decadência as normas que impedem, suspendem ou interrompem a prescrição". Em princípio, pois, os prazos decadenciais são fatais e peremptórios, pois não se suspendem, nem se interrompem. A inserção da expressão "salvo disposição legal em contrário" no aludido dispositivo tem a finalidade de definir que tal regra não é absoluta, bem como de esclarecer que não são revogados os casos em que um dispositivo legal, atualmente em vigor (como o art. 26, § 2º, do CDC, p. ex.), determine, para atender a hipótese especialíssima, a interrupção ou suspensão de prazo de decadência. Tal ressalva tem também o condão de acentuar que a regra do art. 207 é de caráter geral, só admitindo exceções por lei, e não pela simples vontade das partes quando a lei não lhes dá tal faculdade.

O art. 208 do Código Civil determina que se aplique à decadência "o disposto nos arts. 195 e 198, inciso I", que dizem respeito a incapazes. E o art. 209 proclama: "É nula a renúncia à decadência fixada em lei". A irrenunciabilidade decorre da própria natureza da decadência. O referido dispositivo, contudo, considera irrenunciável apenas o prazo de decadência estabelecido em lei, e não os convencionais, como o pactuado na retrovenda, em que, por exemplo, pode-se estabelecer que o prazo de decadência do direito de resgate seja de um ano a partir da compra e venda e, depois, renunciar-se a esse prazo, prorrogando-se-lhe até três anos, que é o limite máximo estabelecido em lei.

Proclamou a 4ª Turma do Superior Tribunal de Justiça que, em caso de lei mais nova estabelecendo prazo decadencial maior que a antiga, aplica-se o novo prazo, computando-se o tempo decorrido na vigência da lei antiga (REsp 1.434.755, Rel. Min. Humberto Martins, j. 11-3-2014).

Quadro sinótico

	Decadência legal	Deve o juiz conhecê-la de ofício (art. 210).
Disposições legais da decadência	Decadência convencional	A parte a quem aproveita pode alegá-la em qualquer grau de jurisdição, mas o juiz não pode suprir a alegação (art. 211). Não se aplicam à decadência as normas que impedem, suspendem ou interrompem a prescrição, salvo estipulação em contrário (art. 207). Aplica-se à decadência o disposto nos arts. 195 e 198, I. É nula a renúncia à decadência fixada em lei (art. 209).

Título V
DA PROVA

63 INTRODUÇÃO

A matéria relativa à prova não é tratada, como no Código Civil de 1916, junto ao negócio jurídico, pois todos os fatos jurídicos, e não apenas o negócio jurídico, são suscetíveis de serem provados. Entre as inovações que esse título apresenta, destacam-se a disciplina da confissão (arts. 213 e 214) e a admissão de meios modernos de prova (arts. 223 e 225).

Prova é meio empregado para demonstrar a existência do ato ou negócio jurídico. Deve ser **admissível** (não proibida por lei e aplicável ao caso em exame), **pertinente** (adequada à demonstração dos fatos em questão) e **concludente** (esclarecedora dos fatos controvertidos).

Não basta alegar: é preciso provar. Pois *allegare nihil et allegatum non probare paria sunt* (nada alegar e alegar e não provar querem dizer a mesma coisa). O que se prova é o fato alegado, não o direito a aplicar, pois é atribuição do juiz conhecer e aplicar o direito (*iura novit curia*). Por outro lado, o ônus da prova incumbe a quem alega o fato e não a quem o contesta, sendo que os fatos notórios independem de prova.

A regulamentação dos princípios referentes à prova é encontrada no Código Civil e no Código de Processo Civil. Ao primeiro cabe a determinação das provas, a indicação do seu valor jurídico e as condições de admissibilidade; ao diploma processual civil, o modo de constituir a prova e de produzi-la em juízo.

Quando a lei exigir forma especial, como o instrumento público, para a validade do negócio jurídico, nenhuma outra prova, por mais especial que seja, pode suprir-lhe a falta (CPC, art. 406; CC, art. 107, *a contrario sensu*). Por outro lado, não havendo nenhuma exigência quanto à forma (ato não formal), qualquer meio de prova pode ser utilizado, desde que não proibido, como estatui o art. 369 do Código de Processo Civil: "As partes têm o direito de empregar todos os meios legais, bem como os moralmente legítimos, ainda que não especificados neste Código, para provar a verdade dos fatos em que se funda o pedido ou a defesa e influir eficazmente na convicção do juiz". Portanto, quando o art. 212 do Código Civil enumera os meios de prova dos negócios jurídicos a que se não impõe forma especial, o faz apenas exemplificativamente e não taxativamente.

Quadro sinótico

Conceito de prova	É o meio empregado para demonstrar a existência do ato ou negócio jurídico.
Requisitos	Deve ser admissível (não proibida por lei), pertinente (adequada à demonstração dos fatos em questão) e concludente (esclarecedora dos fatos controvertidos).
Princípios	Não basta alegar: é preciso provar, pois *allegare nihil et allegatum non probare paria sunt* (nada alegar e alegar e não provar querem dizer a mesma coisa). O que se prova é o fato alegado, não o direito a aplicar, pois é atribuição do juiz conhecer e aplicar o direito (*iura novit curia*). O ônus da prova incumbe a quem alega o fato e não a quem o contesta. Os fatos notórios independem de prova.

SINOPSES JURÍDICAS

64 MEIOS DE PROVA

São os seguintes:

a) Confissão – Ocorre quando a parte admite a verdade de um fato, contrário ao seu interesse e favorável ao adversário (CPC, art. 389). Pode ser judicial (em juízo) ou extrajudicial (fora do processo), espontânea ou provocada, expressa ou presumida (ou ficta) pela revelia (CPC, arts. 341 e 344). Tem, como elementos essenciais, a capacidade da parte, a declaração de vontade e o objeto possível. Não é válida, assim, a confissão se provier de quem não é capaz de dispor do direito a que se referem os fatos confessados (CC, art. 213). Se feita a confissão por um representante, somente é eficaz nos limites em que este pode vincular o representado (art. 213, parágrafo único). Nas ações que versarem sobre bens imóveis, a confissão de um cônjuge não valerá sem a do outro (CPC, art. 391, parágrafo único). Não vale, também, a confissão relativa a direitos indisponíveis (CPC, art. 392). A confissão é irrevogável, mas pode ser anulada se decorreu de erro de fato ou de coação (CC, art. 214).

b) Documento – Pode ser público ou particular. Tem função apenas probatória. Públicos são os elaborados por autoridade pública, no exercício de suas funções, como as certidões, traslados etc. Particulares quando elaborados por particulares. Uma carta, um telegrama, por exemplo, podem constituir importante elemento de prova. Documentos não se confundem com instrumentos públicos ou particulares. Estes são espécies e aqueles são o gênero. O instrumento é criado com a finalidade precípua de servir de prova, como a escritura pública, ou a letra de câmbio. Os instrumentos públicos são feitos perante o oficial público, observando-se os requisitos do art. 215 do Código Civil. Têm, pois, fidedignidade, inerente à fé pública do notário. Por essa razão, não se exige a subscrição por testemunhas instrumentárias. Não se admite, com efeito, provar com testemunhas contra ou além do instrumento público. Os instrumentos particulares são realizados somente com a assinatura dos próprios interessados. Dispõe o art. 221 do Código Civil que o "instrumento particular, feito e assinado, ou somente assinado por quem esteja na livre disposição e administração de seus bens, prova as obrigações convencionais de qualquer valor; mas os seus efeitos, bem como os da cessão, não se operam, a respeito de terceiros, antes de registrado no registro público". Mesmo sem testemunhas o documento particular vale entre as próprias partes, por força do art. 219 do mesmo diploma, que prescreve: "As declarações constantes de documentos assinados presumem-se verdadeiras em relação aos signatários".

Estatui o art. 220 do Código Civil que a "anuência ou a autorização de outrem, necessária à validade de um ato, provar-se-á do mesmo modo que este, e constará, sempre que se possa, do próprio instrumento". Desse modo, só por instrumento público pode a mulher casada outorgar procuração ao marido para a alienação de bens imóveis, pois é essencial à validade do ato a escritura pública (art. 108).

Em princípio, o instrumento deve ser exibido no original. Estatui o art. 216 do Código Civil, porém, que farão a mesma prova que os originais "as certidões textuais de qualquer peça judicial, do protocolo das audiências, ou de outro qualquer livro a cargo do escrivão, sendo extraídas por ele, ou sob a sua vigilância, e por ele subscritas, assim como os traslados de autos, quando por outro escrivão consertados". Essa regra é repetida no art. 425 do Código de Processo Civil. O art. 217 do Código Civil acrescenta que terão "a mesma força probante os traslados e as certidões, extraídos por tabelião ou oficial de registro, de instrumentos ou documentos lançados em suas notas". Certidão é a reprodução do que se encontra transcrito em determinado livro ou documento. Quando integral, abrangendo todo o conteúdo da anotação, chama-se *verbo ad verbum*. Se abranger apenas determinados pontos indicados pelo interessado, denomina-se certidão em breve relatório. Traslado é cópia do

Direito Civil — Parte Geral

que se encontra lançada em um livro ou em autos. A admissibilidade das diversas formas de reprodução mecânica de documentos hoje existentes, bem como os seus efeitos, está regulamentada no Código de Processo Civil, na seção em que trata da força probante dos documentos (arts. 405 e s.).

A tendência moderna é que a atividade jurisdicional do Estado passe a ser, cada vez mais, desenvolvida com os recursos eletrônicos a serviço do Poder Estatal e das partes. Atos e termos processuais serão praticados por meio eletrônico, bem assim a tramitação e o controle de tramitação dos processos, a comunicação dos atos e a transmissão de peças processuais, garantida essa atividade pela infraestrutura de chaves públicas posta à disposição pela Administração para regulamentar e autenticar o documento eletrônico e garantir a realização de transações eletrônicas seguras.

O Código de Processo Civil trata da "Prática Eletrônica dos Atos Processuais" nos arts. 193 a 199. O primeiro dispõe que os "atos processuais podem ser total ou parcialmente digitais, de forma a permitir que sejam produzidos, comunicados, armazenados e validados por meio eletrônico, na forma da lei".

A Lei n. 11.419, de 19 de dezembro de 2006, que permanece em vigor, dispôs sobre a informatização do processo judicial, preceituando, no art. 11: "Os documentos produzidos eletronicamente e juntados aos processos eletrônicos com garantia da origem e de seu signatário, na forma estabelecida nesta Lei, serão considerados originais para todos os efeitos legais". "O telegrama, quando lhe for contestada a autenticidade, faz prova mediante conferência com o original assinado" (CC, art. 222). "A cópia fotográfica de documento, conferida por tabelião de notas, valerá como prova de declaração da vontade, mas, impugnada sua autenticidade, deverá ser exibido o original. A prova não supre a ausência do título de crédito, ou do original, nos casos em que a lei ou as circunstâncias condicionarem o exercício do direito à sua exibição" (art. 223 e parágrafo único). "As reproduções fotográficas, cinematográficas, os registros fonográficos e, em geral, quaisquer outras reproduções mecânicas ou eletrônicas de fatos ou de coisas fazem prova plena destes, se a parte, contra quem forem exibidos, não lhes impugnar a exatidão" (art. 225), não se exigindo que sejam autenticadas. "Os livros e fichas dos empresários e sociedades provam contra as pessoas a que pertencem, e, em seu favor, quando, escriturados sem vício extrínseco ou intrínseco, forem confirmados por outros subsídios. A prova resultante dos livros e fichas não é bastante nos casos em que a lei exige escritura pública, ou escrito particular revestido de requisitos especiais, e pode ser ilidida pela comprovação da falsidade ou inexatidão dos lançamentos" (art. 226, parágrafo único). Aduza-se, por fim, que os "documentos redigidos em língua estrangeira serão traduzidos para o português para ter efeitos legais no País" (art. 224).

c) **Testemunhas** – Podem ser **instrumentárias** ou **judiciárias**. Estas são as que prestam depoimento em juízo. Aquelas são as que assinam o instrumento. A prova testemunhal é menos segura que a documental. O Código Civil, no art. 227, *caput*, só admitia a prova exclusivamente testemunhal nos negócios cujo valor não ultrapassasse o "décuplo do maior salário mínimo vigente no País ao tempo em que foram celebrados". O referido dispositivo foi expressamente revogado pelo Código de Processo Civil de 2015 que, por sua vez, proclama, no art. 442: "A prova testemunhal é sempre admissível, não dispondo a lei de modo diverso". No art. 444, declara o aludido diploma: "Nos casos em que a lei exigir prova escrita da obrigação, é admissível a prova testemunhal quando houver começo de prova por escrito, emanado da parte contra a qual se pretende produzir a prova". E, no art. 445, acrescenta: "Também se admite a prova testemunhal quando o credor não pode ou não podia, moral ou materialmente, obter a prova escrita da obrigação, em casos como o de parentesco, de depósito necessário ou de hospedagem em hotel ou em razão das práticas comerciais do local onde contraída a obrigação".

Algumas pessoas, no entanto, não podem ser admitidas como testemunhas. O art. 228 menciona os menores de dezesseis anos; aqueles que, por enfermidade ou retardamento mental, não tiverem discernimento para a prática dos atos da vida civil; os cegos e surdos, quando a ciência do fato que se quer provar dependa dos sentidos que lhes faltam; o interessado no litígio, o amigo íntimo ou o inimigo capital das partes; e os cônjuges, os ascendentes, os descendentes e os colaterais, até o terceiro grau de alguma das partes, por consanguinidade, ou afinidade. No entanto, para a prova de fatos que só elas conheçam, pode o juiz admitir o depoimento das referidas pessoas (art. 228, § 1º). O Código de Processo Civil, no art. 447, relaciona os **incapazes** para testemunhar, os **impedidos** e os **suspeitos**. E o art. 229 do Código Civil dispõe que ninguém pode ser obrigado a depor sobre fato: **a)** a cujo respeito, por estado ou profissão, deva guardar segredo; **b)** a que não possa responder sem desonra própria, de seu cônjuge, parente em grau sucessível, ou amigo íntimo; **c)** que o exponha, ou às pessoas referidas na letra antecedente, a perigo de vida, de demanda, ou de dano patrimonial imediato.

d) Presunção – É a ilação que se extrai de um fato conhecido para se chegar a um desconhecido. Não se confunde com indício, que é meio de se chegar a uma presunção. Exemplo de presunção: como é conhecido o fato de que o credor só entrega o título ao devedor por ocasião do pagamento, a sua posse pelo devedor conduz à presunção de haver sido pago. As presunções podem ser legais (*juris*) ou comuns (*hominis*). **Legais** são as que decorrem da lei, como a que recai sobre o marido, que a lei presume ser pai do filho nascido de sua mulher, na constância do casamento. **Comuns** ou ***hominis*** são as que se baseiam no que ordinariamente acontece, na experiência da vida. Presume-se, por exemplo, embora não de forma absoluta, que as dívidas do marido são contraídas em benefício da família. As presunções legais dividem-se em absolutas (***juris et de jure***) e relativas (***juris tantum***). **Absolutas** são as que não admitem prova em contrário. A presunção de verdade atribuída pela lei a certos fatos é, nesses casos, indiscutível. Exemplo: a de que são fraudatórias dos direitos dos outros credores as garantias de dívidas que o devedor insolvente tiver dado a algum credor (CC, art. 163). **Relativas** ou ***juris tantum*** são as que admitem prova em contrário. Por exemplo, a presunção de paternidade atribuída ao marido, em relação ao filho de sua mulher nascido na constância do casamento, pode ser elidida por meio da ação negatória de paternidade (CC, art. 1.601).

e) Perícia – O Código de Processo Civil denomina "prova pericial" o exame e a vistoria ou avaliação. **Exame** é a apreciação de alguma coisa, por peritos, para auxiliar o juiz a formar a sua convicção. Exemplos: exame grafotécnico, exame hematológico nas ações de investigação de paternidade etc. **Vistoria** é também perícia, restrita porém à inspeção ocular. É diligência frequente nas ações imobiliárias, como possessórias e demarcatórias. A vistoria destinada a perpetuar a memória de certos fatos transitórios, antes que desapareçam, é denominada *ad perpetuam rei memoriam*, regulada atualmente no capítulo do Código de Processo Civil que trata da "produção antecipada de provas" (arts. 381 a 383).

O referido diploma também considera prova pericial a avaliação. O arbitramento é forma de avaliação. É o exame pericial destinado a apurar o valor de determinado bem, comum nas desapropriações e ações de indenização.

O atual Código Civil contém, nesse Título V, dois artigos novos: o 231 ("Aquele que se nega a submeter-se a exame médico necessário não poderá aproveitar-se de sua recusa") e o 232 ("A recusa à perícia médica ordenada pelo juiz poderá suprir a prova que se pretendia obter com o exame"). A jurisprudência já se adiantara, pois vinha proclamando, em ações de investigação de paternidade, que "a recusa ilegítima à perícia médica pode suprir a prova que se pretendia lograr com o exame frustrado" (TJSP, *JTJ, 201:128* e *210:202*). O Superior Tribunal de Justiça, na mesma linha de pensamento, já vinha decidindo que "a recusa do

Direito Civil — Parte Geral

investigado em submeter-se ao exame de DNA, aliado à comprovação de relacionamento sexual entre o investigado e a mãe do autor impúbere, gera a presunção de veracidade das alegações postas na exordial" (*RSTJ, 135*:315). Tal entendimento foi sedimentado com a edição da Súmula 301, do seguinte teor: "Em ação investigatória, a recusa do suposto pai a submeter-se ao exame de DNA induz presunção *juris tantum* de paternidade".

A Lei n. 12.004, de 29 de julho de 2009, mandou acrescer à Lei n. 8.560, de 29 de dezembro de 1992, o art. 2º-A, cujo parágrafo único assim dispõe: "A recusa do réu em se submeter ao exame de código genético – DNA – gerará a presunção da paternidade, a ser apreciada em conjunto com o contexto probatório". Observa-se que a referida lei não inovou, mas apenas repetiu o que já vinha sendo aplicado pela jurisprudência.

A recusa de parentes em realizar exame de DNA não gera presunção de paternidade, por se tratar de direito personalíssimo e indisponível, como decidiu o Superior Tribunal de Justiça (REsp 714.969, 4ª T., Rel. Min. Luis Felipe Salomão, Editora Magister, 15-3-2010).

Neste particular, ressalva-se apenas a exceção operada pela Lei n. 14.138, de 16 de abril de 2021, que, alterando a redação do art. 2º-A, § 2º, da Lei n. 8.560, de 29 de dezembro de 1992, passou a prever que se o suposto pai houver falecido ou não existir notícia de seu paradeiro, o juiz determinará a realização do exame de código genético em parentes consanguíneos, cuja eventual recusa importará em presunção da paternidade, apreciada juntamente às demais provas.

Quadro sinótico

Meios de prova	Confissão	a) judicial e extrajudicial; b) espontânea e provocada; c) expressa e presumida (ficta) pela revelia.
	Documento	a) público; b) particular.
	Testemunhas	a) instrumentárias; b) judiciárias.
	Presunção	a) legal (*juris*) e comum (*hominis*); b) absoluta (*juris et de jure*) e relativa (*juris tantum*).
	Perícia	a) exame; b) vistoria.